民事訴訟・執行法の世界

中野貞一郎

民事訴訟・執行法の世界

信山社

はしがき

本書は、民事訴訟法ならびに民事執行法における重要あるいは各種の問題を取り上げて解決することを試みた論文集であります。その内容は、「1　民事裁判と憲法」、「2　司法審判権の限界の画定規準」、「3　訴訟における真実義務」、「4　相殺の抗弁――最近の論点状況――」、「5　一部請求論の展開」、「6　訴訟承継と訴訟上の請求」、「7　請求異議訴訟の法的性質」、「8　執行力の客観的範囲――承継執行と転換執行」を収録しております。

二〇一六年は、昔、私が司法修習生を終了した春に大阪大学法学部へ迎えて頂き（一九五三年）、秋に処女論文「相殺の抗弁」（阪大法学九号掲載）を提出して助教授の職についてから、ちょうど六三年になります。その間、どこまで前に進むことができたのか、どれだけ何のお役にたつことができただろうか、と常に全く心許ない一生でした。今は、ただ、これまでいつも共に学び、研鑽の日々を励まして下さった方々に、私のあまり世に知られなかった若干の労作をいくつかご覧いただければと思い、私のこれまでの感謝の一端として選び出してみた次第です。もとの執筆当時の国情や法規の変更などには、必ずしも十分に対応しておらず、修正が必要な点も多いと思いますので、これを機会にご指摘いただけますならば有難く存じます。

二〇一六（平成二八）年六月

中野貞一郎

目　次

〔初出一覧〕

1 民事裁判と憲法（新堂幸司編集代表、小島武司・萩原金美編『講座民事訴訟①民事紛争と訴訟』弘文堂・一九八四年）

2 司法審判権の限界の画定規準（民商法雑誌一〇三巻一号・一九九〇年）

3 訴訟における真実義務（「真実義務」『権利の濫用　末川先生古稀記念　中』有斐閣・一九六二年）

4 相殺の抗弁――最近の論点状況（「相殺の抗弁　上・下――最近の論点状況（民訴法論点ノート一五・一六）」判例タイムズ八九一号・八九三号・一九九六年）

5 一部請求論の展開（「一部請求論の展開　上・下（民訴法論点ノート二一・二二）」判例タイムズ一〇〇六号・一〇〇八号・一九九九年）

6 訴訟承継と訴訟上の請求（「訴訟承継と訴訟上の請求（民訴法論点ノート五）」判例タイムズ八〇四号・一九九三年）

7 請求異議訴訟の法的性質（『手続法の理論と実践　吉川大二郎博士追悼論集　下巻』法律文化社・一九八一年）

8 執行力の客観的範囲――承継執行と転換執行（『実体法と手続法の交錯　山木戸克己教授還暦記念　下』有斐閣・一九七八年）

1　民事裁判と憲法

一　はじめに

いくつかの方向から憲法が民事訴訟法に迫りつつある。民事裁判にとって、この憲法なるものは、いったい何なのであろうか。

訴訟法は「適用された憲法」（angewandtes Verfassungsrecht）に他ならぬ、との立言[1]が注目されてすでに久しい。憲法の最高規範性からみて当然のようにも思えるが、しかし、伝統的にきわめて技術的な法とされてきた訴訟法のどこが、どういう意味で、憲法の適用であるのか。未だ、一向に明確ではない。民事訴訟法に関するわが国の概説書等において憲法が顔を出すのは、ほとんど、いわゆる非訟化の限界および公開主義の二点に限られ、日本国憲法の三二条と八二条が、それもしばしば結びつけられたかたちで、問題とされるに止っている。

最高裁判所は、周知のとおり、一連の裁判例[2]を通じて、非訟化の限界につき、次のような理論を固めてきた。すなわち、権利義務の存否の確定は純然たる訴訟事件であり、公開の対審・判決の保障（憲三二条・八二条）に服するのに対し、これら権利義務の具体的内容の形成は非訟事件であって、非訟手続による処理は違憲とならず、非訟手続において権利義務の存否じたいを前提問題として判断しても既判力は生じないし、民事訴訟の途を閉ざすことにならないから違憲ではない、というのである。これに対しては、最近、学説の批判が強い。とくに、具体的な権利義務内容の形成を離れて権利義務じたいの存在を考えることが不可能ないし不自然な場合にまで両者を形式的に区別するのを非とする。同じ生活関係につき非訟・訴訟の裁判手続の重複を認め、しかも後の訴訟において権利義務じたいの存在が否定されれば、先になされた非訟事件の裁判が効力を失う、というのでは非訟手続における当事者および裁判所の努力は水泡に帰する結果となる等の不当が指摘されるのである。立法のうえでも、すでに、借地非訟手続（昭和四一年法律九三号による借地法改正）は、非訟事件総則規定を原則的に準用しつつ、事件内容の争訟性に応じ、口頭主義をとり、当事者の弁論権・立会権を認め、当事者公開を保障するなど（借地一四条ノ三・一四条ノ六〜一四条ノ八・一四条ノ一四）、訴訟手続への接近を示した。学説上も、より弾力的な限界設定が志向される。(3) 公開・対審の手続によらずに権利義務の存否を含めて終局的解決を図っても違憲でないような事件の存在を積極的に認めるとともに、手続態様についても訴訟手続か非訟手続かという二分思考を排し、憲法三二条の要請は、各々の事件の類型なり性質・内容に適合した審理方式による裁判を求める権利を国民に保障するにある、とみるのが、現時の多数説(4)といえよう。

ここに至れば、われわれは、もはや、訴訟・非訟の限界論議に止まることはできず、憲法三二条・八二条という二ヶ条だけへの視野狭窄も打破されなければならないことを、はっきりと認識すべきであろう。どのような性質・内容の事件ならばどういう審理方式による裁判がなされるべきか、という問いかけに対する答えは、いずれにせよ、右の両条の規定じたいだけから引き出すことができないからである。むしろ、直截に、最高規範としての憲法が民事紛争につき国民にどのような性質・内容の裁判を、法律によっても否定・変更できないものとして、基本的に保障しているとみるべきかを課題とすべく(5)、訴訟の非訟化の限界のごときも、そのひとつの例題としての位置において論ずれば足りる。

新しい波が外からも打ち寄せている。ひとつは、条約による国際的な手続規制である。とくに、昭和五四年九月二一日にわが国でも発効した国際人権規約のうち、「市民的及び政治的権利に関する国際規約」（昭和五四年条約七号。いわゆるB規約）一四条一項は、次のように定めている。

「すべての者は、裁判所の前に平等とする。すべての者は、その刑事上の罪の決定又は民事上の権利及び義務の争いについての決定のため、法律で設置された、権限のある、独立の、かつ、公平な裁判所による公正な公開審理を受ける権利を有する。報道機関及び公衆に対しては、民主的社会における道徳、公の秩序若しくは国の安全を理由として、当事者の私生活の利益のため必要な場合において又はその公開が司法の利益を害することとなる特別な状況において裁判所が真に必要であると認める限度で、裁判の全部又は一部を公開しないことができる。もっとも、刑事訴訟又は他の訴訟において言い渡される判決は、少年の利益のために必要がある場合又は当該手続が夫婦間の争い若しくは児童の後見に関するものである場合を除くほか、公開する」と。

この条約規定が日本国憲法八二条に与える影響については、すでに切実な論議なども生じているが、問題が公開規制に止らないことは右規定の内容にみるとおりであり、他にも、B規約は民事手続の規制にひびく若干の規定（三条・一一条・一六条・一七条）をもっている。今後、こうした点の検討がますます多く必要となるであろう。

いまひとつは、わが民事訴訟法にとっては紛れもない母法たるドイツ民事訴訟法につき、ここ数年、西ドイツ連邦憲法裁判所の裁判例が続々と集積し、民事手続の規制ないし法解釈に関する違憲審査の結果をめぐって、学者の論議も甚だ活発化しているという事実(6)である。それらのなかには、彼我の基本権規定ないし違憲審査に関する制度的差異に拘らず、われわれの参考とすべきものが少なくない。

（1）　Henkel, Strafverfahrensrecht, 1953 の序文に出ているのが初めと思うし、そのように引用してきた。一般には、より詳しく刑訴法の憲法的基礎を論じた Sax, Grundsätze der Strafrechtspflege, in Bettermann-Nipperdey-Scheuner, Die Grundrechte, 3. Bd. 2. Halbband, 1959, S. 966 ff. が多く引用指示されている。しかし、訴訟法を「適用された憲法」とみることに対しては、それが裁判実務において具体的な問題の解決のために安易に援用されるのを警戒する意見もある。Vgl. Forsthoff, Der Persönlichkeitsschutz in Verwaltungsrecht, in Festschrift für den 45. Deutschen Juristentag, 1964, S. 43（憲法および憲法のそのつどの解釈と刑訴法との恒常的浸透の状態を招くことになるが、このような状態は法治国的には演えきできないものだ、という）; Gaul,

ZZP 80. Bd. S. 151. アレンス「民事訴訟法の基本原理」（石川明訳）民事訴訟雑誌二七号一四頁以下も同旨。

（2）最大決昭和三五年七月六日民集一四巻九号一六五七頁をリーディング・ケイスとし、最大決昭和四〇年六月三〇日民集一九巻四号一〇八九頁、同昭和四〇年六月三〇日民集一九巻四号一一一四頁、その他多数の裁判例が続く。判例理論の克明な整理・分析として、小山昇「訴訟事件と非訟事件」ジュリスト五〇〇号三一〇頁以下がある。なお、後述七頁以下参照。

（3）最近までの学説・判例の展開については、とくに、芦部信喜編・憲法Ⅲ人権(2)三〇二頁以下〔芦部〕参照。

（4）小島武司「非訟化の限界について」中央大学八十周年記念論文集三〇九頁以下、鈴木正裕「訴訟と非訟」小山ほか編・演習民事訴訟法上二七頁、新堂幸司「訴訟と非訟」民事訴訟法の争点一二頁以下、芦部・前掲三二五頁以下、林屋禮二「『訴訟事件の非訟化』と裁判を受ける権利」吉川追悼・手続法の理論と実践上巻八三頁以下、中野＝松浦＝鈴木編・民事訴訟法講義（大学双書）〔中野〕一七頁以下など。

（5）この作業は、すでに開始されている。三ケ月章「裁判を受ける権利」民事訴訟法研究七巻四頁以下が裁判を受ける権利の内在的制約を論じ、新堂・前掲（注4）論文一三頁以下が事件類型に適合した審理方式による裁判を受ける内容を手続保障手段の組合せから考究する方向づけを試みたほか、住吉博「民事司法における憲法的保障についての試論(一)(二)」判例タイムズ三一四号二頁以下・三一五号二頁以下の所論が注目される。

（6）西ドイツ連邦憲法裁判所の民事訴訟に関する裁判例の急増およびそれら総ての内容についての極めて詳細かつ克明な報告・分析として、Schumann, Bundesverfassungsgericht, Grundgesetz und Zivilprozeß, ZZP 96. Bd. S. 137 ff. がある。一九八二年にスイス・チューリッヒで開催されたドイツ法系民事訴訟法担当者会議では、「連邦憲法裁判所、憲法と民事訴訟」をテーマとし、右のシューマン報告のほか強制執行に関し同じ問題が論議された（鈴木正裕・民事訴訟雑誌二九号二一八頁以下参照）。また、一九八三年に西ドイツ・ヴュルツブルクで開催された第七回国際民訴法会議でも、テーマのひとつとして「憲法と民事訴訟」を採り上げている（小山昇・民事訴訟雑誌三〇号二六九頁以下参照）。Schwab-Gottwald, Verfassung und Zivilprozess, in Habscheid (Herausgeber), Effektiver Rechtsschutz und verfassungsmäßige Ordnung, 1983, S. 11 ff.（石川明＝出口雅久・憲法と民事手続法三頁以下に邦訳がある）は、そのさいの一般報告であり、Benda-Weber, Der Einfluß der Verfassung im Prozeßrecht, ZZP 96. Bd. S. 285 ff. は西ドイツの、また、Ballon, Der Einfluß der Verfassung auf das Zivilprozeßrecht, ZZP 96. Bd. S. 409 ff. はオーストリアの、詳細な個別報告である。その他、かなりの数の単行著書・論文が発表されているが、当分、論議は止みそうにない。

二　裁判を受ける権利

1　意　義

(1)　「何人も、裁判所において裁判を受ける権利を奪われない」（憲三二条）。この規定の主眼は、疑いもなく裁判へのアクセスの保障にある。なにびとも自己の権利または利益が不法に侵害されていると認めるときに、憲法により司法権を行使すべきものとされる裁判所に対して、その主張の当否を判断し、救済に必要な措置をとることを求める権利を与えられているのであり、反面からいえば、裁判所に対する「裁判の拒絶」の禁止である。基本的人権の保障を裁判所の違憲立法審査権を通じて司法的に確保してゆくシステムをとっている日本国憲法においては、裁判を受ける権利は、さらに「法の支配」を実現するための不可欠の手段としての意義を有し、その意味では、「基本権を確保するための基本権」とよぶことができる。(7) そのために、「裁判を受ける権利」の内容も、憲法上の、他の基本権規定や司法規定と総合して明らかにされなければならない。前述の国際人権B規約一四条一項のいう「法律で設置された、権限のある、独立の、かつ、公平な裁判所による公正な公開審理を受ける権利」は、憲法三二条の「裁判を受ける権利」と異なるものではないのである。

(2)　裁判へのアクセスは、憲法典における形式的な宣言では足らず、その実効性が確保されなければならない。「裁判を受ける権利」は、裁判所の設置・構成、その他裁判制度利用の諸条件によって現実的に無価値とされてはならないのである。とくに、裁判に要する費用が適切な水準に抑えられなければならず、その費用を負担できない者に対して必要な援助が与えられなければならない。訴訟救助（民訴一一八条以下）や法律扶助の制度は、少なくとも「一定の範囲においては」憲法上の要請とみるべきである。(8) 通常の手続では裁判に要する費用をペイしない少額事件の裁判制度についても、同じことがいえよう。(9)

(3)　憲法三二条の「裁判を受ける権利」と民訴法学上の「訴権」との関係については、見解が岐れる。とくに、両者は発想の基盤を異にするとみる峻別説[10]と、憲法三二条は訴権を保障したものにほかならぬとする同一説[11]とが対立するが[12]、両者は内容的に重なりをもち、その限りで憲法と民訴法とを結びつけながら併存するというべきであろう。

たしかに、実体法上の請求権概念の確立とそれによる実体法体系の整備に促されて発展した公法的訴権論では、訴訟外で成立する訴権と訴えの提起により発生する訴訟法律関係の一内容としての国家の裁判義務（当事者の裁判請求権）とを別個に考えたし[13]、私権を前提として権利保護請求権を認める具体的訴権説の盛行のもとでは、国家の裁判義務は具体的訴権のかげにかくれて殆ど顧みられなかった。その凋落後に抬頭した司法請求権説は、まさに民訴法学上の訴権論の延長として現われ、ドイツにおいて通説的に受け入れられていったのであるが、そこでの訴権は[14]、訴えの受理から判決に至るまで、訴訟法に従う手続の実施を求める国法上の請求権であり、内容的に、憲法三二条の「裁判を受ける権利」と共通する。しかし、だからといって、憲法三二条がある以上は訴権の内容につき司法請求権説をとる必要がある、という論理は成り立たないし、少なくとも具体的訴権説との併存は可能である。また、内容的な共通があるとみても、実定憲法上の「裁判を受ける権利」については、その侵害、憲法三二条の違反が特別上告・特別抗告の理由となりうるのに対し、訴権の侵害はそうでない。さらに、講学上は、訴権の対象たる判決手続だけでなく民事執行や破産・和議の手続までも包摂する司法請求権の観念を必要とするのに対し、憲法三二条の「裁判を受ける権利」は、裁判に属しない執行処分等には及ばないのである。同条の立法にさいし従来の訴権論は無縁であったし、「裁判を受ける権利」の内容が、訴権論とは全く関係なしに、最高裁判例によって具体的に構成されていることは、峻別説のいうとおりであり、両者を同一とみることはできない。

2　判例による具体化

(1)　憲法三二条の表現は、きわめて抽象的であり、その明確な輪郭を把握することは至難に属する。しかし、主として最高裁判所による裁判例が具体的な事件に即していくつかの特徴的な線を引き、それらの集積によって、裁判を受ける権利についての判例像が彫り進められてきている。民事訴訟の手続に関しとくに注目されるのは、判例上形成された、次の(a)(b)(c)の各テーゼである。

(a)　憲法三二条は、なにびとも裁判所において裁判を受ける権利があることを規定するにとどまり、いかなる裁判所において裁判を受くべきかという裁判所の組織、権限、等級等については、すべて法律において諸般の事情を考慮して決定すべき立法政策の問題であって、憲法には八一条を除きとくにこれを制限する規定はない（最大判昭和二三年七月八日刑集二巻八号八〇一頁、同昭和二五年二月一日刑集四巻二号八八頁）。この理論は、多数の民事裁判例に踏襲され、とくに、次の諸点に具体的展開がみられる。

(イ)　第一は、上訴の構成・要件・手続に関する制限的規整の許容である。すなわち、最高裁への抗告を制限する裁判所法七条二号（最大決昭和二四年七月二二日裁判集民二号四六七頁）、上告の審級序列を定めた民訴法三九三条（最大判昭和二九年一〇月一三日民集八巻一〇号一八四六頁）、仮差押え・仮処分事件の上告を制限する同条三項（最判昭和三六年一一月一七日民集一五巻一〇号二五〇二頁）、上告理由を定めた同三九四条（最大決昭和二五年九月一八日民集四巻九号四二三頁）、特別上告の要件を定めた同四〇九条ノ二（一項につき最判昭和三八年一月二五日民集一七巻一号八二頁、二項につき最判昭和三一年一二月一一日民集一〇巻一二号一五五〇頁）、特別抗告の提起期間を定めた同四一九条ノ二第二項（最大決昭和二四年七月二三日民集三巻八号二八一頁）、特別抗告の申立てにつき違憲主張を理由とするものか否かの判断を原審がすることを認めた同四一九条ノ三（最決昭和三三年五月二九日判例時報一五一号一九頁）、上告理由書の記載方式に関する民訴規四六条ないし四九条（最判昭和五七年五月二七日判例時報一〇四九号四〇頁）、上告理由書提出期間を定めた民訴規五〇条（最大決昭和三三年七月一〇日民集一二巻一一号一七四七頁)、上告理由書補正命令についての民訴規五三条(最判昭和四四年二月一三日判例時報五五〇号六一頁)などは、いずれも、憲法三二条に違反するものではない、とされる。控訴審における訴えの変更の許容(民訴三七八条・二三二条)についても、同様であり(最判昭和二八年九月一一日民集七巻九号九一八頁)、移送申立却下の裁判に対し民訴法所定の方法以外の別訴等による抗争が許されないこと(最判昭和四一年四月一九日訟務月報一二巻一〇号一四〇二頁)も合憲である。

(ロ) 第二は、不服申立ての認められない裁判の許容である。たとえば、管轄違いに基づく移送申立てを却下する決定(東京高決昭和三〇年四月二七日高民集八巻三号二一六頁)、非訟事件手続法一三二条二項による総会招集許可申請認許の裁判(最決昭和三一年七月二六日民集一〇巻八号一一一六頁)、審判前の仮の処分(家審規九五条旧規定によるものにつき東京高判昭和四四年一月三〇日東高民時報二〇巻一号一四頁、同一〇六条一項旧規定によるものにつき最決昭和四五年一二月九日家裁月報二三巻六号五六頁)、後見監督人選任申立却下の審判(最決昭和三一年一〇月二三日民集一一巻一〇号一七七六頁)、和議法一八条による和議開始申立棄却決定(最決昭和五六年四月三〇日判例時報一〇〇二号八五頁)、人身保護規則三五条三項により人身保護命令を取り消し被拘束者を再び拘束者に引き渡す旨の裁判(最決昭和三一年九月一六日民集一一巻九号一五三三頁)などにつき不服申立てが認められていなくても、憲法三二条に違背するものではない、とされる。届出をしなかった更生債権者等に更生計画認否の決定に対する即時抗告を認めない会社更生法二三七条一項についても、同じである(最大決昭和四五年一二月一六日民集二四巻一三号二〇九九頁)。

(ハ) なお、憲法三二条は訴訟法で定める管轄権を有する具体的裁判所において裁判を受ける権利を保障したものでない、とされる(最大判昭和二四年三月二三日刑集三巻三号三五二頁)のも、同じ系列に属するといえよう。

(b) 憲法三二条は、訴えの利益を欠く訴訟についてまで本案の裁判を受ける権利を保障したものではない(最大判昭和二八年一二月二三日民集七巻一三号一五六一頁、同昭和三五年一二月七日民集一四巻一三号二九六四頁)。訴え以外の申立てが法的利益を欠く場合にも同様である（忌避申立てにつき最決昭和四七年九月七日判例時報六八四号五九頁）。

(c)　性質上純然たる訴訟事件につき終局的に事実を確定し権利義務の存否を確定するような裁判が公開の法廷における対審および判決によってなされないときは、憲法八二条・三二条の違反である（最大決昭和三五年七月六日民集一四巻九号一六五七頁。戦時民事特別法一九条二項、金銭債務臨時調停法七条一項による調停に代わる裁判を違憲とした）。逆に、右のような裁判でなければ、公開法廷における審理を経なくても、憲法八二条・三二条に違反しない。後者の例として、競売開始決定に対する異議事件の裁判（最決昭和四二年一二月一五日民集二一巻一〇号二六〇二頁）、非訟事件手続法一三二条ノ六による株式買取価格決定事件の裁判（最決昭和四八年三月一日民集二七巻二号一六一頁）、同二〇六条以下による過料の裁判（最大決昭和四一年一二月二七日民集二〇巻一〇号二二七九頁）、借地法八条ノ二第一項による借地条件変更の裁判における借地権存否の判断（最決昭和四五年五月一九日民集二四巻五号三七七頁）、家事審判法九条一項乙類各号による、夫婦同居協力扶助の審判（最大決昭和四〇年六月三〇日民集一九巻四号一〇八九頁）・婚姻費用の分担に関する審判（最大決昭和四〇年六月三〇日民集一九巻四号一一一四頁）・親権者変更の審判（最決昭和四六年七月八日判例時報六四二号二一頁）・遺産分割に関する処分の審判（最大決昭和四一年三月二日民集二〇巻三号三六〇頁）などがある。

(2)　これらの判例理論は、その明確な割切りによって、裁判実務を有力に指導してきた。しかし、割切りが明確であるだけに、具体的な問題に対する対応をステレオタイプ化してきた面があるのではないか。また、裁判についての憲法的要請の殆どすべてを憲法三二条がアトラスのように担わされている。これは、甚だ疑問ではないだろうか。

たとえば、裁判所の組織、権限、審級等は専ら立法政策の問題であるとするのが判例であるが、裁判所の組織等に関しても、当然に、人種・信条・性別等による差別（たとえば裁判所法二七条のような方式における）は否定されなければならない（憲一四条一項）。また、憲法三二条にいう「裁判所」が「訴訟法で定める管轄権を有する具体的裁判所」を意味するかどうかについて、消極説をとる判例に対し学説の批判が厳しいが、権限分配・管轄の定めに関する事件担当裁判官の恣意的解釈・適用に対する保障機能ならば、(15)「法律ニ定メタル裁判官」（明治憲法二四条、西ドイツ基本法一〇一条一項など）の明文規定を有しない日本国憲法のもとでは、裁判を受ける権利（憲三二条）の内容に無理につっこむよりも、個人の尊重と平等の原則（憲一三条・一四条）に根拠を求めるのが自然であるし、その方が、管轄権以外の場面での裁判官の恣意的権限行使に対しても広い保障を確保できる点で、より妥当なのではなかろうか。さらに、判例のように憲法三二条と八二条とを結びつけて、八二条の手続による「裁判」を受ける権利が三二条によって国民に保障されているとみることの必要性および正当性は、きわめて疑わしい。終局的に権利義務を確定する裁判か否かという一般的規準によって画一的に割り切ったうえ、そのような純然たる訴訟事件についてのみ公開対審原則が及ぶというのでは、それ以外の事件の裁判は憲法の埒外におかれ、国民は、その範囲で裁判を受ける権利の保障を享受しえないという結論になりかねない。(16)公開対審を要しない性質の事件についても、公平な裁判所による公正な審理・裁判の保障を欠いてよいはずはないのである。

われわれは、このあたりで、もともと個別的事件における具体的問題に密着して展開されてきた判例理論をいったん突き放し、裁判についての憲法的要請を、より広い視野から根本的に把え直す努力を試みる必要があるのではなかろうか。

(7)　芦部・前掲二七五頁。「基本権を確保するための基本権」の観念については、鵜飼信成・憲法一五三頁以下参照。裁判を受ける権利のほか、公務員の選定罷免権（憲一五条）、請願権（憲一六条）、不法行為に基づく国家の賠償責任（憲一七条）および刑事補償請求権（憲四〇条）が挙げられている。

(8)　小島武司「民事裁判における憲法的保障」竹下＝谷口編・民事訴訟法を学ぶ〔二版〕一三頁以下。この「一定範囲」は、抽象的には、基本的人権の保護が直接に問題となり、かつ、裁判によらなければ適切な救済が得られない場合、といえよう。

(9)　講座民事訴訟①所収の、「裁判へのアクセス」〔五十部豊久〕、「訴訟の費用・法律扶助」〔福山達夫〕、「司法運営のコスト」

〔棚瀬孝雄〕、「紛争処理制度の全体構造」〔小島武司〕の諸論文を参照。

(10)　三ケ月章・民事訴訟法研究八巻一六頁以下。訴訟理論の体系化のための道具建てにすぎぬ訴訟内在的観念たる、在来的な形での「訴権」と、裁判手続の態様を外から規制する外在的指標であり制度的・歴史的な実践概念である「裁判を受ける権利」の切離しが妥当、と説く。

(11)　齋藤秀夫「訴権と憲法との架橋」石田文次郎古稀記念論文集二六一頁以下、同・民事訴訟法概論四六頁〔新版四二頁以下〕。訴権は司法行為請求権であり、訴訟外の国法上の権利として構成することが、憲法と訴訟法を結びつける概念形式として理論的価値とともに国民の国務要求権としての積極的な受益権的側面を発揮されうる、と説く。

(12)　両説の評価を含め、訴権論の意義につき、新堂幸司・民事訴訟法一六八頁以下、鈴木正裕「訴権論の現況とその現代的意義」法学教室〈二期〉一号六七頁以下参照。

(13)　権利保護請求権説を代表するヘルヴィヒなども、例外ではない。Vgl. Hellwig, Lehrbuch des Deutschen Zivilprozeßrechts, II Bd. II, 1907, S. 30 f.

(14)　司法請求権説につき、中野貞一郎「訴権」法学セミナー六四号五八頁以下参照。この説を定立したグローは、国家の司法作用の行使を求める公権としての司法請求権の観念が、実体法と手続法との必要な結合の説明に必要かつ十分であり、具体的訴権・抽象的訴権のあらゆる構成とそれらの間の絶望的な論争に終止符を打つものである、と述べている。Groh, Der Anspruch auf Rechtspflege, ZZP 51. Bd. S. 146 f. なお、最近の問題との関連で、シュヴァープ「現代ドイツ民事訴訟法における権利保護請求権の再生」山木戸還暦・実体法と手続法の交錯上三二五頁以下が参考となる。

(15)　管轄に関する規定の違反が国家機関側の「恣意」による場合にのみ憲法三二条違背となると解する見解が有力である。とくに、芦部・前掲二八八頁以下、竹下守夫「裁判を受ける権利」憲法判例百選Ⅱ二〇六頁以下。

(16)　林屋・前掲七九頁以下が明瞭に問題を指摘する。

三　手続の規制原則としての憲法

1　手続諸原則と憲法

(1)　訴えの提起から判決に至る道程をどのように構成するかについては、無限に多様な可能性があり、訴訟の歴史においてもさまざまな試みが重ねられてきた。真実と正義に合する裁判を得るためにそれだけが時空を超えて絶対的に正しいという手続方式があるわけでなく、各個の事件が有する個性も無視できない。しかし、個別の訴訟における手続を担当裁判官が適宜に決めることができるというのでは、決められた手続しだいで出てくる裁判も異なり、実体法の客観的・統一的な実現を害し、近代社会に必須とされる裁判の予測可能性を欠く。証拠方法の種類の限定ひとつでも、訴訟の勝敗は全く逆になりうるのである。そこで、法律をもって手続を厳格に構成し、裁判官を拘束（憲七六条三項）する。そのさい、立法者は、各個の手続規定の基礎となるべき一定の手続諸原則を樹てなければならない。それによって各個の規定は意味を与えられ、細部に亘っての運用の当否も決せられることになるのである。このような手続諸原則の定立は、すぐれて法政策的な判断に他ならないが、それら諸原則は、どこまで憲法じたいによって保障されているのであろうか。現行の訴訟手続は、その基本原則がどれだけの範囲で憲法上固定されて一般の法律による改廃変更を許されず、どこまでなら変更できるものなのかを考えてみる必要がある。

(2)　日本国憲法では、公開の原則につき明文（憲八二条）をおくだけで、他の手続原則については明瞭でなく、判例や学説のうえでも未だほとんど論ぜられていない。しかし、西ドイツでは、手続諸原則の多くを憲法上の要請とみて連邦憲法裁判所によるコントロールを認めようとする所説が現われており[17]、その影響は、すでにわが国にも見受けるところである。今後の論議をまたなければならないが、広い範囲の憲法的固定を認めるのは疑問ではなかろうか。たとえば、処分権主義の根拠を憲法二九条一項（財産権の不可侵）と憲法上の自由権規定全体の背景にある人格の自由の思想に求める説[18]があるが、憲法も財産権の内容は法律で定めるものとしているし（憲二九条二項）、民事訴訟のなかでも、対象となる権利関係が当事者の自由処分を許さぬものであれば、自ら処分権主義も制限・排除されざるをえず（人事訴訟や会社訴訟における請求の放棄・認諾や和解の排除など。人訴一〇条一項後段ほか）、裁判事項によっては、当事者の申立てをまたないものもある（民訴九五条・一九六条など）。処分権主義を、民事手続なり民事訴訟一般を通じての憲法的保障とみることはできないであろう。弁論主義にしても、職権探知主義との適用分野の配分は、立法者の裁量に委ねられているとみるべく、口頭主義と直接主義は、公開原則に伴う限りでは憲法に包摂されているといえるにしても、手続の全体を通観すれば、書面主義および間接主義に対してそれぞれ一長一短があり、手続の局面に応じ裁判の種類に即しての選択的併用を憲法が禁じているとは考えられない。基本的な方向としては、「余りにも多くの手続要素を具体的な形式において憲法的に固定しようとし、時流に適った手続理解を憲法的に凝結させようとする試みには反対すべきであろう[19]」。

(3)　私見は、未だ試論の域を出ないが、民事の裁判手続につき、後にそれぞれについて述べるような理由で、審尋請求権の保障、手続上平等の原則、適時審判の原則および公開審判の原則を憲法上の要請として挙げたいと思う。いずれも、基本的な抽象的原則であり、各個の訴訟法規がそれらを具体化して定立されている限りでは、直接にはそれらの法規の違背が問題となるにすぎないが、法規がないところでは憲法上の原則が裁判所や訴訟関係人の行動上の指導理念となり、あるいはそれらの行動に対する評価規準として機能するのである。

2　審尋請求権の保障[20]

(1)　「裁判所において裁判を受ける権利」（憲三二条）は、裁判にさいして審尋を受ける権利を伴う。裁判を受ける者は、裁判事項につき予め自己の見解を表明しかつ聴取される機会が与えられることを要求する権利（審尋請求権）を憲法上保障されている。裁判所は、原則として、当事者がそのような機会をもたなかった事実や証拠に基づいて裁判することができない。

審尋請求権を謳った明文規定は、日本国憲法には存しないが、解釈上、これを肯認できる。[21] (i)すべて国民は、個人として尊重される（憲一三条一項）。その有する私的権利義務についての裁判上の手続においても、たんなる手続の客体として遇することは許されず、各人を手続の主体として尊重し、その主体性を展開する機会を与えることが要求されている。(ii)裁判に当たって裁判を受ける者の言い分を予め聴取する機会をもつべきことは、近代国家の成立や日本国憲法の制定よりもはるか以前から伝統的な、むしろ現代では自明的とさえいえる法原則（双方審尋主義）として確立されており、「裁判が裁判といえる基本的な要素は、ここにある」。[22]「裁判を受ける権利」（憲三二条）が前提とする「裁判」も、当然、右のような法原則に支えられた常識的な意味の裁判に他ならない。(iii)すべて裁判官は、その良心に従い独立してその職権を行うが、裁判は、裁判官の孤独な思考作業にとどまるわけではなく、また、憲法および法律に拘束される以上（憲七六条三項）、事実への法の適用のために、関係の当事者から直接に事実状態・法律状態についてのそれぞれの見解を聴取する機会を欠くことはできない。訴訟の制度面での裁判官の独立と相まって、訴訟の手続面での審尋請求権が適正な裁判を確保するというべく、「審尋請求権は、当事者にとっては手続的正義の憲法上の保障の中心であり、同時に、訴訟の法治国家性の本質的構成部分である」。[23] (iv)国際人権B規約一四条一項（前述三頁）は、民事上の権利・義務の争いについての裁判のために「公正な審理を受ける権利」を認めているが、[24] 裁判所に対して当事者それぞれが見解を表明する機会を確保しない限り、審理は公正ではありえないであろう。(v)民訴法は、個別に、審尋することができる旨の規定（民訴一二五条二項・四一九条）をおくが、当事者に関しては自明のことで規定をまつまでもないし、[25] 審尋しなければならない旨の明示的規定（民訴七四条二項・二八三条一項・三一四条二項）にしても、第三者の手続関与ないし介入に関する特殊な場合の規制であり、しかも、いずれも書面または口頭による形式的な尋問に関する規定であって、一般的な審尋請求権を否定する根拠となりうるものではない。迅速の要請に従い口頭弁論への事後的接続を保障しつつ事前審尋なき裁判を許す例外規定（支払命令につき民訴四三四条一項）についても、同様である（民執一四五条二項の規定は狭義の裁判に関しない）。

(2)　憲法における審尋請求権の保障は、国の裁判所の権限に属するすべての裁判手続に及ぶ。訴訟手続と非訟手続とをとわず、判決手続と決定手続とをとわず、口頭手続と書面手続とをとわず、弁論主義・職権探知主義等の手続原則の差異にも関係がない。審尋請求権を有する者は、原則として、裁判を受ける各当事者（および補助参加人）に限られ[26]、自然人たると、法人たると、権利能力のない社団・財団たるとをとわない。

(3)　審尋請求権における審尋の対象は、裁判をするうえで実体法的または訴訟法的に問題となる（という意味で erheblich な）事実および法的事項に限る。それらについて、当事者は、自己の見解を（自らまたは代理人によって）表明する機会、すなわち、主張・立証・陳述等を行う機会を与えられるべく、裁判所は、いかなる事実や証拠調べの結果も、当事者に見解表明の機会を（原則として事前に）与えることなしに裁判の基礎としてはならず、職権で探知した事実、職務上顕著ないし一般公知の事実、調査嘱託の結果のごときも、例外ではない。見解表明の機会が与えられれば足り、その機会を利用するかどうかは当事者の自己責任に属する。

当事者に見解表明の機会をどの程度に与えるべきかは、多分に立法政策上の考慮に依存する。一般に、その機会を被告に手厚く保障しようとすれば、それだけ手続の遅延を生じ、原告側や裁判所の負担が増加する。権利保護を求めて出訴した当事者の法的救済を第一義的に考えるならば、手続の種類に応じ自ら制限を免れないであろう[27]。

審尋請求権の侵害となるかどうかは、各個の具体的な事情に即して判定されなければならない[28]。最高裁判例のなかには、訴訟救助却下決定に対する抗告審につき、それが純然たる訴訟事件に属しないとの理由で、当事者の審尋を経ないで審理裁判しても憲法八二条に違反しないとした例（最決昭和五六年七月二日判例時報一〇一五号五四頁。口頭弁論を経ない破産宣告決定を合憲とした最大決昭和四五年六月二四日民集二四巻六号六一〇頁を引用）がある。事案の経過を詳かにしないが、具体的状況しだいでは審尋請求権の侵害が問題となりえたケイスである。たとえば、抗告申立てのさい、抗告人が抗告理由は追って書面で提出する旨を予告した場合、裁判所は、適当な期間の経過を待つべく、あるいは期間を定めて書面提出を促すべきで、このような措置をとることなく記録に基づき審査して抗告を棄却するのは、抗告人の審尋請求権の侵害である。(29) 抗告人からの書面提出の予告がない場合、その提出を促す必要はないにしても、やはりある程度の期間は抗告人からの申出等を待たなければならない。抗告状を送達した後、相手方に主張・立証の余裕を与えないまま早急に抗告を認容した場合にも、同様に、審尋請求権の侵害となる。(30) これに対し、上訴や請求異議訴訟等の提起に伴う強制執行停止等の仮の処分（民訴五〇〇条・五一一条～五一二条ノ二、民執三六条・三八条四項など）が審尋を経ずになされた場合、不服申立てを許さないまま長期に亘る損害が発生しうる点でかなり疑問なようにも思われる(31)が、仮の処分の効力がその要件の拡大審理を含む本案訴訟の決着に依存・連動する以上、審尋請求権の侵害には当たらないといえよう。

(4)　審尋義務に反してなされた裁判は、それだけで当然に無効となるわけではない。審尋請求権の侵害は、ひとつの手続上の瑕疵であり、訴訟手続の内部で、通常の上訴ないし特別上告・特別抗告によってこれを主張し、裁判の取消し・変更・破棄を求めることができる。(32) ただし、上訴や異議による主張・立証の機会が原審における審尋欠缺を補充・追完するに足りる場合には、瑕疵の治癒を認めてよい。

3　手続上平等の保障

(1)　法の下の平等を定めた憲法一四条一項は、実体法だけでなく、同様に訴訟法にも妥当する。日本国憲法のもとでは、訴訟上の武器平等の原則も、平等原則の訴訟的具現として、憲法上の保障をもつ。(33) 平等原則は、訴訟手続のうえで、すべての主体を、それらの訴訟外の地位や関係に拘らず、等しい条件のもとでは等しく取り扱うことを要求し、立法者および司法機関に対し、正義に反しあるいは合理的な理由のない恣意的な処遇を禁止する。平等原則が基本的人権に組み入れられたことによって、訴訟法の諸規定についても、それが平等原則に適合するかどうかの検討を必要とし、また、それらの規定の解釈に当たっても平等原則が斟酌されなければならない。

(2)　民事訴訟法は、対立する両当事者に平等に申立て・主張・挙証・陳述・上訴等の機能を与え、訴訟危険の均等な配分を図っている。必要的口頭弁論（民訴一二五条一項本文）や訴訟手続の中断・中止（民訴二〇八条以下）などの制度は、その代表的な例である。それらの実定制度を平等原則に照らして云々する余地（たとえば管轄規定の適用に関し前述八頁以下）は、実際上、少ないであろう。しかし、訴訟追行上の機会が形式上平等に与えられても、それだけでは必ずしも法的地位や能力等を等しくしない両当事者が平等に訴訟上の攻撃防御を展開できる保障として十分ではなく、さらに現実の訴訟運営のうえで両当事者の平等を実質的に確保する努力が要請される。[34]その限りで平等原則は、手続上の重要な指導理念となるのである。[35]とくに、現行の訴訟手続規定において諸般の事項の処理を裁判所なり裁判官の裁量に委ねている局面が少なくない。具体的な手続におけるそれらの裁量権の行使に当たって両当事者が不平等に取り扱われ、正義に反しあるいは合理的な理由を欠く恣意的な処遇を生む可能性が存する。裁量権の付与も恣意を許容するものではありえず、平等原則を規準とする違憲審査を免れることはできないであろう。

4　適時審判の保障[36]

(1)　「裁判を受ける権利」（憲三二条）は、適当な時期に裁判を受ける権利である。

裁判の遅延は、時と所とをとわず、普遍的にみられる現象であり、裁判が司法の形式で行われるところでは、事実の確定および適用されるべき法の発見に要する相当の時間的経過は不可避といえよう。しかし、そのための所要時間が無制限であってよいというわけはない。すでに、刑事事件については、日本国憲法は、被告人に迅速な裁判を受ける権利を認める明文の規定（憲三七条一項）をおく。周知のとおり、この規定を適用して審理の著しい遅延を理由に免訴の判決をすべきものとした、いわゆる高田事件の最高裁判決（最大判昭和四七年一二月二〇日刑集二六巻一〇号六三一頁）は、右条項が「迅速な裁判を一般的に保障するために必要な立法上および司法行政上の措置をとるべきことを要請するにとどまらず、さらに個々の刑事事件について、現実に右の保障に明らかに反し、審理の著しい遅延の結果、迅速な裁判を受ける被告人の権利が害せられたと認められる異常な事態が生じた場合には、これに対処すべき具体的規定がなくても」、審理打切りの非常救済手段がとられるべきことをも認めている趣旨の規定であるとし、次のようにいう。「刑事事件について審理が著しく遅延するときは、被告人としては……ひとり有形無形の社会的不利益を受けるばかりでなく、……防禦権の行使に種々の障害を生ずることをまぬがれず、ひいては……刑罰法令を適正かつ迅速に適用実現するという目的を達することができないこととなる。上記憲法の迅速な裁判の保障条項は、かかる弊害発生の防止をその趣旨とするものにほかならない」と。しかし、右と同様の事情は、性質に多少の差はあれ、民事事件にも共通に存することを看過すべきでない。民事事件においても、審理が著しく遅延するときは、当事者としては有形無形の不利益を受けるばかりでなく、権利の行使に種々の障害を生ずることを免れず、訴訟遅延が実体権を減殺し抹殺する結果ともなる。

民事訴訟の目的を権利保護、法秩序維持あるいは紛争解決のいずれに求めるにもせよ、目的の実現は、時間的要素を抜きにしては考えられない。裁判手続が余りにも長期にわたる場合には、時効の制度的基礎ともされるような事実関係の解明不能を生じ、法の正しい適用（憲七六条三項）は期待できない。当該生活関係に長年月の推移が加わって裁判がもはやなんの作用をも営みえなくなった状態に立ち至れば、形だけの裁判は無意義である。しかも、不当に遅れた手続経過じたいが実体権行使の制限や出費等を伴い、財産権の不可侵（憲二九条一項）に反することにもなる。手続内での不服申立てや司法行政上の監督権（裁八〇条～八二条）の行使あるいは国家賠償請求の可能性は、必ずしも、不当な長期手続に対する十分な救済とはなりえない。したがって、民事・刑事をとわず、憲法は、その保障する裁判に時期的な要請を立てているとみるべく[37]、憲法三七条一項は、両手続に共通して存する適時審判の要請を、刑事被告人の利益のために加重する趣旨の明文にすぎないと解すべきである。

(2)　もちろん、裁判が迅速でさえあればよいというわけでなく、迅速だが誤った裁判がなされて不法な権利侵害が永続することにならないよう、慎重な審理を要する。裁判の適正と迅速という縦横の理念の間で「黄金分割」が求められるのである。各個の事案に即してのその具体的決定には、当然に、事案の多様性に応じて大幅の許容範囲が存しよう。また、手続の遅延を生ずる原因にも幾多のものがあり、実質上裁判の拒否に等しい不当な裁判遅延が存するといえるかどうかは、訴訟の種類や類型、遅延を生じた原因、裁判所の事件処理状況、事件の規模、事実の法的ないし事実的な難易度等、諸般の状況を総合的に判断して決せられなければならない（憲三七条一項に関し同旨、前掲最大判昭和四七年一二月二〇日、最判昭和五五年二月七日刑集三四巻二号一五頁）。また、遅延の原因が当事者や証人その他の関係人の挙動にあるときは、国がそれに対して適切な遅延防止手段を訴訟法に設けているかどうか、というかたちで適時審判の保障が問題となるにすぎない。保障の内容としても、一方的に被告人の人権を守るべく免訴によって処理しうる刑事事件における異なり、手続の遅延について双方当事者の利害が相反しうる民事事件では、不当に遅延してなされた裁判に対する上級審の救済も、差し戻せばますます手続は遅延することになる点で、その方途を欠く。むしろ、国としては、基本的に、裁判が裁判としての実効を有しえないほどに不当に遅延しないように、財政上可能な範囲内で裁判所の人的および物的設備を適切に調え、適時審判を確保するに足りる手続法制を整備することを憲法上義務づけられているもの(38)と解すべきであろう。

5　公開の原則

憲法八二条一項は、「裁判の対審及び判決は、公開法廷でこれを行ふ」と規定する。訴訟手続につき、その核心部分の一般公開を原則としたもので、民事訴訟の弁論では、訴訟物たる権利関係について当事者にその主張を尽させ攻撃防禦の円滑な展開を図るため口頭主義・直接主義を必須とし、口頭主義と結びついて公開の原則が効用を発揮する(39)。しかし、その重要度が刑事訴訟の場合に比肩しうべくもないことは明らかであり、憲法としては、刑事被告人の迅速な公開裁判を受ける権利（憲三七条一項）を認めた以上、その余を裁判所法の規定に譲ることも可能であったといえる。[40] しかも、非公開での口頭弁論を許す例外（憲八二条二項）がきわめて厳格かつ固定的で、人格権の保護に遺憾のあることが識者によって指摘され、批判されていた。[41] この問題を一挙に現実化したのが、国際人権B規約一四条一項（前述三頁）に他ならない。

裁判所は、裁判官の全員一致で公序良俗を害するおそれがあると決した場合（憲八二条二項本文）でなくても、当事者のプライバシーの保護のため必要な場合（国際人権B規約一四条一項）であれば、非公開で口頭弁論を実施できるであろうか。種々の考え方がありうる。[42] あるいは、条約の自力執行性を否定して、規約に沿う立法措置（同規約二条二項参照）がないかぎり許されぬとする説、あるいは、世界人権宣言を条約化したといわれる国際人権規約は条約として最高位にあり、人権保障に関し日本国憲法のそれを国際的にまで拡張・補強する点で少なくとも憲法と同位にあるとみるべく、後法優位の原則により憲法八二条一項はB規約一四条一項により自動的に改変されたものとする説など。しかし、おそらくは、B規約一四条一項の定めるような公開制限理由も概ね憲法八二条の内容に当初から含まれており、B規約はそれを顕在化させたにすぎないとする鈴木重勝教授の見解[43]が正当であろう。その理由として、同教授は日本国憲法が同時に幸福追求権を基本権として保障していること（憲一三条）を挙げるが、むしろ、人権規約加入より一〇年も前に鈴木忠一氏が次のように道破しておられたところ[44]をもって十分と考える。「そもそも公開の原則はそれ自体決して目的ではなくして手段である。公開の規定は秘密裁判を排し裁判を国民全体が自由に傍聴し、これによって一種の監視を為し得る状態に置くことによって、裁判（司法）に対する国民の信頼を保障するに在るとされる」が、「監視作用としての公開の原則は民訴に於いては刑訴に比して遙にその意義が小さいのである。従って若し民訴に於いて公開が却って正義の要求に合致せず又は訴訟当事者乃至関係人の私的生活の秘密を不当に暴露することになり、或は当事者の営業又は企業上の秘密を暴露することによって不当にその利益を害することになる危険のある場合などには、人格の尊重、正当な企業活動の保護、自由な陳述又は証拠の提出による裁判の適正の保障等との比較考量によって、公開の原則は基本的人権、個人の尊厳の保障、正義の要求等に席を譲るべきであり、それが寧ろ国民の司法への信頼を保障する所以にもなるのである。蓋し此等の利害関係を考慮しないであくまで公開の原則に固執するならば、却って公開の原則の目的とする裁判への国民の信頼を訴訟当事者について期待することが極めて困難となるのみならず、一般国民からも亦何等得る所がないからである」。なお、明確を期する趣旨で裁判所法にB規約一四条一項をふまえた具体的内容の規定を新設すべしとする提案[45]がある。実際上、当をえたものということができよう。

（17）Stürner, Verfahrensgrundsätze des Zivilprozesses und Verfassung, in Festschrift für F. Baur, 1981, S. 647 ff. 審尋請求権、武器平等の原則等のほか、処分権主義、解明義務、公開主義、口頭主義、直接主義を憲法上の要請とみている。なお、紹介として、田邊誠・季刊実務民事法四号一三四頁以下がある。

（18）石川明「処分権主義と憲法」判例タイムズ四九八号四九頁。Schwab-Gottwald, a. a. O., S.73 f. は、少なくとも処分権主義の「核心領域」は憲法の保障するところだとする。

（19）Stürner, Die Einwirkungen der Verfassung auf das Zivilrecht und den Zivilprozess, NJW 1979, S. 2336.

（20）審尋請求権については、とくに、鈴木忠一「非訟事件に於ける正当な手続の保障」同・非訟・家事事件の研究二五九頁以下、バウァー「ドイツ法における審尋請求権の発展」（鈴木正裕訳）神戸法学雑誌一八巻三・四号五一二頁以下、紺谷浩司「審問請求権（Anspruch auf rechtliches Gehör）の保障とその問題点」民事訴訟雑誌一八号一四三頁以下、Stein-Jonas-Leipold, ZPO. vor §128 B II 参照。本稿も、これらに負う。西ドイツ基本法一〇三条一項は、「各人は、裁判所において、Anspruch auf rechtliches Gehör を有する」と規定し、これをめぐる判例・学説の展開が著しい。「審問請求権」「法律上の審問を求める権利」などと訳するのが通例となっているが、「審問」では訴訟法上の「双方審尋主義」（Grundsatz des beiderseitigen Gehörs）との脈絡が見失われるし、「審問」を規定した民訴法一四九条、非訟事件手続法一三条等と結びつき易い。むしろ「審尋請求権」とする鈴木正裕訳が妥当と思う。

（21）鈴木（忠）・前掲二〇四頁以下、紺谷・前掲一六三頁以下参照。

（22）新堂幸司「民事訴訟の目的論からなにを学ぶか（17）」月刊法学教室一九八二年二月号六二頁。手続内手続保障をぎりぎりのところまで切り詰めるとしたとき、最後に残すべきものは、「裁判官の面前で両当事者が自分の言い分を相互に存分に主張し合う機会を平等に与えられるということ」だとする。

(23) Stein-Jonas-Leipold, ZPO, vor §128 B II Rdnr. 12.

(24) すでに一九四八年の世界人権宣言一〇条が、すべて人は自己の権利および義務が決定されるに当たって独立の公平な裁判所による「公正な公開の審理を受けることについて完全に平等の権利を有する」(Everyone is entitled in full equality to a fair and public hearings……) と定めている。これに続いた一九五〇年のヨーロッパ人権規約六条（後注（37）参照）も、「公正な方法」で審尋を受ける権利を保障した。最近、西ドイツ連邦憲法裁判所の裁判例のなかには、憲法上の「公正手続請求権」(Anspruch auf faire Verfahrensführung) の侵害を理由として民事裁判を取り消す例が少なくないが、その実体ないし意義、あるいは他の手続基本権との関係をめぐって、学説は岐れている。

(25) わが国の民訴一二五条二項（大正一五年法律六一号による改正で新設）・四一九条に相応する、審尋を許す趣旨の規定は、ドイツ民訴法（旧法を含めて）には存しない。逆に、裁判前の審尋を要求しているドイツ民訴法の規定を継受するさいに、要審尋の点を省略した例（期間短縮の裁判など。ド民訴二二五条二項とわが民訴一五八条三項との対比）や継受対象から外した例が若干ある。

(26) 証人や鑑定人も、証言拒絶・宣誓拒絶の当否の裁判や制裁の決定については、審尋請求権をもつ。最大判昭和三七年一一月二八日刑集一六巻一一号一五九三頁が、旧関税法一一八条一項の規定する被告人占有の第三者所有物の没収につき、当該所有者に「何等告知、弁解、防禦の機会を与えることなく、その所有権を奪う」のは憲法三一条・二九条に違反する、と判示したのも、審尋請求権の保障を前提とするものと解される。さらに、自己の権利義務について裁判を受ける者に見解表明の機会を与えるべしとする考えを押せば、対世効を有する身分判決に関しすでに切実な論議があるように、手続上の当事者でなくとも裁判の効力によってその法的地位に影響を受ける者には、やはり見解表明の機会が与えられるべきであり、第三者への必要的告知あるいは第三者の強制参加の制度への展望に連なる。この点につき、とくに、吉村徳重「判決効の拡張と手続権保障」山木戸還暦・実体法と手続法の交錯下一一八頁以下参照。

(27) 一九八三年のオーストリア民事訴訟法の改正にさいし、督促手続の簡素化とともに未確定の支払命令に対する異議に加えてすでに確定した支払命令に対する異議をも認めようとしたが、結局、後者は成法とならなかった事情につき、Fasching, Die Zivilverfahrensnovelle 1981, Juristische Blätter 1982, S. 126 f., 129; derselbe, Zivilprozeßrecht, 1984, S. 754 参照。

(28) 西ドイツ連邦憲法裁判所が審尋請求権の侵害を認めて原裁判を取り消した数多くの決定のなかから、最近の若干例を拾い上げておく。(i)　一九七八年一〇月二五日決定（BVerfGE 50, 1）　郵便遅延のため控訴理由書が数日かかって提出期間（ド民訴五一九条）満了の翌日に裁判所に到着し、控訴は却下された。追完の申立ても、当時その郵便官署の組織変更による郵便遅延は予め勘定に入れることができたはずだとして却下され、憲法抗告。基本法一九条四項・一〇三条一項に基づき、訴訟行為の追完につき郵送配達の遅延を国民の責に帰すべき事由に数えてはならぬというのが憲法裁の判例だとした。(ii)　一九八〇年二月二七日決定（BVerfGE 53, 219）　証人転居のため呼出しができず、裁判所は、期間を定めて当事者に宛先訂正書の提出を求めたが、その期間内の提出があったのに裁判官に到達せず、その証人を尋問しないまま判決がなされた。憲法裁は、基本法一〇三条一項は裁判所に訴訟関係人の陳述を知りかつ考慮することを義務づけるというのが固定判例であり、責に帰すべき事由の有無は問題でない、とした。(iii)　一九八〇年一〇月七日決定（BVerfGE 55, 95）　賃料請求訴訟の判決において、既払金額の充当の認定に影響を与えるような原告作成の上申書の内容の一部を、被告に見解表明の機会を与えないまま参酌したのは、基本法一〇三条一項に違反するとした。(iv)　一九八二年二月九日決定（BVerfGE 59, 330）　口頭弁論が開かれない抗告審での新事実の主張につき時機に後れた攻撃防禦方法の却下の規定（ド民訴二九六条）の準用の可否が問題となった事案。学説上は、両説あり、原審高裁は積極説をとったが、憲法裁は、抗告審における新たな事実・証拠の提出を認めたド民訴五七〇条は憲法上の審尋請求権に立法者が形を与えたものであり、法に複数の可能な解釈がある場合、疑念があれば、基本権規範に最も強い効力を与える解釈を採るべきだとして、消極説を合憲解釈とした。なお、後注（30）（35）参照。

(29)　鈴木（忠）・前掲三〇九頁。なお、抗告審における審尋請求権の保障につき、本間義信「抗告審の審理方式」新・実務民事訴訟講座3二六五頁以下参照。

(30)　西ドイツ連邦憲法裁判所一九八二年四月二一日決定（BVerfGE 60, 313）は、訴訟費用の裁判に対する即時抗告状の相手方への到達から、抗告認容の裁判がなされるまで、二日の休日を除き実際上一日半の間隔しかなかった事例につき、審尋請求権の侵害ありとして認容決定を取り消し、差し戻した。

(31)　中野・民事執行法上巻二三四頁注（1）参照。Stein-Jonas-Leipold, ZPO, vor §128 B II Rdnr. 52 は、上訴に伴う執行停止の仮の処分につき、抗告はできないが審尋請求権の侵害を理由として処分変更の申立てはできる、と説く。

(32)　特別法上の決定・命令で抗告が許されず、民訴法上の抗告規定との連絡を欠くものについても、民訴法四一九条ノ二を民事手続共通の一般的原則規定（刑訴四三三条参照）とみて、その適用ないし準用を認めるべきである。鈴木（忠）・前掲三一三頁の所説（不在者の財産管理人に対してその供した担保の増加・変更を命ずる審判（家審規三四条）が全く管理人に審尋の機会を与えずになされた場合を例示）に従う。

(33)　「すべての人は、法律の前に平等である」とするドイツ連邦共和国基本法三条一項の解釈として同旨、Stein-Jonas, ZPO, 20. Aufl. 1979~1983. Einl. Rdnr. 506 (Schumann); vor § 128 Rdnr. 62. 63 (Leipold) u. a.

(34) 上田徹一郎「当事者の訴訟上の地位」講座民事訴訟３一頁以下における「型式的当事者平等原則」と「実質的当事者平等原則」との区別が示唆に富む。なお、憲法との関連につき、同二八頁以下参照。

(35) 平等原則を理由とする西ドイツ連邦憲法裁判所の介入例を若干挙げておく。(i) 一九八〇年四月二九日決定 (BVerfGE 54, 117)　被告の提出した相殺の抗弁は時機に後れたものとして(ド民訴二九六条一項)判決で斟酌されずに斥けられたが、その提出以前に一部の証拠調べや被告の答弁があり、その段階での原告の主張との関係上、相殺の抗弁を提出することは被告にとって得策でなかったので、原告が訴原因を補助的に変更した後になって提出された、という事情のもとでは、裁判所が相殺の抗弁を排斥したのは恣意的であり、基本法三条一項の定める訴訟関係者の平等取扱いの義務に違背する、と判示して判決を破棄、差し戻した。(ii) 一九八一年一月二八日決定 (BVerfGE 56, 139)　原告は、貸金取立訴訟の提起につき受救権の付与(ド民訴旧一一四条以下)を受けたが、請求額を超える債権部分についての和解にも受救権の付与を申し立て却下された。その和解に基づく強制執行につきさらに受救権付与の申立てがあったところ、裁判所は、その要件の審査に立ち入らず、すでにその和解の受救権付与は否定されているとして却下。連邦憲法裁判所は、受救対象が異別であり、実質的理由なしに低資産者に不利益を与えるものとして、平等原則違背を認めた。(iii) 一九八一年四月七日決定 (BVerfGE 57, 39)　第三者に宛てたことが明白な被告の書信を原告に宛てたものと誤認して被告の抗弁を排斥し金銭支払を命じた判決を恣意的とし、平等原則違背を認めた。(iv) なお、直接には審尋請求権に関する基本法一〇三条一項違背を認めるものであるが、一九七八年一一月八日決定 (BVerfGE 50, 32) は、裁判所が衝突自動車の損傷に関する原告の鑑定申請を訴額(四二五ドイツマルク)に対し「極めて不経済」として斥けたうえ、他の証拠により請求の一部認容判決をしたのを違憲とし、一九八二年四月二〇日決定 (BVerfGe 60, 250) は、路上に置いた原動機付自転車を倒して損傷したとして損害賠償を請求した原告が四人の証人を申請したのに、裁判所がなんらの法的根拠なしにその中の一人だけを採用し、これと被告申請の証人(被告の妻)とを尋問して、被告による加害の証明がないとして請求を棄却したのは違憲、とした。

(36) この項の記述については、とくに、Kloepfer, Verfahrensdauer und Verfassungsrecht, JZ 1979, S. 209 ff. を参考とした。

(37) 一九五〇年一一月四日のヨーロッパ人権規約 (Konvention zum Schütze der Menschenrechte und Grundfreiheiten) 六条一項一文は、「すべて人は、自己の事件につき公正な方法で公的にかつ適切な期間内に (innerhalb einer angemessenen Frist)、しかも、民事法上の請求権および義務について又は自己に対して提起された刑事公訴の当否について裁判すべき独立かつ公平な、法律に基づく裁判所の審尋を求める請求権を有する」と規定する。

(38) Vgl. Kloepfer, a. a. O., S. 212, 216.

(39) 憲法八二条の公開原則の基礎と限界につき、鈴木（忠）・前掲二六四頁以下に精細な論述がある。
(40) 西ドイツ連邦基本法では、公開の原則につき規定をおかず、裁判所構成法一六九条以下に譲っている。
(41) とくに、鈴木重勝「わが国における裁判公開原則の成立過程」早稲田法学五七巻三号八三頁以下。
(42) 鈴木重勝「国際人権規約と民事裁判の公開制限」小林還暦・現代法の諸領域と憲法理念五〇二頁以下参照。
(43) 鈴木（重）・前掲（注42）五一四頁以下。
(44) 鈴木（忠）・前掲二七九頁以下。
(45) 鈴木（重）・前掲（注42）五一六頁以下が二種の具体的提案を示す。

四　改革原理としての憲法

「現実と憲法理念との距離に気付くとき、憲法は手続改革の原動力として動き出す。」「憲法は、既存の価値の擁護のための受身の防具にとどまるべきものではなく、理想の民事裁判制度を創造するための挑戦の原理としてこそ、その本領を発揮する」(46)のである。手続改革にとって、憲法は、立法者の自由な腕をしめつける枷なのではなく、かえって、憲法に盛られた基本的諸価値の実現を民事裁判に付託するものとして、そのための立法努力の強力な支柱とならなければならない。また、逆に、立法にその利益を反映させることが困難な少数者のためには、憲法が、それらの少数者の手続権の制限や希釈が立法によって行われることのないように、確たる防壁ともなりうる。訴訟救助や少額訴訟など、近代的な訴訟制度にとって宿命的ともいえる諸問題に加えて、法の社会的基盤の変転に根ざす現代型訴訟の多くの問題が、それぞれに対応を迫りつつあり、憲法上の手続理念に導かれた立法的解決への着実な前進を憲法じたいが待っているというべきであろう。

(46) 小島・前掲（注8）一八頁。

（講座民事訴訟①・一九八四年）

2　司法審判権の限界の画定規準

一　「法律上の争訟」の観念

(1)　裁判所の審判権の限界を画する基準として最も汎用されるのは、「法律上の争訟」（裁判所法三条一項）の観念である。

民事上の訴えにつき、裁判所が「法律上の争訟」にあたらないとして却下する例は多い。しかし、民事訴訟法の概説書等のほとんど全部が、「法律上の争訟」の観念に詳しい説明を与えていない。単に、訴えの利益に関して、請求が具体的な権利関係の主張でなければならないこと（いわゆる権利保護の資格または請求適格）を説くさいに、これを「法律上の争訟」の観念に相当するとか、あるいはその民事訴訟法上の発現に他ならぬとして裁判所法三条一項を引くにとどめており、「法律上の争訟」の観念に全く言及しないものもある。(1)「法律上の争訟」にあたらない事件は、その理由によってではなく、訴えの利益（請求適格）を欠くとの観点から訴えを却下すべきものとされてきたのである。しかし、最近にいたって、変化の兆しが見える。先んじて問題を提起したのは、新堂幸司である。すなわち、「司法権の限界の問題をすべて訴えの利益の中に埋没させ、訴訟要件の一つとしてのみ考察している」民事訴訟法学の消極的な領域決定を不満とし、「司法権の限界にかかる具体的な問題を個別の訴訟において処理していく上で、いったい、訴訟法理論は信頼のおける道標を十分に用意しているのであろうか」、また、「事件全体を法律上の争訟ではないといって訴え却下はできないが、裁判所はなお一定の制約のある司法審査をすべきであるという場合、事件の審理は、具体的にどのように進めることになるのか」と問い、「このような問題は、司法権の限界を訴えの利益という形でのみ理解してきた訴訟法理論としては、視野に入りようもなく、従来見落とされていた部分といわざるをえない」と断じている。(2) これに続いて、竹下守夫も、「事件が法律上の争訟にあたらない場合には、その訴訟が司法権の範囲に属しないがゆえに不適法なのであって、一応司法権の範囲には属するが、訴えの利益を欠くがゆえに不適法とすべき場合とは区別するのが適当である」と説いた。(3) しかし、両者ともに、法律上の争訟にあたらない場合と訴えの利益を欠く場合とを区別する基準については、論ずるところがない。「法律上の争訟」と訴えの利益との関係を、どう位置づければよいのであろうか。

(2) 裁判例のうえでは、「法律上の争訟」性の欠缺が、直接に、訴え却下の理由とされる。(4)

わが国の裁判所は、日本国憲法に特別の定めのある場合を除いて一切の法律上の争訟を裁判する権限を有するが（裁判所法三条）、その「法律上の争訟」とは、当事者間の具体的な権利義務ないし法律関係の存否に関する紛争であって（狭義の事件性）、かつ、それが法律の適用によって終局的に解決し得べきものであること（法律性）を要する。これが、最高裁の累次の裁判例によって固定された理論であり、下級審もこれに随う。事案の内容に従い、あるいは、前半の要件（狭義の事件性）のみにより、あるいは、後半の要件（法律性）のみにより、あるいは、両者を併せて、「法律上の争訟」にあたらずとして訴えが却下されるのである。これに属するものとしては、警察予備隊違憲訴訟（最大判昭和二七年一〇月八日民集六巻九号七八三頁）をはじめ、法令等の無効確認や取消しを求める訴訟（最判昭和二七年一〇月三一日民集六巻九号九二六頁、最大判昭和二八年五月二〇日行裁例集四巻五号一二二九頁）、国会に対し特定内容の決議を求める訴訟（最判昭和二八年一一月一七日行裁例集四巻一一号二七六〇頁）、村議会の予算議決の無効確認訴訟（最判昭和二九年二月一一日民集八巻二号四一九頁）、区長選任無効確認訴訟（最判昭和三二年二月一七日民集一〇巻二号八六頁）、技術士国家試験の不合格判定の変更を求める訴訟（最判昭和四一年二月八日民集二〇巻二号一九六頁)、自衛隊基地の撤去と軍備の縮小・廃止を求める訴訟(名古屋高判昭和五〇年七月一六日判例時報七九一号七一頁)、職員定数条例の一部を改正する条例の無効確認訴訟(東京地判昭和六〇年五月八日判例タイムズ五六九号五一頁)など、およびこれらに類する訴訟がほとんどを占める。漠然たるまとめが許されるとすれば、「法律上の争訟」は、実際には、「争いがどの程度まで個人の具体的権利義務にかかわって来たときに、裁判所が立法行為・行政行為の審査をなすべきか、との局面における司法権の限界付けの問題としての意味をもつ」[5]ことが多いが、もちろん、それに限られるわけではない。

(3)　いずれにせよ、最高裁判例の示すような、「法律上の争訟」の形式的な要件限定自体に大きな意味をもたせることはできないであろう。

(a)　裁判所の司法審判権の限界を画することは、当然に、国民の基本的人権、しかも「基本権のための基本権」たる「裁判を受ける権利」(憲三二条)を制約する。一般の理解に従い、憲法上、国民の「裁判を受ける権利」に対応するものが、すべて司法権は最高裁判所および法定の下級裁判所に属する旨の憲法七六条一項であり、この司法権の内実を定めたのが、「裁判所は、日本国憲法に特別の定のある場合を除いて一切の法律上の争訟を裁判」するという裁判所法三条一項の規定であるとするならば[6]、「法律上の争訟」の観念は、紛れもなく、憲法の次元にある。最近の憲法学者が、憲法によって保障された権利・利益等をめぐる紛争について「訴訟法の留保」といわれるような状況があることを批判し[7]、あるいは、「『事件性』は、裁判を受ける権利(憲三二条)といわば表裏の関係にあるものであって、『国民の基本的権利』の実質的な裁判的保障を実現するものでなければならない」し、「裁判所法三条の『法律上の争訟』該当の判断も、こうした『憲法上の要請』にもとづくものでなければならないはずである[8]」、と説くのは正しい。「法律上の争訟」は、「適用された憲法」としての訴訟法の次元ではなく、訴訟法上の「訴えの利益」に先立って、憲法全体の構造のなかで「裁判を受ける権利」がもつ機能[9]的意義に応じ、他の憲法諸価値との衡量のうえに論定されるべきものといわなければならない。内容的に相覆う面があるとしても、その判断の誤りが直ちに上告理由（民訴三九四条・四〇九条ノ二）とはならぬ訴訟法上の請求適格や当事者適格とは区別を要する。

（b）　最高裁判例とても、「法律上の争訟」の要件のみでつねに司法審判権の限界を決し得ると考えているわけではない。とくに、いわゆる苫米地事件判決（最大判昭和三五年六月八日民集一四巻七号一二〇六頁の多数意見）において、「直接国家統治の基本に関する高度に政治性のある国家行為のごときはたとえそれが法律上の争訟となり、これに対する有効無効の判断が法律上可能である場合であっても、かかる国家行為は裁判所の審査権の外にあ」ると解すべく、「この司法権に対する制約は、結局、三権分立の原理に由来し、当該国家行為の高度の政治性、裁判所の司法機関としての性格、裁判に必然的に随伴する手続上の制約等にかんがみ、特定の明文による規定はないけれども、司法権の憲法上の本質に内在する制約と理解すべきである」、と判示した。「法律上の争訟」を他の憲法価値との調整にかからせる志向において、至当と思う。同様の判断は「高度の政治性」を有する条約の司法審査についても示されている（最大判昭和三四年一二月一六日刑集一三巻一三号三二二五頁）。

（c）　旧憲法下の裁判所構成法（明治二三年法律六号）二条一項では、「通常裁判所ニ於テハ民事刑事ヲ裁判スルモノトス但シ法律ヲ以テ特別裁判所ノ管轄ニ属セシメタルモノハ此ノ限ニ在ラス」と定めていた。裁判所法（昭和二二年法律五九号）において右規定に対応する三条一項が、裁判所は「一切の法律上の争訟を裁判」するという拡大表現をとったのは、日本国憲法七六条前段が特別裁判所の設置を禁じたことに応じただけかもしれない。しかし、裁判所法制定当時の占領軍当局による厳しい立法コントロールを考えるならば、司法権が及ぶ範囲として一定の事件・争訟（cases or controversies）をあげるアメリカ合衆国憲法三条の解釈との意味的連関が想定されなくもない。じじつ、裁判所法発足当時のわが国の下級審判例のなかに、合衆国憲法三条に関する事件・争訟性要件論の受容を図ったとみるべきものも存在する[10]。しかし、わが国の憲法学者の間に最近著しい進展をみている、合衆国憲法三条の事件・争訟性要件についての研究の成果[11]に徴すれば、合衆国において、連邦最高裁は、事件・

争訟性に関する伝統的な理解への繫縛を脱し、問題を「司法判断適合性」（justiciability）として扱うにいたっているという。事件・争訟性の理論が憲法上の「事件」または「争訟」の文言から出発するアプローチ方法をとるのに対し、「司法判断適合性」は、判例法が歴史的・経験的に形成してきた「政治問題」「勧告的意見」「ムートネス」「当事者適格」等々の諸法理を下位概念とし、これらを包括する上位概念とされるようである。このことは、わが国の最高裁判例のように、法律上の争訟を、当事者間の具体的権利義務ないし法律関係の存否に関する紛争であって法律の適用によって終局的に解決できるもの、と限定するだけでは司法審判権の限界をとうてい十分に画定できず、理論的な再構成が必要であることの傍証ともなろう。とりわけ、いわゆる現代型紛争については、最高裁が限定するような意味の「法律上の争訟」にはあたらないが裁判による救済の必要性の高い事件は多く存在するのであり[12]、それらに訴訟の道を開くための新たな理論の構築が今後の重要な課題に属するといわなければならない。

（1）　訴えの利益に関連してのみ「法律の争訟」にふれるものとして、新堂幸司・民事訴訟法一七四頁以下、斎藤秀夫・民事訴訟法概論〔新版〕一八九頁以下、斎藤編・注解民事訴訟法⑷四七頁〔斎藤秀夫〕、中野＝松浦＝鈴木編・民事訴訟法講義〔初版〕一六七頁・一七二頁注3〔福永有利〕、中野編・現代民事訴訟法入門〔旧版〕五一頁〔徳田和幸〕、上田徹一郎・民事訴訟法〔初版〕一九九頁など。

「法律上の争訟」の観念に全くふれていないものも少なくない。裁判所法の「生みの親」、しかも極めて有力なその一人（三ケ月章・民事訴訟法研究二巻三七四頁参照）とされる兼子一博士の「民事訴訟法体系」や「要説民事訴訟法」がこの観念を取り上げていないことは、どのように理解すべきであろうか。ほかに、中田編・民事訴訟法概説、吉村＝竹下＝谷口編・講義民事訴訟法、鈴木正裕ほか・注釈民事訴訟法（ただし、同書三二八頁以下〔井上治典〕参照）なども同じ。

例外として、三ケ月章・民事訴訟法（法律学全集）五五頁以下は、法律上の争訟を裁判するという原則の中に「国家の訴訟制度運営の指針」の表明あり、と説き、また、小山昇・民事訴訟法〔二二〕は、民事裁判権の章下に裁判権の限界のひとつとして、訴えの利益とは切り離して論じている（ただし、請求適格のある請求についての訴えが「法律上の争訟」に含まれる、とも説明する。同書〔一七一〕）。なお、やや不明瞭ながら、谷口安平・口述民事訴訟法三五頁以下・一一四頁参照。

〔最近の民事訴訟法概説書では「法律上の争訟」について述べるものが増えている。とくに新堂幸司・新民事訴訟法（平成一〇年）は「裁判所の審判権の限界」という一項（二一五頁〜二二六頁）を設けて詳論していることを特記しておかなければならない。〕

(2) 新堂幸司「審判権の限界」民事訴訟法学の基礎二八三頁以下。

(3) 兼子＝松浦＝新堂＝竹下・条解民事訴訟法七七六頁〔竹下守夫〕。

(4) 例外はある。「法律上の争訟性、事件性を欠いた本訴請求が請求適格を欠き補正し難いことは明白である」として訴えを却下した例として、名古屋高判昭和五〇年七月一六日判例時報七九一号七一頁。事案は、国民の一人として国に対し航空自衛隊基地の撤去、軍備の縮小・廃止等を請求した訴訟。

(5) 兼子一＝竹下守夫・裁判法〔新版〕七二頁注1。なお、小島編・現代裁判法四九頁〔上野泰男〕も、同旨。

(6) とくに、兼子＝竹下・前掲（注5）六八頁以下、佐藤幸治・憲法〔新版〕二七〇頁以下参照。

(7) とくに、奥平康弘「憲法訴訟と行政訴訟」公法研究四一号九七頁以下、棟居快行「『基本権訴訟』の可否をめぐって」芦部還暦・憲法訴訟と人権の理論一四八頁参照。

(8) 河野敬「事件性」講座憲法訴訟第1巻二四二頁。

(9) 中野貞一郎「民事裁判と憲法」講座民事訴訟①四頁注1参照。

(10) 東京高判昭和二四年一二月五日高民集二巻三号三二五頁。

(11) アメリカ合衆国憲法における司法権の「事件・争訟性」の要件につき、先駆的研究として、兼子一「違憲提訴における事件性の問題」民事法研究二巻一一九頁以下および斎藤秀夫「法律上の争訟について」民事訴訟法理論の生成と展開一八〇頁以下があるが、最近にいたって、充実した業績が連続している。佐藤幸治・憲法訴訟と司法権四頁以下、同・現代国家と司法権七一頁以下・七六頁以下、渋谷秀樹「事件性の理論研究序説」法学協会雑誌一〇〇巻一二号・一〇一巻一号、市川正人「事件性の要件とスタンディング」法学論叢一一二巻五号・六号、一一三巻三号・六号、高橋和之「スタンディングに対する『憲法上の要請』」芦部還暦・憲法訴訟と人権の理論二八三頁以下、松井茂記・アメリカ憲法入門八四頁以下など。

(12) 明確な指摘として、戸松秀典「日本の司法審査」講座憲法訴訟第1巻一九五頁。さらに、「裁判を受ける権利」（憲三二条）を、実体的基本権を守るための出訴・訴訟追行を保障した手続基本権とみる立場を貫いて「基本権訴訟」を一般的に肯定していこうとする志向（棟居・前掲（注7）一四三頁以下）が注目される。

二　いわゆる部分社会論について

(1)　最高裁をはじめとして、わが国の裁判例のなかには、特定の対象領域をいわゆる部分社会の論理によって裁判所の審判権の外におこうとする動きがある[13]。

(a)　最高裁判例における部分社会論の嚆矢を放ったのは、周知のように、県議会議員除名処分に対する内閣総理大臣の異議（行政事件訴訟特例法一〇条二項但書）をめぐる、いわゆる米内山事件決定（最大決昭和二八年一月一六日民集七巻一号一二頁）における当時の長官田中耕太郎の少数意見であった。それは、多数意見が裁判所の裁判権を前提として行政事件訴訟特例法規定の解釈に及んでいるのを批判し、根本的に地方議会の懲罰に関しては議会自体が最終の決定者であること国会の場合と同じ、とするが、その理論的基礎を「法秩序の多元性」に求め、社会の多元性に応じて多元的な特殊的法秩序と国家の一般的法秩序との関連をどの程度のものにするかは、「国家が公共の福祉の立場から決定すべき立法政策上の問題」であり、国会や地方議会に関しても、司法権の介入が認められない純然たる自治的に決定さるべき領域が存在することを認めるのは背理でなく、懲罰事案のごときはまさにかかる領域に属する、とした。この田中意見に対しては、多数意見を是とする立場から厳しい論駁が加えられたが、やがて、これと基調を同じくする裁判例の展開をみる。

部分社会論のリーディング・ケイスとなったのは、地方公共団体の議会の議員に対する出席停止の懲罰議決に関する最高裁大法定昭和三五年一〇月一九日判決民集一四巻一二号二六三三頁である。そこでの多数意見は、次のようにいう。裁判所法三条にいう「一切の法律上の争訟」とはあらゆる法律上の係争という意味ではなく、法律上の係争の中には事柄の特質上司法裁判権の対象の外におくのを相当とするものがある。自律的な法規範をもつ社会ないし団体にあっては、当該規範の実現を内部規律の問題として自治的措置に任せ、必ずしも裁判にまつのを適当としないものがあるからであり、地方公共団体の議会の議員に対する出席停止のごとき懲罰は、まさにそれに該当する。もっとも、最高裁大法廷昭和三五年三月九日判決民集一四巻三号三五五頁以下は議員の除名処分を司法裁判所の権限内の事項としているが、それは、除名処分のごときは議員の身分の喪失に関する重大事項で、単なる内部規律の問題にとどまらないからであって、議員の権利行使の一時的制限にすぎない出席停止とは自ずから趣きを異にする、と。

(b)　右の最高裁昭和三五年一〇月判決に前後して、下級審裁判例のなかにも部分社会論を踏まえた判示が散見されるのであるが[14]、最高裁がその後、より明瞭に部分社会を展開したのは、富山大学単位認定訴訟（最判昭和五二年三月一五日民集三一巻二号二三四頁）であった。ここでも、裁判所法三条にいう「一切の法律上の争訟」とはあらゆる法律上の係争を意味せず、「一般市民社会の中にあってこれとは別個に自律的な法規範を有する特殊な部分社会における法律上の係争のごときは、それが一般市民法秩序と直接の関係を有しない内部的な問題にとどまる限り、その自主的、自律的な解決に委ねるのを適当とし、裁判所の司法審査の対象にはならないものと解するのが、相当である」としたうえ、次のように判示した。「大学は、国公立であると私立であるとを問わず、学生の教育と学術の研究とを目的とする教育研究施設であって、その設置目的を達成するために必要な諸事項については、法令に格別の規定がない場合でも、学則等によりこれを規定し、実施することのできる自律的、包括的な権能を有し、一般市民社会とは異なる特殊な部分社会を形成しているのであるから、このような特殊な部分社会である大学における法律上の係争のすべてが当然に裁判所の司法審査の対象になるものではなく、一般市民法秩序と直接の関係を有しない内部的な問題は右司法審査の対象から除かれるべきもの」であって、「授業科目の単位授与（認定）行為は、他にそれが一般市民法秩序と直接の関係を有するものであることを肯認するに足りる特段の事情のない限り、純然たる大学内部の問題として大学の自主的、自律的な判断に委ねられるべきものであって、裁判所の司法審査の対象にはならないものと解するのが、相当である」、と。しかし、右の判決をした同じ最高裁第三小法廷が、同時に大学の専攻科について、その修了不認定は司法審査の対象になる、と判示し（最判同年月日民集三一巻二号二八〇頁）、大学の専攻科への入学は、大学の学部入学などと同じく、大学利用の一形態であり、「大学が専攻科修了の認定をしないことは、実質的にみて、一般市民としての学生の国公立大学の利用を拒否することにほかならないものというべく、その意味において、学生が一般市民としての有する公の施設を利用する権利を侵害するものであると解するのが、相当で」、専攻科修了の認定、不認定に関する争いは司法審査の対象になる、とした。この二判決は、部分社会論の当否と射程をめぐって多くの学者の論議を招いた(15)。

(c)　直接に「部分社会」という概念を使用するかどうかは別として、その後の裁判例にも、なお同じような考えが現われている。

それぞれに異別の要素を含むが、(a)最高裁昭和六三年一二月二〇日判決判例時報一三〇七号一一三頁は、政党のした党員に対する除名その他の処分については、原則として政党内部の自律的解決に委ねるのを相当とし、その処分が一般市民法秩序と直接の関係を有しない内部的問題にとどまる限り、裁判所の審判権は及ばないというべく、処分が一般市民としての権利利益を侵害する場合であっても、処分の当否は政党の自律的に定めた規範に照らし、規範がないときは条理に基づき、適正な手続に則ってされたか否かによって決すべきで、裁判所の審理も右の点に限られる、とした。(b)日本弁護士連合会のした同会の一般会費の増額決議の当否につき、大阪地裁昭和六三年二月四日判決判例時報一三〇五号九四頁は、一般市民社会の中にあってこれとは別個に自律的な法規範を有する団体内部の法律上の係争の場合は、一般市民法秩序と直接の関係を有しない問題にとどまる限り原則としてその団体の自主的・自律的な判断・解決に委ねるべく、団体自体の定める手続規定に従って適正になされている以上、その判断・解決が相当か否かを裁判所の司法審査の対象とすることはできない、と判示し、控訴審の大阪高裁平成元年二月二八日判決判例タイムズ七〇三号二三五頁も、弁護士法の精神を援きつつ、この判断を正当とした。(c)京都地裁昭和六二年八月一一日判決判例時報一二八四号一二七頁は、地域婦人団体の自主的・民主的組織である婦人会がした会員に対する除名処分に関する紛争につき、それが一般市民法秩序と直接の関係を有しない内部的な問題にとどまる限り、婦人会の団体内部の自主的・自律的な解決に任せるのを適当とし、裁判所の司法審査の対象にならない、とした。(d)東京地裁昭和六三年九月六日判決判例時報一二九二号一〇五頁は、前記の最高裁昭和五二年三月一五日判決民集三一巻二号二三四頁を引用しつつ、「法律上の係争であっても、一般市民社会の中にあってこれとは別個に自律的な法規範を有する特殊な部分社会における法律上の係争は、一般市民法秩序と直接の関係を有しない内部的な問題にとどまる限り、裁判所の司法審査の対象にならない」との前提に立ち、日本シニア・ゴルファーズ教会が特定人を同会の正会員として入会させたことの適否は、同会の団体としての自主的・自律的判断に委ねるべきで、司法審査の対象とならない、とした。(e)その他、のちに取り上げる宗教団体の内紛に関する裁判例のなかにも、部分社会論の影響を見出だすことができるであろう。[16]

(2)　これらの裁判例におけるいわゆる部分社会論は、多分に偶発的であり、必ずしも確たる理論的基礎の提示を伴うものではなかった。学説も、これらの裁判例を理論的にバックアップするに至らず、むしろ、批判ないし反対の見解が多い。[17]私見も、部分社会論を甚だ疑問とする。

(a)　部分社会における紛争が何故に裁判所の司法審査の外におかれるのか。その根拠を、部分社会論は、十分に説明できていない。

司法権の「すべて」が裁判所に属し（憲七六条一項）、「一切の」法律上の争訟を裁判する権限を裁判所が有する（裁判所法三条一項）のに、何故、部分社会における法律上の係争が除外されるというのか。最高裁は、「一般の市民社会の中にあってこれとは別個に自律的な法規範を有する特殊な部分社会」があるというが、そこにいう「部分社会」の概念自体、明確な周延を示さない。国会、地方議会、大学、学校、政党、宗教団体、弁護士会、医師会、公益法人などから会社、社交団体、各種のクラブに及ぶとすれば、全く際限がなく、しかも、それぞれの法的性質ないし性格には、無限の差異・特殊性が存する。公的なものと私的なものとがあり、それぞれの公的・私的要素に多様な強弱があるし、私的な部分社会については、組織的な団体なのか多数人の契約関係なのかを区別しなければならないであろう。また、それらの有する自律的な規範が、はたして、どの範囲で「法規範」に属するといえるのか。すべての規則が当然に「法規範」たる性質を有するかどうかは、どのような基準に従って判定しようというのか。すべての規則が当然に「法規範」となるわけではあるまい。ひとしく部分社会論によって裁判所の審判権を排除するにしても、国会あるいは地方議会における議員の除名処分におけると、大学における単位不認定におけるとでは、実質的な根拠は全く異別でなければならず、単純に「部分社会だから」という理由付けにとどまるのでは何人を納得させることもできないが、だからといって国会、地方議会、大学等々のそれぞれにつき裁判所の審判権を排除する実質的な根拠を個別に探求しなければならないとなれば、もはや部分社会論としての統一的な説明は成り立たないのである。

(b)　部分社会論も、裁判所の審判権の絶対的な排除を説くわけでなく、つねになにがしかの例外を認めている。しかし、それらの例外を認める根拠なり範囲についても、一向に明確でない。富山大学単位不認定等違法確認訴訟の最高裁二判決をはじめとして、部分社会論を採りつつ「一般市民法秩序と直接の関係を有するものであることを肯認するに足りる特段の事情」がある場合には司法審査の対象になるとする裁判例が多いが、部分社会における、「法律上の係争」のうち「一般市民法秩序と直接の関係を有するもの」がどういう場合にどの範囲で存するかを明瞭に説示しておらず、そうでないものとの限界は曖昧なままにとどまる。部分社会の内部における「法律上の係争」も、「法律上の」と限定されるからには、その当事者の権利・義務になんらかの関係がある場合をさすのであろうにもかかわらず、「一般市民法秩序」と部分社会内部だけの「法」秩序との区別の基準が全く提示されていないからである。

(3)　むしろ、各個の裁判例が「部分社会」の理論をもっていったいなにを達しようとしたのかを見るべきではないか。それは、それぞれの部分社会において格別に擁護されるべきなんらかの憲法価値を、国民に保障された

「裁判を受ける権利」との適合・調整を図りつつ確保しようとしたのではないだろうか。

富山大学二判決において、最高裁は、部分社会論を採り、大学における授業科目の単位認定行為は「一般市民法秩序と直接の関係を有するものであることを肯認するに足りる特段の事情のない限り」司法審査の対象にならないが、国公立大学における専攻科終了不認定行為は「学生が一般市民として有する公の施設を利用する権利を侵害するものである」から司法審査の対象となる、という。諸家が批判されるように、大学が自律的・包括的権能を有する部分社会であることから当然にこれらの結論が導けるわけでなく、一般市民法秩序との関連性の有無を基準に司法審査の可否を決しようとするのは、多くの疑問に逢着せざるをえない。ただ、大学における単位認定が、その学術性・専門性のゆえに、これに対する司法審査の許容は学問の自由（憲二三条）という憲法価値と真正面から衝突する結果となるのに対し、単位の取得がすでに認定された後の、必要所定単位の充足による大学卒業ないし専攻科終了の認定は、国公立大学と私立大学とをとわず、認定行為の管理的・形式的性格のゆえに司法審査になじむものであって、しかも、それに対する司法審査を許容することが国民の「教育を受ける権利」（憲二六条一項）の実効を確保するうえに必須なのである。国民の「教育を受ける権利」に対応して、国は、一定の水準に達する合理的な教育制度と施設を確立する義務を負い、それは「法律の定めるところにより」実現されることになる。大学教育施設を設置する者は、教育基本法・学校教育法をはじめ、具体的には大学設置基準により、法規に適合した教育条件・教育内容を提供することが義務付けられており、大学ないし専攻科に入学した学生は、このような法律の定めるところに従った大学教育施設を利用する権利を有する。卒業・終了は、その利用の一局面に他ならない[18]。「基本権のための基本権」としての「裁判を受ける権利[19]」は、このような、大学教育施設と利用する権利の実効を確保するためにも、司法審査の許容を要請するのである。その意味で、富山大学二判決は、相互に矛盾・抵触することなく、しかも、それらの結論を基本的に容認することができよう。

部分社会論に立つ他の裁判例について、ここで、個別に立ち入って述べることはできないが、おそらく、同様の検討が可能と思われる。国会における議院の自律的運営権（憲五八条二項）に関しても、全面的に司法審査の可能性を否定するのは疑問であり、たとえば、議事手続や懲罰手続に明白な憲法違反が認められる場合には、「裁判を受ける権利」を優先させ、司法審査の余地ありとすべきではないか[20]。地方公共団体の議会の議員に対する懲罰の内容が、除名と出席停止のいずれであるか、あるいは停止期間が著しく長期かどうか、ということも、曖昧な「一般市民法秩序」の観念と結びつけるまでもなく、地方自治の本旨（憲九二条）から導かれる地方議会の自律権と国民の「裁判を受ける権利」との調整をめぐる利益衡量の要素に取り込むことができよう。その他の公私団体における集会・結社の自由（憲二一条一項）と「裁判を受ける権利」との調整にも、それぞれの団体の性格や使命あるいは構成を考慮し、あるいは団体の自律的処分の身分的・社会的・経済的な効果に注目する必要があるのではなかろうか。

(13)　佐藤幸治「『部分社会』論について」判例タイムズ四五五号四頁、同・憲法訴訟と司法権九一頁以下、同・現代国家と司法権一四七頁以下などに詳しい。本稿の以下の記述も、これらに負うところが多い。

(14)　たとえば、大津地判昭和三五年五月二四日下民集一一巻五号一一四五頁。宗教法人の内部機関である教区宗務所長解職処分の取消しおよび宗会議員たる資格の確認を求める訴えにつき、典型的な部分社会論を展開し、「国民が裁判所の裁判を受ける権利や裁判所が法律上の争訟を裁判する権限は国家法秩序に関するものを指す」として訴えを却下した。その控訴審たる大阪高判昭和三六年六月七日下民集一二巻六号一三一〇頁は、原審の部分社会論を否定したが、被告たる宗議会に当事者能力なしとして訴却下の結論を維持した。なお、工場寄宿舎の自治会規則に基づく制裁処分に関し、名古屋高判昭和三八年五月一六日高民集一六巻三号一九五頁がある。

(15)　判例批評として、田村悦一・民商法雑誌七七巻五号六九三頁以下のほか、小林武・民商法雑誌七七巻五号七〇五頁以下、高木光・法学協会雑誌九五巻一〇号一七二四頁、室井力・判例評論二二二号一九頁以下、田村悦一＝上杉信敬・立命館法学一三二号三二〇頁以下、藤谷正博・ジュリスト昭和五二年度重要判例解説三六頁以下など。調査官解説として、園部逸夫・法曹時報三三巻二号五四二頁以下。

(16)　なお、農業委員会の会長選挙に適用を否定した例であるが、部分社会論に与する最近の裁判例として、大阪高判平成元年一一月三〇日判例タイムズ七二二号二三六頁がある。

(17) 前注(13)所掲の諸文献のほか、横田耕一「審査を排除・制約する法理と政策」法学セミナー増刊・憲法訴訟一九三頁以下、野坂泰司「団体の内部自治と司法権」法学教室一一〇号三一頁以下など、解釈上の評価基準を明示するものとして部分社会論を評価するのは、上田徹一郎・判例評論三七〇号三三頁。最近の裁判例で、高松高判平成元年四月二六日判例タイムズ七一三号九七頁は、大学院学生の在学期間延長申請不許可処分の無効確認訴訟において学長の裁量権を肯定する判断を示すにつき、部分社会論には全く言及していない。なお、小林武・法学セミナー一九九〇年六月号一二七頁参照。

(18) 田村・前掲(注15)七〇二頁以下の指摘するところである。

(19) 鵜飼信成・憲法一五三頁以下、芦部編・憲法Ⅲ人権(2)二七五頁〔芦部信喜〕、中野・前掲(注9)五頁以下。なお、最近の動向につき、前注(7)の棟居論文を参照。

(20) 佐藤・前掲(注6)一七八頁以下参照。

三　宗教団体紛争における「信教の自由」

(1)　わが国は、「宗教の私事化」の最も進行した国であるといわれる。[21] 厖大な数に達する宗教団体ないし宗教法人は、憲法上、全くの私的な結社として位置付けられ、その組織や運営あるいは財産をめぐる私的紛争が随所に多発している。もちろん、国家法や国家の裁判所と同格でならぶ教会法も教会裁判所もわが国には存在しない。しかし、わが国の裁判例のうえでは、しばしば「法律上の争訟」の観念を経由してではあるが、「信教の自由」(憲二〇条)に対し裁判所の中立を保持し、宗教団体紛争への司法審判権の介入を回避しようとする傾向が強く、かくては紛争が法的解決を与えられないまま放置される結果となることから、多くの論議を生じている。ここでも、審判権の限界を画する基準は、明確でない。

関連の裁判例は、多数かつ多岐にわたるが、[22] 主要な最高裁判例の要点を私なりに取り出しておこう。(a)種徳寺事件判決(最判昭和五五年一月一一日民集三四巻一号一項)は、それまでの諸判例の集大成に擬せられるが、判旨は、宗教的活動の主宰者たる寺院住職の地位の確認を求める訴えは不適法で、その住職の地位が宗教法人たる寺院の代表役員たりうる基本資格となるときでも然りとしたが、「他に具体的な権利または法律関係をめぐる紛争があり、その当否を判定する前提問題として特定人につき住職たる地位の存否を判断する必要がある場合には、その判断の内容が宗教上の教義の解釈にわたるような場合は格別、そうでない限り、その地位の存否、すなわち選任ないし罷免の適否について、裁判所が審判権を有する」、といい、住職罷免による占有権原喪失の認定に基づく寺院建物の明渡請求の認容を是認した。(b)これを追った本門寺事件判決（最判昭和五五年四月一〇日判例時報九七三号八五頁）も、同旨の判断を繰り返し、次のように述べる。「宗教法人は宗教活動を目的とする団体であり、宗教活動は憲法上国の干渉からの自由を保障されているものであるから、かかる団体の内部関係に関する事項については原則として当該団体の自治権を尊重すべく、本来その自治によって決定すべき事項、殊に宗教上の教義にわたる事項のごときものについては、国の機関である裁判所がこれに立ち入って実体的な審理、判断を施すべきものではないが、右のような宗教活動上の自由ないし自治に対する介入にわたらない限り、前記のような問題につき審理、判断することは、なんら差支えのないところというべきである」と。事件の争点に即して住職選任の手続・方法についての裁判所の審判権行使を肯定した点が注目された。(c)板まんだら事件判決（最判昭和五六年四月七日民集三五巻三号四四三頁）において、上記二判決とは異質の判断が現われる。創価学会の元会員が会員当時にした寄付金につき募金趣旨の錯誤に基づく贈与の無効を主張して同学会に対し不当利得返還請求をした事案で、錯誤の有無は請求の当否を決する前提問題であるが、信仰対象の価値および宗教上の教義に関する判断を要し、その判断は、訴訟の帰趨を左右する必要不可欠のもので、争点や主張・立証もこの判断に関するものが核心となっているから、訴訟は「その実質において法令の適用による終局的な解決の不可能なもの」で法律上の訴訟にあたらない、というのが裁判官の多数意見であった。(23) (d)抽象論としてこれを援きつつ、さらに一歩を進めたのが蓮華寺事件判決（最判平成元年九月八日民集四三巻八号八八九頁）に他ならない。全国にわたって多数係属するいわゆる日蓮正宗正信覚醒訴訟のひとつであり、日蓮正宗の擯斥（僧籍剝奪）処分を受けた者に対し同宗被包括法人が寺院建物の明渡しを請求した事件[24]であるが、裁判所の審判権は否定された。すなわち、「宗教団体における宗教上の教義、信仰に関する事項については、憲法上国の干渉からの自由が保障されているのであるから、これらの事項については、裁判所は、その自由に介入すべきではなく、一切の裁判権を有しないとともに、これらの事項にかかわる紛議については厳に中立を保つべきであることは、憲法二〇条のほか、宗教法人法一条二項、八五条の規定の趣旨に鑑み明らかなところである。（中略）当事者間の具体的な権利義務ないし法律関係に関する訴訟であっても、宗教団体内部においてされた懲戒処分の効力が請求の当否を決する前提問題となっており、その効力の有無が当事者間の紛争の本質的争点をなすとともに、それが宗教上の教義、信仰の内容に深くかかわっているため、右教義、信仰の内容に立ち入ることなくしてその効力の有無を判断することができず、しかも、その判断が訴訟の帰趨を左右する必要不可欠のものである場合には、右訴訟は、その実質において法令の適用による終局的解決に適しないものとして、裁判所法三条にいう『法律上の争訟』に当たらない」と判示している。この判決は蓮華寺事件の核心を逸しており、私見は判旨に反対である。[25]

裁判例の流れについては、下級審判例を含めての精細な検討を必要とするが[26]、少なくとも、これらの最高裁判例をみる限り、種徳寺事件・本門寺事件におけるように、訴訟物が法律上の主張であれば、教義の解釈等にわたることは避けつつも、できるだけ本案判決をしていこうとする積極主義的な姿勢から、板まんだら事件や蓮華寺事件におけるように、訴訟物が世俗的請求権の主張である場合でも、紛争の実質あるいは争点に即し、宗教上の紛議に介入せず裁判所の中立性を保持しようとする消極主義的な志向が強まっている感を禁じえない。

(2)　総じて、宗教団体紛争をめぐる訴訟の眼目は、「裁判を受ける権利」（憲三二条）と「信教の自由」その他の憲法価値との衡量および調整にある、というのが、私の基本的な考えである[27]。この考えに立って、従来の論議につき問題と思われる諸点を摘記しておきたい。

(a)　宗教団体紛争をめぐる訴訟をみる視点が、一般に、「信教の自由」に偏りすぎてはいないか。たしかに、裁判所が本案について裁判すれば当然に信教の自由を侵すことになって許されない場合はある。訴えをもって確認請求の対象とした宗教団体の主宰者たる地位が教義上信仰の中心的存在であることに由来する場合などは、その例といえよう。しかし、宗教法人の機関たる地位に関する請求では、信教の自由以外に、その地位をめぐる個人の権利義務について、「裁判を受ける権利」が併せて考慮されなければならず、これは宗教団体の主宰者たる地位にある者が当然に宗教法人の代表役員になるというような、いわゆる充て職規定がおかれている場合でも同様である。まして、蓮華寺事件のように、建物明渡請求権といった世俗的権利の主張が訴訟物となっていて、明け渡さなければならないのか、それとも、そのままそこに住めるのかを裁判で決めてほしいと紛争の両当事者が求めているのに、裁判所が前提問題の宗教性に対する中立を理由に訴えを却下すれば、あとはどうなるのか。宗門内の裁決では建物明渡請求権の有無の既判力ある確定も明渡執行の債務名義もえられず、紛争の決着がつかない。さりとて、請求権の存在が明々白々な場合にも当たらず、緊急性もなく、事後的な司法審査の余地もないから、自力救済も許されない。とすれば、赤裸々な事実的実力の差等によって一方が他方を押し切るのをひたすら待つ、ということになるが、どうしてそれが正しいといえるだろうか。(28) 蓮華寺事件の最高裁判決に対し、「裁判を受ける権利」の否定だとする批判(29)が出てきているのは、当然であり、私見も同じである。

(b)　「宗教における信仰」と「宗教団体」とは、基本的に区別して考える必要があるのではないか。もともと、信仰は、霊的・精神的・個人的な問題である。宗教団体は、信仰を核心として結ばれる地上的な集団であり、それ自体宗教的存在ではあるが、同時に世俗的・財産的な構成をもつ組織体である。宗教における信仰は自由であるが（憲二〇条一項前段）、宗教団体は自由でなく、法的規制を受ける。これは、学問は自由であるが（憲二三条）、学校や研究団体が法的規制の対象になるのと同じであろう。宗教上の地位といっても、宗教団体におけるそれは、決して、純粋に「宗教的」でのみあるわけではない。宗教団体を主宰する地位は、その宗教団体が宗教法人であるか否かにかかわらず、宗教団体に属する個人と財産をめぐる、多分に世俗的な利益を管理・支配できる法的地位でもあり、それらの世俗的利益の管理・支配を通じて一般の市民法秩序に連なる。

もちろん、宗教における信仰は、宗教団体の存在と活動を介して得られ、維持され、実践されるのが通常であり、宗教団体は信仰を核心とする結合なのであるから、宗教団体についても「信教の自由」（憲二〇条）の保障が働く。信仰を核心とする結合としての宗教団体に自律権が認められるのは当然である。しかし、絶対的・無制限的にではなく、それをどこまで保障するかは、社会的存在としての宗教団体に即し、その国の法秩序の全体的な枠組みのなかでのみ決定されうる。近著「基本法による宗教と世界観の保護」のなかで、ドイツの代表的な憲法学者であるバドゥーラがこの関係を次のようにまとめているのは[30]、彼我の社会・宗教・法制の差異[31]を考慮してもなお、われわれの参考とするに足りよう。

「宗教団体は、信仰、確信および信仰告白という比較的狭い範囲について（憲法による）信教の自由の保護を享けるのに対し、その他では、宗教団体は、それら自身の事項に数えられるべき——「宗教的に無色」でない——行動方式や諸活動については教会自治を援用することができ、その範囲では、すべての人に対して妥当する法律に服する。教会自治の制約としての、すべての人に対して妥当する法律の内容と組立ては、国家的法共同体のそのときどきに関わりをもつ共同体諸利益との衡量によって決定されなければならない。宗教団体の行動方式や諸活動であって『純教会的事項』として信教の自由による、より強い保護が与えられるべきものは、人的な自由と人間の尊厳の表現と見ることができるに違いないし、そのほかでは、他の基本権や憲法価値の保護のために必要な、法律によって設けられるべき限界に遭遇するのであって、そのかぎりでは、信教の自由も、国家的法共同体のなかに結びこまれているのである」（傍点は原文ゲシュペルト）。

(c)　「信教の自由」なり「政教分離の原則」は、宗教団体ないし宗教事項に対する国家の中立性を要請する。しかし、その中立性は、宗教団体・宗教事項についての国家の関与・介入を否定するという消極的な面だけではなく、かえって、国家の積極的関与を必要としあるいは正当化する面もある。ここでの「中立性は、無関心(Indifferenz)でも世俗主義(Laizismus)でもない[32]」のである。

「信教の自由」が、もともと、内面的な信仰・不信仰に対する国家の評価の禁止であり、多種多様な宗教的見解の自由な併存を認めるものであり、また、宗教団体が、法共同体から隔絶した霊界においてでなく、他の私的団体と同じく一般人の生活空間において社会的に活動する以上、国家としても、消極的に信仰・不信仰を評価・強制しないというにとどまらず、「信教の自由」なり宗教団体の自治を保障するための積極的な関与を要請されるのは当然である。その反面、全体としての国家的法共同体の秩序のために「信教の自由」なり宗教団体の自治に制約を加えることも必要となりうる。たしかに、日本国憲法は、信教の自由を何人に対しても保障し、国およびその機関は、いかなる宗教的活動もしてはならないと定めているが(憲二〇条一項前段・三項)、同時に、すべて国民は個人として尊重されること(憲一三条)、法の下の平等(憲一四条一項)、思想・良心の自由の不可侵(憲一九条)、集会・結社・表現の自由(憲二一条一項)、婚姻・家族生活における個人の尊厳・両性の平等(憲二四条)、教育を受ける権利および普通教育を受けさせる義務(憲二六条一項・二項前段)、財産権の不可侵と制限(憲二九条)等をも定めているのであって、宗教活動がこれらの憲法価値を侵すときに、その価値の実現を保障することは国家の責務に属する。立法権・行政権と同じく、司法権にとっても、憲法の委ねた権限の範囲内で、宗教事項や宗教団体の自律に関与することができ、その権限行使は、憲法の禁じた宗教的活動には当たらないし、「憲法上定められまたは承認された保護法益は、信教の自由に——他律的な——制約を加える力がある」のである[33]。とくに、「裁判を受ける権利」(憲三二条)は、国民の基本権であり、しかも基本権を確保するための基本権とされるのであって、信教の自由その他の憲法価値との調整をも必要とする。

(d)　宗教団体の自律権は、いずれの所説でも認められている。しかし、多くは抽象的にとどまって、それをどれだけの範囲で、どのような要件のもとに容認すべきかについて明確な論定がなされてはこなかった。裁判例のうえでも、「宗教上の教義（の解釈）」「信仰の内容」「信仰の対象の価値」「宗教活動」などが、裁判所の介入を許さない、宗教団体の自律事項として例示されるだけで、統一的な範囲画定・要件限定はみられない。

最も広い見解と思われるのは、新堂幸司・松浦馨による自律結果受容論である。[34]「国家から認められた自治に基づく自律権」と「国家からの独立に基づく自律権」が区別され、訴訟上の請求の前提問題として効力が争われる宗教団体の自律的決定が関係者間で広く受け容れられているときは、その自律的決定をそのまま訴訟物判断の前提として裁判上も承認してよく、とくに、宗教上の地位にある者の任免は、「国家からの独立に基づく自律権」の保障がある以上、宗教団体内部において自律的に任免がなされた事実の存在が外形的に認められれば、任免は有効ということで本案判決をすべきだ、と説く。その当否は、甚だ疑問であるが、[35]必須の前提問題の宗教性に拘らず本案判決を可能とする理論構成の試みとして評価されるし、次のような――内容的に頗る広汎な――例外を付言していたことは注目されてよい。「ただし、その任免行為が公共の福祉、公序良俗、近代市民法的権利概念または法の重要な原則に反するときは、その限りで裁判所の審判権が及び、その無効を宣言することができる」[36]と。

竹下守夫は、最近の論稿[37]において、私的団体の自律的処分に司法審査が及ぶ基準を詳しく具体的に提示した。すなわち、私的団体一般に結社の自由を根拠として認められる自律的処分にも次のような実体的・手続的制限があり、それを越えあるいはそれに抵触する場合には、その限度で司法審査に服する、と説く。第一に、実体的制限には、(a)公的利益保護のための制限として、①団体がその構成員に公序良俗・強行法規に違反する行為を命じもしくは期待し、それに従わないことを理由に不利益処分を科することの禁止、②団体がその構成員に一般法秩序により個人として求められている公共的機能の遂行を禁止し、それに従わないことを理由に不利益処分を科することの禁止、(b)私的利益保護のための制限として、①裁量権の範囲の逸脱の禁止、②処分権の濫用の禁止、の二つの観点からの制限がある、とする。第二に、手続的制限には、(c)団体自体の有する手続規則の遵守、(d)ことに処分機関の権限規定の遵守（「処分機関の権限は、その処分が、団体の自律権の行使として尊重されるための、第一の、しかも絶対的要件」で、「その処分をした機関が、内部規範上権限を有したか否かは、常に司法審査に服する」）、(e)適正手続原則（条理）による補充、(f)適正な事実認定に基礎を有することの必要、が挙げられる。優れた分析であり、ことに、手続的制限についての明確な所説は至当とおもう。ただ、実体的制限については、宗教団体の特質に応じた構成がなお必要であるほか、それらの実体的・手続的制限の根拠は、「公序良俗・強行法規」や「一般法秩序」にとどまらず、基本権の制限として憲法内在的に、前述のような権利諸価値の衡量に求められるべきものと考える。そして、もし憲法にいう「公共の福祉」（憲一二条・一三条）[38]が「各個人の基本的人権の保障を確保するための、基本的人権相互の矛盾・衝突を調整する公平の原理」であるとすれば、その意味での公共の福祉に、求められるべきであろう。

なお、竹下説によれば、宗教団体内部の自律的処分の司法審査においても、この実体的および手続的制限を遵守していることが確定されれば、裁判所としては自律的処分を有効と認めて請求の当否を判断すべきであるが、制限遵守の審理自体が宗教上の教義・信仰の内容に立ち入らずには不可能な場合には、前提問題につき裁判所が審理・判断できないので、訴訟全体が法律上の争訟性を欠くとされても止むをえない、という。裁判所の審判権が排除されるかどうかを、教義・信仰に立ち入らぬ審理の能否にかからせるだけでよいのか、疑問であるし、この能否の判断自体も、決して容易ではないのである[39]。

(3)　宗教団体紛争から生じた訴訟でも、具体的な（世俗的）権利または法律関係の主張が訴訟物をなすものにあっては、宗教上の事項が前提問題に入っていても、本案判決が原則であるべきだと考える。裁判所は、信教の自由を侵してはならないのは当然であるが、前述のとおり、他の憲法価値もまた信教の自由と並んで衡量されなければならず、とくに、訴訟物とされた権利または法律関係を法の外におくことは、「裁判を受ける権利」の侵害となりうる。本案判決といっても、宗教団体に自律権があり、その自律権行使が実体的・手続的要件を具えること――具えているとしてその宗教団体内部で容認されているかどうかではなく――が認定できるならば、自律的処分を有効として判決できるし、要件具備が認定できないならば、その認定できない要件事実については、裁判所がその認定に立ち入れないために認定できない場合を含めて、その事実に主張責任・証明責任を適用して判決すべきである(40)。宗教団体といえども、世俗の裁判所に世俗的権利主張を持ち出して世俗法の適用による判決を求める以上は、訴訟物に対する要件事実に従いその主張・立証をすべきであって、純宗教的な見解を裁判所に押しつけることはできない。訴訟物と要件事実の構成を離れ、なにを当然訴訟の「本質的」あるいは「実質的」争点とみるかに従って事件処理が隔絶する結果となるのでは、もはや法による裁判とはいえないであろう。

(21)　比較法研究五〇号所収のシンポジウム「国家と宗教団体」一一頁以下〔佐藤幸治〕、七二頁以下〔初宿正典〕参照。宗教意識一般の後退に拘らず、わが国の宗教団体は総数二二万を超え、宗教法人も一八万を超える。それらは、教会を公法人としあるいは宗教の公共的性質を当然視するヨーロッパ諸国とは異なり、日本国憲法上、全くの私的な結社とされる。

(22)　裁判例の詳細な分析として、とくに、松浦馨「宗教上の地位・信仰対象をめぐる訴訟と法律上の争訟」民商法雑誌九四巻二号二三四頁以下・三号三六九頁以下、住吉博・訴訟的救済と判決効一二〇頁以下、片井輝夫「法律上の地位の前提たる宗教上の地位と裁判所の審判権」判例タイムズ八二九号四頁以下。なお、本文後掲の最高裁四判例については、高橋宏志「審判権の限界」重点講義民事訴訟法〔新版〕二八三頁以下に、最近までの参考文献を含めた克明な解説がある。

(23)　私見は、この多数意見に反対であり、本案判決を肯定する寺田治郎裁判官の少数意見に賛成である。中野貞一郎「法律上の争訟」民事訴訟法判例百選〔二版〕一〇頁以下。

(24)　蓮華寺事件は、他の日蓮正宗正信覚醒訴訟と同じく処分者側・被処分者側の双方の請求がペアになっており、同じ最高裁第二小法廷が、同じ日に、被処分者側の提起した代表役員等地位確認請求事件について判決している（判例時報一三二九号二五頁）。判旨は、宗教法人の代表役員・責任役員の地位確認訴訟でも、宗教団体内部の懲戒処分の効力が請求の当否を決する前提問題となっており、その効力の有無が紛争の本質的争点をなすとともに、宗教上の教義、信仰の内容に立ち入ることなしに判断できないときは、法律上の争訟に当たらないとする。

(25)　蓮華寺事件最高裁二判決に反対する理由としては、以下の本文の記述のほか、とくに、次の点を指摘したい。蓮華寺事件をふくめ一連の正信覚醒訴訟において、現在、中心的に争われているのは、明渡請求を受けている被告に対してその基礎となった懲戒処分を行った訴外Aが、はたして懲戒権限のある日蓮正宗の法主＝管長の地位に就いている者なのかどうか、という点である。日蓮正宗では、管長は法主の職にあるものをもって充てるが（宗規一三条一項）、法主の選定については成文規定（同一四条二項・三項）があり、被処分者側ではこの規定（法規範）による選定行為がなかったと主張しているのに対し、処分者側では、その「選定」とは日蓮正宗における不文の準則に従い宗教的行為かつ秘伝たる「血脈相承」によりなされるのだ、と主張して譲らない。つまり、Aの処分権限の取得事実として、処分者側は「血脈相承」という宗教的事実（の存在）を、被処分者側は宗規所定の選定行為という法的事実（の不存在）を主張しており、宗教的秘儀性は一方の主張だけにある。そのいずれに拠って処分権限の取得を判断すべきか、という問題を先に解かなければならないのである。下級審裁判例は、おそらく血の滲む思いでこの点をどうやってクリアーするかに苦しみ、それだからこそ、平成元年春に自律結果受容論を採った東京地裁判決が現われるや否や、待ち兼ねたように、他でもこれに追随する判決が続出したわけである（中野・判例タイムズ七〇四号七九頁参照）。しかし、最高裁の蓮華寺事件二判決は、この点を、ものの見事にすっぽかしてしまった。民集登載判決についての調査官解説（魚住庸夫・ジュリスト九四八号二〇一頁以下）が、本判決は自律結果受容論の「考え方を全面的に排斥したともいえないように思われる」という微妙な発言をしているのも、そのためではないか。竹下守夫の評釈（民商法雑誌一〇二巻三号、とくに三六〇頁以下）は、さすがに、最高裁のこの点の判示の遺脱を鋭く衝いているが、追及していない。なお、後注（39）。

蓮華寺事件の最高裁判決に対しては、事前に判旨と一致するような見解（本間靖規・龍谷法学一八巻一号七七頁以下）も存したが、事後的には、判旨に反対あるいは疑問を呈するものが相次ぐ。すでに見た竹下評釈のほか、伊藤眞「宗教団体の内部紛争と裁判所の審判権」判例タイムズ七一〇号四頁以下、高橋・前掲（注22）二九〇頁以下、大沢秀介「宗教団体の内部自治と司法権」ジュリスト九四七号八三頁以下、松浦馨・ジュリスト平成元年度重要判例解説一二一頁以下、同「宗教団体の自律的結果承認の法理」三ケ月古稀・民事手続法学の革新中巻三頁以下、とくに三一頁以下、長岡徹・判例評論三七七号五八頁以下など。

(26)　下級審を含めての裁判例の流れの的確な要約として、伊藤・前掲（注25）五頁以下。

(27)　中野・前掲（注23）一一頁。その後も、私見の基本は全く変わらない。もちろん、憲法価値相互間での衡量・調整といっても、憲法学者の間でのそのような方法の当否や基礎となる規準の措定自体が大きな問題とされるわけであるが、現在の私としては、さしあたり、最近の裁判例や論議に即して検討を試みるに止めるほかはない。なお、論点Ｉ一三頁以下参照。

(28)　げんに最高裁の蓮華寺事件判決を生んだ正信覚醒訴訟のひとつにおいて寺院建物明渡請求の訴えの被告となっていた者（日蓮正宗の擯斥処分を受けた）が、法律上の争訟に当たらないとして明渡請求の訴えが却下された後に寺院建物の占有を奪われ、占有回収の訴えを提起したという事案につき、最判平成一〇年三月一〇日判例時報一六八三号九五頁は、請求を認容すべき旨の判決をしている（破棄自判）。

(29) 伊藤・前掲（注25）一三頁。佐藤・前掲（注6）四四二頁、大沢・前掲（注25）八七頁以下も、裁判を受ける権利の狭隘化あるいはその実効性の保障の後退の点で疑問とする。

(30) Peter Badura, Der Schutz der Religion und Weltanschauung durch das Grundgesetz. Verfassungsfragen zur Existenz und Tätigkeit der neuen》Jugendreligionen《.1998.S.91.

(31) 西ドイツにおける宗教団体法制ないし宗教団体紛争の処理については、比較法研究五〇号（前注（21）参照）四八頁以下〔清水望〕に詳しい。

　ドイツ連邦共和国基本法は、信仰、良心の自由および宗教・世界観の告白の自由の不可侵と、宗教行事の妨害されないことの保障をうたう（基本法四条一項・二項）とともに、宗教の自由および宗教団体についてのワイマール憲法の若干の規定を基本法の構成部分に取り込み（基本法一四〇条）、そのうちの同憲法一三七条では、宗教団体結成の自由を保障する（二項）とともに、「各宗教団体はすべての人に適用される法律の制限の範囲内で、独立に、その事務を処理し、かつ、管理する。宗教団体は国または市町村の協力なしに、その役職を授与する」（三項）、と定めている。三項にいう「すべての人に適用される法律の制限の範囲内で」との枠付けの意味内容については、多くの論議と連邦憲法裁判所の判例があり、ここで立ち入ることはできない。ただ、本稿のテーマに関連して、バドゥーラの前記著書の説明の一部を、省略による歪曲を惧れつつ、摘記しておこう。信仰内容の固定と宣示、構成員資格の取得・喪失、内部の機構と職制は、宗教団体の事項であり信教の自由の拘束に服するが、これらの内教会的措置も、国家の権限範囲のなかで直接の法効果を顕すものは、すべての人に適用される法律の制約に服する。「信教の自由と教会自治の結合保障は、ここに、国家的介入・国家的法規整・国家裁判権の射程にとって重要なひとつの区別に至る」（S. 76）。「憲法は、信仰を、たんに国家の介入あるいは教会の干渉から守るためだけでなく、かえって、多元性においてのみ自由な生活の要素として働きうる各自の信仰の現実化のためにも保障する」ので、前記三項の枠付け方式は、「教会の自由の保障を、他の法益――それも同様に憲法によって組成された、全体の秩序に属し、その秩序にとって同様に重要であるところの法益――の保障と併規するのに役立つ。一方の保護領域の諸要求は、相当性と必要性の原則に従い他方の保護領域の諸要求に対して貫徹されうるが、双方が全体の秩序にとって重要なので、それぞれがその核心を保持しなければならない」（S. 76f.）＊。「すべての人に適用される、教会自治を制約する法律は、その内容において、また、必要な場合にはその適用において、ひとつの衡量を通して正当化されなければならない。それらの諸規定は、それらが国家法秩序の部分であり一定の公的利益に資するから、というだけの理由で教会に対し適用されるのではない。一方で教会の自己決定権と、他方で公共の利益のためにその規範をもって追及された目標の価値との、衡量が必要である」(S. 79f.)。右の中段（＊印の部分）は、Konrad Hesse, Freie Kirche im demokratischen Gemeinwesen. Zur Gegenwartslage des Verhältnisses von Staat und Kirche in der Bundesrepublik. Zeitschrift für evangelisches Kirchenrecht. 11 Bd. S. 337 ff.（一九六五年四月の講演記録）からの引用である。

(32) Badura, a. a. O. S. 81. 以下の本文における私見は、同書 S. 80 ff. の記述に示唆を受けている。

(33) Badura, a. a. O. S. 86.

(34) 新堂幸司「宗教団体内部の紛争と裁判所の審判権」民事訴訟法学の基礎二六五頁以下、同「審判権の限界」民事訴訟法学の基礎三〇〇頁以下、松浦馨・前掲（注22）二六二頁以下、同「民事訴訟による司法審査の限界」竜嵜還暦・紛争処理と正義一頁以下、とくに、一六頁以下・三六頁以下、同・前掲（注25）ジュリスト一二一頁以下。ここで両者の所説の詳細に立ち入らず、相互の異同を明らかにする余裕のないまま述べることを許されたい。

(35) 私見の詳細については、中野「宗教団体の自律と裁判所の審判権」判例タイムズ七〇四号八〇頁以下参照。自律結果受容論に疑問を呈するものとして、大沢秀介・前掲（注25）八七頁、片井・前掲注（注22）二一頁以下、日渡紀夫「審判権の限界についての一試論」民商法雑誌一〇九巻六号一〇一五頁以下・一一〇巻一号六一頁以下（とくに八四頁以下）など。

(36) 松浦・前掲（注25）一二三頁、同・前掲（注34）紛争処理と正義三六頁。

(37) 竹下・前掲（注25）三五七頁以下、同「団体の自律的処分と裁判所の審判権」書研所報三六号二〇頁以下。

(38) 佐藤・前掲（注6）三六八頁。なお、同書三六六頁以下参照。

(39) 蓮華寺事件の最大の争点である「血脈相承」の認定について、竹下教授は、「宗教上の意味は別として、法律的には、当代法主による次期法主の選定行為と見るべきであり、それ故、その選定行為としての事実的側面は、証拠による認定が可能な筈であるし、また、この事実的側面に限って審理・判断することは、教義に立ち入ることにはならない」とされる（竹下・前掲（注25）三六一頁）。しかし、問題なのは、そのような、教義に立ち入ることなく審理・判断できる「事実的側面」だけの認定だけで、処分者側が純宗教的秘伝として主張している「血脈相承」が認定されたことになるのかどうか、また、その選定行為としての事実的側面には選定についての成文規定（宗規一四条二項・三項）に適用があるのかどうか、という点である（前（注25）参照）。「宗教上の意味は別として」事実的側面に限ってだけ選定行為を審理・判断すれば足りるというのであれば、宗教団体の主宰者たる地位の確認請求につき多くの裁判例が訴えを却下してきたのはすべて誤りであったことになりはしまいか。

(40) 私見も、宗教団体の自律権を否定しないのは勿論であり、その範囲内で宗教団体が定める教義や懲戒事由に従ってなされる自律的処分は、その実体的・手続的制限にふれない限り、裁判所も、その有効を認めて判決すべきである。このことは、旧稿

(中野・前掲(注23)一一頁)でもふれている。要件の充足の有無に拘らず、自律的処分が宗教団体内部でひろく受け容れられているならば裁判所の審判権はその限りで排除される、という所説に反対しているのであり、世俗的な請求権についての世俗裁判所の審判を求めながら裁判所の立ち入れない秘儀的事実の主張で請求を理由付けようとしても通らない、といいたいのである。蓮華寺事件(前注(25)参照)に即していえば、処分権者としての法主=管長の地位をAが取得した事実が訴訟上主張・証明されるべく、それには法規範としての宗規一四条二項・三項所定の事実の主張・証明が必要で、裁判所の認定できない宗教的秘儀の主張や宗教的立証だけでは、地位取得事実の主張・証明なしとして主張責任・証明責任を適用して判決することになるのもやむをえない、と考えている。中野・前掲(注35)八二頁参照。私見を、処分事由の存否や宗教上の教義に関する事項まで主張・証明責任の適用で処理しようとしているものとして批判される(高橋・前掲(注22)二九三頁、魚住・前掲(注25)二〇一頁など)のは、誤解である。なお、論点I一〇頁以下参照。

四　結　び

裁判所の審判権が及ばないとして訴えが却下される場合は多いが審判権排除の基準が明確でなく、統一的な理解を阻んでいる。「裁判を受ける権利」(憲三二条)は、基本的人権に属し、法律による制限の留保もないのに、権利保護の資格や当事者適格という訴訟法上の要件の欠缺を理由としてこの基本権が制限されるかのような、従来の民事訴訟法学上の理論構成は、おかしいのではないか。裁判例における、「法律上の争訟」(裁判所法三条)に当たらない、との常套的な却下理由も、定説的にこの観念に与えられてきた概念内容のまま論理的に適用されているわけでは決してなく、むしろ、「裁判を受ける権利」とそれ以外の憲法価値との衡量の結果として、後者を優先させるべきだとの結論に到った場合に、その結論を実定的修辞をもって表現する形式として定着してきたものではなかろうか。また、いわゆる部分社会の論理によって特定の対象領域を裁判所の審判権の外におくという理論付けも、その対象領域に際立つ優先的な憲法価値だけを把捉して事件処理を急ごうとする姑息な手法なのではないだろうか。宗教団体紛争をめぐる訴訟においても、「信教の自由」（憲二〇条）が単独で訴えの却下を導いてはならず、つねに「裁判を受ける権利」その他の憲法価値との衡量が必要なのではなかろうか。

（民商法雑誌一〇三巻一号・一九九〇年）

3　訴訟における真実義務

一　真実義務の観念

1　民事訴訟において当事者が真実を述べる義務を負うかどうかという問題が、前世紀末いらい、賛否両論のあいだに、さかんに争われてきた。たとえば、すでに債務の弁済を受けた債権者が、手もとに債務証書がのこっているのをよいことに、弁済請求の訴えを提起して債務の存在を主張し、相手方の弁済の抗弁を争うとか、反対に、債務の未済を承知の債務者が、債権者の支払命令にあえて異議を申し立て、弁論で債務の成立を争いあるいは弁済の抗弁を提出する、といった態度に出た場合、それが倫理的・道徳的に非難されるべきものであることは疑いを容れない。しかし、それが、さらに、ひとつの法義務＝真実義務（Wahrheitspflicht）の違反といえるのかどうか、また、違反にたいしいかなる法効果が生ずべきか、あるいは、こういう真実義務についての明文の規定を立てることが必要ないし適当かどうかについて、真剣な論争が展開され、また、一部では立法上の実践をも導いてきたのである。

フランスでも、訴訟当事者の真実義務は、権利濫用理論の一環として論ぜられているようであるが[1]、真実義務論争の主たる舞台となったのは、ドイツ（および、オーストリー）であった。中世ゲルマンあるいはローマの訴訟にかんしてすでに真実義務の存在を認めうるかどうかというような沿革上の問題は別として、真実義務の存否が理論上の争点を形成するにいたったのは、ドイツ帝国民事訴訟法の成立（一八七六年）以後のことに属する。[2]真実義務肯定論を代表するものは、ヘルヴィヒおよびクラインであり、ほかに、コーラー、デーゲンコルプ、ガイプ、ブルツァー、レントらをかぞえることができるが、平素、当事者側の恣意的な訴訟追行にひきまわされることのおおい裁判官層も、肯定論の支持にかたむいた、といわれる。これに反し、訴訟追行の自由に制肘を受けることを好まない弁護士層は、真実義務の肯定・立法化に反抗する動きを示し、学者のあいだでは、ワッハなりリヒアルト・シュミットが真実義務否定論を主張し、グリュンフート、ゴルトシュミット、ローゼンベルクらも、おなじ側に立った。両論抗争の形勢は、少なくともドイツでは、むしろ否定論のほうが優勢であったといわれるが、他面、真実義務の立法化は、つぎつぎとすすめられた。クラインに指導された一八九五年のオーストリー民訴法（一七八条）がいちはやく真実義務を明定したのをはじめ、[3]一九一三年のチューリッヒ民訴法（九〇条）、一九一八年のベルン民訴法（四二条）などが、これにならい、[4]ドイツでも、一九三一年の民訴法草案（二二八条Ⅲ）にひきつづき、一九三三年一〇月二七日の民訴改正法によって、真実義務の立法化（一三八条Ⅰ。「当事者は、事実上の状態にかんするその陳述を完全にかつ真実に従ってしなければならない。」）に踏みきった（一九四〇年のイタリア民訴法四二条も同様）。真実義務の明定がドイツにおける真実義務論争の様相を一変したことは、いうまでもない。真実義務否定論は、そのもっとも有力な否定理由を失い、実定法と矛盾する立場においこまれたからである。しかし、なお、現在にいたるまで、ドイツ民訴法一三八条一項の解釈をめぐって、真実義務論争が尾をひいているのを認めることができる。[5]わが国では、立法化への動きは、まだ、まったく現れてはいないが（ただし、テッヒョー訴訟法草案がすでにオーストリー民訴法草案にならった真実義務の規定（二三一条Ⅰ。「事実ノ陳述ハ真実ニ基キ完全一定ナルヲ要ス」）をおいていたことは興味をひく。兼子・民事法研究二巻一二頁参照）、昭和初年いらい、真実義務の存在がわが民訴法についても主張され、とくに、最近にいたって、真実義務肯否の論議がにわかに盛上りをみせつつあることを注目しなければならない。[6]

2　論争の対象となった真実義務とは、いったいなんであろうか。

真実義務の観念は、ある意味で自然法的な性格をもつといわれる。(7) たしかに、真実義務という観念の発想じたいは、訴訟の論理から必然的に導かれてくるといってよい。民事訴訟による紛争解決は、第一次的に、国家が裁判所によって事件を受理し公権的な法的判断＝判決を与え、これが相争う私人を拘束することをとおして得られるのであるが、判決における法的判断が正当に成立するためには、一面において事案の内容をなす具体的事実が適確に認定されるとともに、他面において判断の基準となるべき法内容の把握が正当に行われなければならない。しかし、民事紛争が当事者間に私益をめぐる利害の対立をふくむ以上、当事者が自己の利益のために、虚偽の主張・不真実の陳述をして、裁判所の事実認定あるいは法内容の把握を誤らせ、判決における法的判断の成立に不当な影響を与えようとすることがありうる。法は、みずからの実現を妨害するものとして、当然、当事者のこういう態度を許さないはずである。ここに存在すると考えられる法的禁止を主体的に構成したものが真実義務の観念である。すなわち、真実義務の中心的な内容は、「不真実の陳述によって判決の基礎を誤らせない義務」(Hellwig, Lehrbuch, II, S. 40.) であり、「訴訟上の行為にさいして不真実の主張を立て、かつ、そのうえに（理由のない）申立てを基礎づけることの禁止」(Hellwig, Lehrbuch, II, S. 41.) にほかならない。

真実義務論争において争われているのは、こういう不真実の陳述の禁止の有無であり、当事者にたいする真実を述べよという法的命令の存否ではない。真実義務の観念は、もともと、当事者にたいする陳述の強制とは無縁である。当事者は判決に必要な事実をすべて知っているとはかぎらないし、当事者が応訴せずあるいはなんらの陳述をしない場合にも、訴訟法は、応訴なり陳述をまたずに訴訟を進行して完結する方法を認めている（民訴一三八条・一三九条Ⅱ・一四〇条）からである。また、真実義務にいう「真実」が「客観的真実」をさすものでないことも、自明的といってよい。認識論的な意味を別として、常識的に考えても、当事者がつねに客観的真実を知っているという保証はどこにもないからである。真実義務にいう「真実」は、つねに、「主観的真実」、つまり、当事者が真実と考えている事実である。いいかえると、「ある表白がそのなかで記述された現実と一致するかどうか」ではなくて、「ある表白がそれを記述する者の内面と一致するかどうか」が問題（Hippel, Wahrheitspflicht, S. 430.）である。たとえば、当事者がある取引の経過にかんする主張をなした場合、真実義務の見地から問題となるのは、その主張が現実に行われた取引の経過を正しく描き出しているかどうか、ではなくて、正しく描き出していると当事者じしん考えているかどうか、であり、当事者が自分で真実とおもう事実を主張したのであれば、たとい客観的真実に反する場合でも、真実義務の違反はなく、逆に、自分で真実でないと考える事実を主張したのであれば、たとい客観的真実に合致するとしても、真実義務違反とされる（その意味で Wahrheitspflicht は、むしろ Pflicht zur subjektiven Wahrheit であり、Pflicht zur Wahrhaftigkeit（正直義務）だ、といわれる。）。

真実義務概念の周延をどこまで認めるかは、論者によって、かならずしも、一致していない。真実義務の主たる内容として、「当事者は真実に反すると知りまたはそう考えている事実を主張してはならず、真実に合すると知りまたはそう考えている相手方の主張を争ってはならない」という命題（Lent, Zivilprozessrecht, 6. Aufl. S. 63.）を挙げることについては、なにびとも異論がない。しかし、真実義務の眼目が主観的真実に反する陳述を禁止して判決における正当な法的判断の成立を期する点にあるならば、その趣旨は、「当事者」の「事実上の主張」あるいは「相手方の事実上の主張の否認」に限局されるべきものではない。当事者（原告・被告、参加人、決定手続における申請人・被申請人など名称をとわない）のほか、補助参加人、代理人あるいは輔佐人についても、同じように不真実の陳述は禁止されていると考えなければならないし[8][9]、事実上の陳述と法律上の陳述との区別なく、また、主張ないし陳述にかぎらず、申立て、挙証など、あらゆる提出について、真実義務がおよぶと解しなければ一貫しない[10]。しばしば、真実義務の一分肢とされる、いわゆる完全義務（Pflicht zur Vollständigkeit）は、それが完全な陳述をせよという法的命令を意味するとすれば、真実義務とは別個独立の存在といわなければならないが、一部の事実をかくしてなされた不完全な陳述が当の事実の全体をみた場合に主観的真実に反する内容となることがありうるから（証人の宣誓にかんする民訴二八八条Ⅱ参照）、その範囲では、不完全な陳述も、真実義務によって禁止される(11)。同様に、自己に明瞭な事実について、わざと不明瞭なあるいは多義的な陳述をなす場合にも、当然に、真実義務違反が問題となる。当事者が当然知っていなければならないのにかかわらず、たまたま、それを知らずまたは充分に知らない事実について陳述する場合には、真実義務を負う者としては、そのことを明示して陳述するか、あるいは、陳述にさき立って、相応の調査をとげるか（民訴規四条参照）、そのいずれかを選ぶべきことさえ主張されている(12)。自己の内面的確信の程度を超えた誇張をふくむ陳述や、本当はたんなる推定ないし疑問にとどまるのに、それを明示しないで自己の確定的な主張として提出するのも、真実義務違反の一型態とされ、陳述後にいたって自己の陳述の誤りに気づいた場合に、それを遅滞なく訂正しないこと、あるいは、他人の陳述が真実に合しないことを知りながら、これをそのまま援用して自己の主張を立てることについても、同様であるが、さらに、極限的な場面においては、陳述・主張等といった表白以外の形式（不利な証書の破棄、証人となるべき者にたいする不当な策動など）によって裁判所の正当な事実認定をできなくしあるいは困難ならしめる一切の行為についても、真実義務の違反があるとされるにいたっている(13)。

（1）　Vgl. Titze, Die Wahrheitspflicht im Zivilprozess, Festschrift für F. Schlegelberger, S. 171.

（2）　真実義務論争の推移および学説の分布については、Vgl. F. v. Hippel, Wahrheitspflicht und Aufklärungspflicht der Parteien im Zivilprozess, Beiträge zum natürlichen Aufbau des Prozessrechts und zur Erforschung der Rechtstheorie des 19. Jahrhundert, 1939, S. 23 ff. S. 147, Note 1.

（3）　オーストリー民訴一七八条。「各当事者は、……かれらの申立を理由あらしめるために必要なあらゆる事情を真実に従い完全にかつ明確に述べなければならない」。

（4）　チューリッヒ民訴九〇条は、「当事者は故意に不当な訴訟を提起してはならず、その権利の追行のためには許された手段のみを利用すべきである。裁判官にたいし、当事者は、真実を義務づけられている。悪意かつ軽率な訴訟追行には、職権により、規律罰を科する。」と規定し、ベルン民訴四〇条、連邦司法組織法三一条をはじめ、現在ではほとんどの州が同旨の規定をおいているようであるが、学説は、これらの規定における真実義務の統一的根拠を信義誠実の原則に求めていることを注意すべきである。Vgl. Guldener, Schweizerisches Zivilprozessrecht, 2. Aufl. 1958, S. 237 f.; Titze, a. a. O., S. 171, Note 1.

(5) ドイツにおける真実義務明定の前後における論議の内容を克明に整理したものとして、中田「訴訟上の真実義務について」訴訟及び仲裁の法理六五頁以下参照。

(6) 菊井・民事訴訟法（現代法学全集）二七三頁、加藤・民事訴訟法要論二〇六頁、兼子・民事訴訟法概論二二九頁、同・民事訴訟法体系二〇一頁、小野木＝中野・民事訴訟法講義一一六頁、中田・民事訴訟法講義上巻一〇八頁などが、真実義務を認める。最近、古典的弁論主義修正の動向を導くものとして真実義務をとくに強調するのは、三ケ月・民事訴訟法（法律学全集）一六一頁であり、反対に、弁論主義との矛盾を主張して真実義務をつよく否定するものとして、伊東「民事訴訟における真実義務」民事訴訟法研究一〇七頁以下、同「真実義務の再吟味」民事訴訟法研究一四三頁以下がある。村松「弁論主義」民事訴訟法講座二巻五一六頁以下も、真実義務否定にかたむいている。なお、中野・訴訟関係と訴訟行為七四頁以下参照。

(7) Vgl. Hippel, Wahrheitspflicht, S. 430. 真実義務は前実定法的・自明的に存在し、およそ、我々の世界に諸秩序が与えられたということが法に服する者の真実義務の承認を当然にふくむと説く。Hippel, a. a. O., S. 154 ff. レントも、真実義務は健全な訴訟にとっては「自明のこと」だと述べている。Lent, Zivilprozessrecht, 6. Aufl., 1955, S. 64.

(8) Vgl. Hippel, Wahrheitspflicht, S. 86; Rosenberg, Lehrbuch des deutschen Zivilprozessrechts, 7. Aufl., 1956, S. 279; Baumbach-Lauterbach, ZPO, 22 Aufl. 1954, § 138, 1, E. ヒッペルは、不当な請求の代理を拒否すべきこと、および、受任後でも法的な理由の欠缺を認識できたときは、ただちに辞任すべきことをも、代理人の真実義務の内容とする。Hippel, Wahrheitspflicht, S. 113 ff.

(9) 真実義務がなにびとにたいする義務であるかは、きわめて困難な問題であり、見解がわかれている。(イ)裁判所にたいする義務とみる説（Hellwig, System, I, S. 400 f.）、(ロ)裁判所および相手方当事者にたいする義務とみる説（Rosenberg, Lehrbuch, S. 279）、(ハ)第一次的には相手方当事者にたいする私法に根ざす義務であり、そこから裁判所にたいする第二次的な義務が生ずるとみる説（Titze, Wahrheitspflicht, S. 171）、(ニ)第一次的に裁判所、第二次的に他方の当事者にたいする義務とみる説（Witztum, Die falsche Parteiaussage, 1926, S. 17.＝筆者未見＝）(ホ)統一的解答を不可能とし、各個の真実義務違反によって侵害を加えられる者にたいする義務とみる説（Hippel, Wahrheitspflicht, S. 133 ff. 概言すれば、おおくの場合には裁判所（正確には、共同体じたいの場合と別に裁判所が加わる場合がある）、また、真実違反の提出によってその権利を害せられる人々、および、これらの人々の補助者（代理人・輔佐人）にたいする義務であり、また、当事者の真実義務は、その当事者の弁護士にたいしても存在する、と説く。）などがある。

（10）　真実義務にかんするドイツ民訴一三八条一項は、「口頭弁論」と題する章下におかれているが、真実義務が口頭弁論外の陳述にもおよぶこと、通説である。ただ、事実上の陳述にかぎるかどうかが争われる。オーストリー民訴一七八条やドイツ民訴一三八条一項の規定の表面からは、肯定する学説（Titze, Wahrheitspflicht, S. 178; Welzel, Die Wahrheitspflicht im Zivilprozess, 1935, S. 10; 弁護士以外の者につき、Rosenberg, Lehrbuch, S. 279）を正当とすべきようにみえるが、真実義務の眼目が主観的真実に反する提出によって判決における正当な法的判断の成立を妨げるのを禁止する点にある以上、同様の妨害の手段たりうる法律上の陳述、申立、挙証など、すべての提出が真実義務に服すると解する方（Hippel, Wahrheitspflicht, S. 123 ff.）が筋が通る。法は裁判所の知るところではあるが、実際問題として、裁判所は、法について全知全能というわけでなく、当事者の偽りの法律上の陳述等によって法的判断を誤らせられることがありうるし、法律上の陳述について真実義務を否定すれば、当事者は事実上の陳述の形を避けて法律上の陳述の形をよそおう（例、貸金を受領しなかったと述べるかわりに貸金債務存在の主張を否認する）ことによって真実義務の適用を容易にまぬがれうることになる。

（11）　ドイツでは、同民訴一三八条一項の内容として、真実義務と完全義務が分けられ、両者の関係が問題となっているが、最近では、完全義務が、もっぱら真実義務の枠内においてのみ要求されると解する見解が有力である。Vgl. Rosenberg, Lehrbuch, S. 279; Lent, Zivilprozessrecht, S. 64; Stein-Jonas-Schönke, ZPO. 18 Aufl., § 138 I, 1, b. 少なくとも、主観的真実の確保という点からは、（狭義の）真実義務のほかに完全義務の概念を立てる必要は全くない。不完全な陳述は、かならずしも主観的真実に反しているとはかぎらない反面、不完全な陳述が同時に主観的真実に反する場合には、（狭義の）真実義務違反ということだけで充分である。しかも、どういう内容の、どの程度に不完全な陳述が同時に真実に反するといえるかは、各個の場合について、実定法規を基準として個別的・具体的に決定されるほかはなく、一般的にはいえないからである。Vgl. Hippel, Wahrheitspflicht, S. 94 ff.

（12）　Hippel, Wahrheitspflicht, S. 104 ff. ただし、一般には、真実かどうか不確実である事実を主張し、あるいは、真実であるかもしれないという可能性を自己が信じている相手方の主張を争うことは、真実義務に反しない、とせられ、「限界は、不真実（あるいは真実）についての確信が始まるところで、始めて引かれる」べきものと解せられている。Vgl. Rosenberg, Lehrbuch, S. 179; Lent, Zivilprozessrecht, S. 64; Nikisch, Zivilprozessrecht, S. 206; Stein-Jonas-Schönke, § 138, I, 3.

（13）　Vgl. Hippel, Wahrheitspflicht, S. 91 ff.; S. 106 ff.; S. 111 ff.; S. 118 ff.

二　真実義務の肯定

真実義務論争における肯定論・否定論それぞれの各所説を羅列して対比することは、必要でもなく、また、たいして意味をもたない。論者によって、義務と認めうるための規準なり、真実義務概念の把握のしかた、義務の存否の問題とサンクションの問題との区別などの点で多様なものがあり、真実義務を肯定しているか否定しているかの結論だけで分類することは、適当ではない（Vgl. Hippel, Wahrheitspflicht, S. 147, Note 1.）からである。以下には、真実義務の肯定にいたるわたくしなりの筋みちを、二三の論点をとり上げながら、述べるにとどめたい。

1　真実義務を肯定するについて、演繹的な論証方法をとる者と、逆に、帰納的な論証方法をとる者とがある。前者の例としてヘルヴィヒを、後者の例としてヒッペルを挙げることができる。

ヘルヴィヒは、「真実義務は、訴訟目的（Prozesszweck）から結果する」といい、「民事訴訟は、刑事訴訟と同様、法の保護（Wahrung des Rechtes）をなすべく定められた制度であって、なにびとが勝訴者となるかが偶然や当事者の技巧と非良心的態度に依存するといった制度ではない。基本的な差異は、民事訴訟では、国家は、原則として当事者に正当な裁判の招来を委ねている点に存し」、従って、不当な裁判が生ずる可能性は大であるが、「民事訴訟でも、法の確認でない判決は、不法をもって屈服せしめられた者のために慨嘆すべきのみならず、公共の利益に逆行する現象である。訴訟が法を不法に顚倒する手段たる制度となるならば、司法の威信は害される。」（Hellwin, Lehrbuch, II, S. 41.）と説明している。このように、訴訟の目的を先に立てて、そこから真実義務を引き出そうとする演繹的方法をとる学者は、ほかにも存在する。(14)

ところが、ヘルヴィヒと逆に、帰納的方法に徹底しているのは、フリッツ・フォン・ヒッペルである。彼は一九三三年のドイツ民訴改正法における真実義務の明定にかかわらず、その理論的解明が依然として困難かつ不充分であることを指摘し、いまいちど、民事訴訟における当事者の真実義務がはたして、また、いかなる範囲で本来存在するものであるのかという問題に立ちかえる必要があると説く（Hippel, Wahrheitspflicht, S. 28. f.）。ドイツ民訴一三八条一項は、彼にあっては、むしろ、この規定以前に存在する真実義務のあり方にどこまで適合しているか、という見地から、検討されるべきものとして現われるのである。このような、真実義務の存在とその範囲の論証にあたって、ヒッペルは、まず、自然的な事実関係として見いだされる真実違反の諸相を分析して数個の類型を区分し、それぞれについて、その法上許されないゆえんをちくいち論証してゆくという方法をとる。

ヒッペルの示す真実違反類型と、その違法の論証（Hippel, Wahrheitspflicht, S. 48. ff.）を要約すれば、こうである。(イ)不当な自己利得としての真実違反（真実違反の主張によって、実体法上自己に属しない権利を認める判決を手に入れるとか、実体法上自己の負うている義務を否定する判決を受ける、というように、既存の法秩序に反して自己の法的状態を真実違反によって改善し、他人の損失において不当に利得しようと試みる場合）。法が、こういう試みを当事者に許しているとすれば、法には内面的矛盾があることになる。(ロ)第三者関係についての他の不当な決定としての真実違反（弁護士が依頼人のために、あるいは、後見人が被後見人のために、訴訟上、真実違反の提出をして実体法に合しない判決を導びく場合）。実質上、自己にその権限がないのに、無権利者のために他人に義務を負担させあるいは他人の財産をとり上げるのと同じで、他人の利益の違法な侵害として許されない。(ハ)私的自治の限界の踰越としての真実違反（真実に反する提出そのものが当の法共同体の公序良俗に違反し、関係人の私的自治が国家構造および倫理によって画せられる限界に矛盾するような法形成をめざしている場合）。公序良俗違反の点で、または、（雇用関係や労働関係の形成のときにみられるような）他人の恣意のもとへの許されない服従と同視すべきものとして、違法である。(ニ)自己裁判（Richtertum in eigener Sache）としての真実違反（弁済ずみの貸金の返還を請求された者が弁済受領証をなくしたために、訴訟上、貸金を受けとった事実を否認する、というように、そのほかの点では法秩序と一致している法形成を、真実に反する訴訟上の提出の方法ですすめる場合）。裁判所の責任である審理と裁判を裁判所にさきまわりしてやろうとするもので、当事者が自己自身の事件の裁判官であってはならないという観念と矛盾することなしに与えられる以上のものを求めているから、当然に、許されない。(ホ)法的紛争が存在する場合における当事者の意思による自己毀損（Selbstschädigung）としての真実違反（真実違反の提出であって、それが、もっぱら、争われた自己の権利領域にかんし自己に与えられるべき法的保護を任意に減少し、実体法に従い自己に属する法的地位を放棄する結果となる場合）。一見、禁ずべき理由がないようにみえるが、人間の交渉と確実な法発見との架橋である言語使用（Sprachgebrauch）の真実を確保することについて基本的かつ恒常的な法的利益が存するし、当事者は、応訴しないとか訴訟外の譲歩によって同一の目的を達しうるのだから、ここでも、真実違反は許されない。(ヘ)他の点に法的紛争が存在する場合に当事者が合意によってなす部分的解決（Teilschlichtung）としての真実違反（商人間の売買にかんする紛争で買主の目的物検査および通知（商五二六条）がおくれた点を不問に付する旨了解が成立しているが、それを訴訟上そのままに陳述せず、検査・通知の日時を変えて陳述する、というように、紛争関係の一部の切捨または整序を真実違反という形式で行う場合）。ここでも、(ホ)と同様、真実違反を是認すべき格別の原因がみられない以上、違法というべく、当事者間の調整がそのまま訴訟上明らかにされない裏面には、通常、その調整が私的自治の限界を超えているか、あるいは、脱法行為がある場合がおおいであろう。(ト)仮装訴訟（現実の法的紛争が存在しないのに、その外観をよそおってなされる訴訟）。通常、他人の権利にたいする違法な侵害(イ)・(ロ)の場合）、私的自治の限界の逸脱（(ハ)の場合）、あるいは、自己裁判（(ニ)の場合）に属するものとして、違法であろうし、これらのいずれにも当らぬ場合であっても、訴訟上の法的保護の濫用として許されない。以上のように、真実違反の各種の場合を検討したうえで、ヒッペルは、真実違反の提出が、それに基づいて得られる裁判が実体法秩序に適合すると否とにかかわりなく、一般的に、許されえないものであると結論し、ただ、例外として、特別の緊急状態のもとに、当事者にたいし真実を守ることを期待しえず、また、真実違反の提出によって他方が受けるかも知れない不利益が、真実に合した提出をした場合に自己に生ずることのある損害に比して、比較にならないほど小さいときにかぎり、緊急避難として、その真実違反は適法となる、と説く（Hippel, Wahrheitspflicht. S. 75 ff.)。

2　演繹的方法による論証の成否は、その基礎となる一般的命題の確実性のいかんにかかっている。とくに、ヘルヴィヒのように、訴訟目的から真実義務をひき出そうとする場合には、訴訟目的はなにかということがわれわれに明確でなければならない。しかし、本来、ある目的を追求してゆく努力の主体でもない訴訟について、その「目的」とは、いったい、なんだろう。たんなる「理念」でないとすれば、国家が訴訟制度を営為することの目的なのか、裁判所と当事者が各個の訴訟を通じて果すべき目的すべての抽象が問題なのか。また、そういう目的を統一的かつ固定的なかたちで把握することは、およそ、可能なのであろうか。いっこうに、はっきりしない。げんに、同じく訴訟目的にかんし、真実義務否定論者たるワッハは、「真実の確定ということは、民事訴訟の目的（Ziel）ではなく、また、そうではありえない。それは望ましい結果ではあるが、保証された結果ではない」といい（Wach, Vorträge überdie Reichs-Zivilprozessordnun, 2. Aufl. S. 199.)、かりに、真実義務を認めることが訴訟の目的に適合するとしても、そのことだけからは、この義務が法的義務であるという結論は出てこない、と正当に指摘しているのである。(15) およそ、民事訴訟の目的論議じたいの意味を検討することが先決であり、どういうかたちにもせよ、あらかじめ措定された訴訟目的なるものから具体的な法的義務の存在を軽々にひき出すことにたいしては、多大の疑問を感じないわけにはゆかない。(16) 反対に、ヒッペルのように、真実違反の具体的な類型構成から出発して、帰納的に真実義務の存在と範囲を確定しようとする態度にも、問題がある。一般の学者がきわめて観念的・抽象的にしか考えていなかった真実義務の内容を具体的に分析した彼の功績はたかく評価されてよいと思うのであるが、このような真実違反の諸類型について、それが法上許されないゆえんを論証できたとして、それが真実義務の存在と範囲を論証したことになるのであろうか。たとえば、真実に反する主張による自己利得が法上許されないということからは、その主張そのものについてすでに（真実）義務違反があるという結論は出てこないはずであるし、ヒッペルの挙げる七類型の真実違反がすべて許されないとしても、あらゆる真実違反が右の諸類型のいずれかに必ず属するという保障はないのだから、全体としての真実義務の存在を肯定する理由として充分ではない[17]。

訴訟の目的という高みから下降して真実義務を根拠づけることもできず、また、真実違反の具体的型態の分析から上昇して真実義務を論証することも許されないとすれば、むしろ、視界を訴訟の外に求め、法一般を通じて妥当する基本原則の一表現として真実義務を把握することを考えるべきであろう。わたくしとしては、別の機会に詳しく論じたように（中野・訴訟関係と訴訟行為三八頁以下参照）、民事訴訟についても信義誠実の原則が当然に妥当するものと考えざるをえないのであるし、真実義務は、まさに民訴法における信義則の一表現にほかならないとおもうのである。

信義則は、もともと、方式的に拘束された契約不自由の原則にたいし近代的な契約自由の原則をうちたてるために利用された概念であったものが、そのまま近代的な債権法の積極的な指導原理に転化したものといわれる。訴訟は、しばしば、継続的債権関係に比せられるが、現代の訴訟は、国家の営為する訴訟制度の利用関係として成立するのであって、当事者相互間の自由な契約によって設定されるものではなく、手続の追行にかんしても便宜訴訟の禁止が行われて、当事者の合意を容れる余地は、きわめて少いから、信義則が契約自由の原則を前提として私法上の債権関係について有しえた機能は、ここでは、生じえない。しかし、信義則は、その本質上、債権関係に限局されるべきものでなく、むしろ、正義や衡平の理念と同じく、「人の社会における行動に関して当為を求める実践規範の要請」（末川・権利濫用の研究二八八頁）として、あらゆる法的関係につき原理的に妥当すべきものである（民一条Ⅱ、刑訴規一条Ⅱ参照）。信義に従い誠実に行動しなければならない、という社会生活上一般的に認められる倫理的要請が、ここ民事訴訟法の領域についても法的命令としてとり上げられることを一般的に排除する理由はなく、かえって、訴訟が裁判所と当事者間における協働関係としてとらえられるべき以上は、この協働によって所期される理念の実現のために、訴訟法の与えるあらゆる形式的規整をつらぬいて、一般的に、かかる協働が各訴訟主体の忠実と信頼のうえに、つまり、信義誠実に従って展開されるべきことが要請されてこざるをえない[18]。そして、主張その他の訴訟上の提出につき主観的真実からの背離を禁止する真実義務は、まさに、訴訟資料蒐集の面に発現する信義誠実の原則を主体的に観念したものにほかならないというべきである[19]。

3　真実義務否定論の側からは、否定の理由として、真実義務を肯定する実定民事訴訟法上の規定がなく、また、真実義務の履行強制なり義務違反にたいする制裁もない以上、いわゆる真実義務は純粋に倫理的な要請にすぎず、法的義務ではない、と主張する。しかし、およそ法的義務が存在するために、必ずしもこれを認める明文の規定あるいは履行の強制なり違反にたいする制裁がなければならないわけのものではない。むしろ、訴訟上、ある行為をなすことが法によって要求されており、それ以外の態度に出ることは許されていないと観念しうる場合には、訴訟法上の義務の存在を肯定するに充分というべきである[20]。しかも、わが民訴訟上、真実義務を前提とするものとみるべき若干の条文（たとえば、民訴三三一条・三三九条、民訴規三条・四条）も存在しているのである。

真実義務否定論をささえる最大の論拠は、当事者の真実義務を認めることが民事訴訟を支配する弁論主義と矛盾する、という主張に存する。こういう主張は、一九三三年の民訴改正法以前のドイツにおいてみられたが（とくにワッハ）、現在のわが国においては、伊東教授の所説がそれである。教授によれば、弁論主義は、私的自治の原則の訴訟上への延長、当事者の訴訟上における自由な紛争展開の許容であって、訴訟上の事実が解決されるべき紛争当体を形成してゆくのであるから、真実発見の断念にこそ弁論主義の眼目があり、訴訟外の事実に訴訟を繋縛しようとする真実義務は、真向から弁論主義に対立する。従って、真実義務について規定がなく他方に弁論主義が認められている訴訟法については、当然、真実義務は否定されなければならないし、弁論主義を存置するかぎり、真実義務明定の立法を企てることもやめなければならない、というのである[21]。わたくしにとっては、これほど承服しがたい理論もない。およそ、真実義務という場合の「真実」は、つねに、「主観的真実」であって「客観的真実」ではないということが充分に認識されているのかどうかも疑問であるが、なによりも、「真実義務が弁論主義と矛盾するから、真実義務の方が否定されるべきである」という論理じたい、まったく、説得力がない。ヴェルツェルがいったように、「まるで、弁論主義が聖なる真実であり、あらゆる時代につき無制限の妥当を要求する変更できない公理であるかのようだ。しかし、少なくとも、弁論主義と真実義務のどちらに優位が与えられるべきか、およそ真実義務が導入されたのち弁論主義にいかなる意義が属するかを検討しなければならない」（Welzel, Wahrheitspflicht, S. 11.）はずだからである。

しかも、弁論主義は、その本来の意味において理解するかぎり、真実義務となんら矛盾しない(22)。弁論主義の概念は、かなり多義的に使用されるが、その狭義ないし本来の意味においては、判決の基礎となる事実を当事者の弁論だけから採用する原則をさす。ところが、真実義務は、当事者が事実資料を提出するについての仕方を規制するものであり、事実資料の提出にあたって当事者は自己の懐抱する主観的真実に違反してはならない、ということにとどまるのだから、右の意味の弁論主義と両立しうることは、あきらかである。もっとも、弁論主義との矛盾は、純粋の不作為義務である狭義の真実義務の範囲についてでなく、いわゆる完全義務にかんして問題とされることが多いのであるが(23)、完全義務が真実義務の枠内で認められるかぎりでは（前述五六頁参照）理論的には、この両者につき共通の結論を生ずる。弁論主義のもとに当事者の自己責任の強調をみるのは誤まりではないにしても、それは、当事者が自己に有利な資料の提出についてのみ責任を負うとか、当事者が自己に不利なあらゆる事実を黙秘する権利をもつという意味ではないはずである。弁論主義が当事者の放恣と無責任を許容するものでない以上、当事者が、訴訟上消極的態度にとどまる場合は格別、みずから積極的にある事実を主張せんとする場合には、真実義務の命令のもとに、当の事実がもつべき正当な法的意味を構成する範囲で、これに属する部分的事実の黙秘を禁ぜられることも、けっして、弁論主義の廃棄というに当らないであろう。もともと、特定の訴訟制度において、判決の基礎となる事実資料蒐集の権能と責任とを裁判所と両当事者の間でいかに配分するかは、どういうふうにすれば、できるだけ適正な裁判を迅速、公平、かつ経済的に得るのに適当であるか、といった多分に実質的・合目的的な考慮に従って立法者が具体的に決定するところであって、その結果として生れた訴訟手続規制の特色をとらえて、弁論主義あるいは職権探知主義とよぶにすぎない。いわば、弁論主義の概念は、訴訟法の内容を認識するうえの「構成的原理」（範疇）のひとつにすぎないのであって、訴訟法の内容を決定してゆく「規制的原理」ではないのである。弁論主義か職権探知主義かという見地から特色づけられる当の法規制じたいの内容の決定について、すでに真実義務の存在を勘定に入れるべきであって、弁論主義を先に立てて真実義務をただちに否定し去ろうとするのは、そもそも、考え方が逆だといわなければならない。(24)

(14) たとえば、Wurzer, Die Lüge im Prozesse, ZZP. 48. Bd. S.474. なお、結論的には真実義務否定にかたむいておられる伊東教授が「訴訟観との関係で、真実義務の論争から浮かびあがるものは、だから、民事訴訟が真実の発見確定を直接に志向するものであるか、間接に志向するものに過ぎないか、という意味での、制度目的の争である。」「理論的には制度目的の争を〔真実義務論争の〕中心の問題とみるべきである。」（伊東・民事訴訟法研究一一四頁）と説かれる点も注目してよい。

(15) ワッハの所説の内容につき、なお、伊東・民事訴訟法研究一〇九頁参照。

(16) Hippel, Wahrheitspflicht, S. 170 ff. は、民事訴訟の目的という問題全体が「一九世紀のドグマ的実証主義の満されない願望、つまり、袖珍型における民事訴訟の法哲学、民事訴訟の原始林における単純かつ確実な統一的解決をもとうとする願望」と同義だとし、これを真実義務にたいし第一次的なものとして一般に立ててはならないことを詳論している。

(17) もっとも、ヒッペルも、一面、真実義務を「自明的なもの」とし、およそ、一定の秩序の厳守が法によって命ぜられている場合に、当事者が、不真実の陳述によって裁判所をその使命である法秩序の実現から遠ざけ、すりかえられた法秩序の実現をはかることが許されていると考えるのは矛盾である、と説き、この理由が、彼のかかげる各類型の真実違反についての理由づけのために充分である、とも述べている（Hippel, Wahrheitspflicht, S. 45 ff., S. 154 ff.）。しかし、ヒッペルの論証は、この場合でも、彼の立てる各真実違反類型についてなされるのであり、それらの違法の確定を抽象的に一般的な Nein あるいは Ja をみちびくことによってでなしに、一定の類型的状態にたいするきびしい検討のもとに一定の法原因から答えられるべきものだとされ（Hippel, a. a. O., S. 432.）、そこに、例外的な、真実義務についての緊急避難を認める余地をつかんでいるわけである。

(18) 中野・訴訟関係と訴訟行為六〇頁以下参照。牧野博士も、「信義則を予定することによってのみ、訴訟法は、その理論的な構成についても、実践的な運用についても理解を完うし得る」と説かれている。牧野・季刊刑政新八巻二号一三頁。

(19) 中野・訴訟関係と訴訟行為七四頁。中田教授や兼子教授も、真実義務の肯定論拠を、訴訟追行にかんする信義誠実の要請に求めておられるし（中田・民事訴訟法講義上巻一〇八頁、兼子・民事訴訟法体系二〇一頁）、明文のあるドイツでも、真実義務は信義則の観点から理由づけられているのをみる（Lent, Zivilprozessrecht, S. 64; Rosenberg, Lehrbuch, S. 278）。スイスの学説も、各州法上の真実義務の統一的根拠を信義則に求めている（本稿注（4）参照）。

(20) この見解を詳細に展開したものとして、Lent, Zur Unterscheidung von Lasten und Pflichten der Parteien im Zivilprozess, ZZP. 67. Bd. S. 344 ff. レントの見解は、ニキッシュやローゼンベルクも支持している。中野・訴訟関係と訴訟行為二六頁以下参照。

(21) 伊東・民事訴訟法研究一〇七頁以下、一四三頁以下。ただし、教授は、別に、「訴訟外の真実とではなしに発展する紛争と関連せしめられた真実義務」、「各段階における現在の紛争を顕出する訴訟関係人の誠実で合理的な努力の義務」を認めるべきだとされ、この「誠実義務」は、教授のいわゆる訴訟の「紛争形成面」には行われないが、「解決形成面」について行われる、と説かれる。ただし、この義務とても、訴訟主体としての当事者には行われず、また、弁論主義が処理できる問題にかんしては行われない、とされる点で教授の真実義務否定の線は、あくまで、くずれてはいないといえる。

(22) Vgl. Klein, Die Schuldhafte Parteihandlung, S. 125 ff.; Hellwig, Lehrbuch, II, S. 42; Welzel, Wahrheitspflicht, S. 10 ff.

(23) ドイツにおける、いわゆる完全義務と弁論主義の関係にかんする論議につき、中田・訴訟と仲裁の法理七三頁以下参照。

(24) Vgl. Hippel, Wahrheitspflicht, S. 165 ff., insbes. S. 183.（弁論主義という概念の学説史的成立過程の詳細な分析がある。）Lent, Zivilprozessrecht, S. 65 では、「真実義務は、当事者が〔弁論主義により〕判決の事実的基礎について第一次的に科せられている責任から必然的に生ずる帰結である」と説かれ、三ケ月・民事訴訟法一六一頁も、「弁論主義は一つの技術的乃至合目的的考慮の産物にすぎず、民事訴訟においても真実に合致した裁判という理想が（弁論主義を方便として利用しつつ）追い求められているという認識が一般化してくれば、弁論主義と真実義務は矛盾するものではなくむしろ弁論主義を補完するものとして捉えられるようになる」と説いている。

三　真実義務の実効性

真実義務の存在を肯定すべきこと、以上述べたとおりであるとすれば、さいごに、真実義務の実効性を確保するためにどれだけのものが与えられているか、という問題をあらためて検討しなければならない。[25] そして、この点では、真実義務違反にたいして法が与えるサンクションに、はなはだ不満足なものがあることを承認せざるをえないのである。

真実義務違反の効果として、おもに、つぎのようなものが挙げられる。[26] すなわち、(イ)真実義務違反の主張は不適法であり、裁判所は、これを斟酌してはならない。(ロ)真実義務違反の主張をした当事者は、その主張にかんして、勝訴の場合でも訴訟費用を負担せしめられることがありうる（民訴九〇条・九一条、独民訴九六条・九七条Ⅱ参照）。(ハ)真実義務違反の主張が時機におくれて提出されたものである場合には、訴訟を遅延させる故意によるものと認定されて却下される（民訴一三九条Ⅰ、独民訴二七九条Ⅰ・二八三条Ⅱ・五二九条参照）。(ニ)真実義務違反の主張をした当事者は、裁判所の信頼を失い、他の主張にかんしても証拠の評価につき不利な影響を受ける。(ホ)真実義務違反が相手方の損失において違法な財産上の利得をえようとしてなされる場合には、いわゆる訴訟詐欺（Prozessbetrug）として、詐欺罪（刑二四六条）を構成する。(ヘ)相手方の真実義務違反によって損害をこうむった当事者は、既判力によって妨げられないかぎりにおいて（たとえば、相手方が真実義務の主張によって取得した確定判決が再審の結果、取り消された場合）、相手方にたいし損害賠償を請求できる。というのである（そのほか、弁護士の真実義務違反については、それが当の弁護士にたいする懲戒理由となることが挙げられる）。しかし、これらのことを真実義務違反の効果というのは、どうであろうか。とくに、(ロ)と(ハ)における費用負担なり時機におくれた主張の却下は、それぞれにかんする規定の適用の一場合にすぎないから、真実義務違反じたいの具体的法効果にかぞえることはできず、(ニ)の結果も、事実上の影響をいうにすぎない。(ホ)と(ヘ)における詐欺罪の成立または損害賠償請求権の成立も、それぞれの実体法規の構成要件的効果にとどまり、真実義務違反じたいにたいする固有独立のサンクションをなすものではない。[27][28]もっとも、わが民訴法は、真実に反してなされた文書成立の否認にたいする制裁（民訴三三一条）や当事者尋問における宣誓した当事者の虚偽の陳述にたいする制裁（民訴三三九条）を規定しており、これを真実義務違反のひとつの効果にかぞえることができるが、当事者の陳述ないし主張一般についての虚言罰は、みられない。なお、(イ)の効果は、真実違反の直接の効果といってよいであろう。しかし、じっさい上、当事者の主張についてその真実義務違反を認定できるのは、すでにその主張をとり上げて審理し、おおくは証拠調を了してのちのことであろうが、その場合には、通常、その主張じたいが真実に合しないことを認定できるわけであるから、判決は、その主張が真実に合しないことを判決理由としてとり上げる成行となって、真実義務違反の右の効果は、おもてに現われない。

むしろ、ニキッシュのいったように、「真実義務の遵守は、その主たるサンクションを訴訟じたいのメカニズムのなかに見いだす。」（Nikisch, Zivilprozessrecht, S. 207.）というべきなのであろう。なぜなら、裁判所は、当事者の主張を鵜呑みにして判決の基礎とすることは許されず、口頭弁論における審理を経なければならないが、その場合、相手方がその主張を正当としない場合には、これを争うのがふつうであろうし、相手方が争う以上、その主張事実につき証拠調が行われて、不真実が明るみに出るのを、通常の経過とするだろうからである。ただ、いまだに自由主義的色彩の濃厚な、現在の民事訴訟法のもとでは、こういう、訴訟じたいのメカニズムによる真実義務の実効性の保障は、はなはだ不満足な状態にあることを認めなければならない。すなわち、訴訟活動の大部分は、依然として、弁論主義の旗じるしのもとに、自由かつ平等な当事者相互の闘争の過程にゆだねられ、裁判所の積極的関与は、当事者の自由の保障のために、いたるところで、制約され限界づけられている。手続の外部的進行はともかく、訴訟資料の調達は、ほとんど全面的に、当事者の責任とせられ、事実の職種探知や職権証拠調は、原則として、許されてはいない。しかも、裁判所が充分な心証をつかむことのできなかった事実の存否にかんしては、具体的にどちらの側の当事者がどういう事実を知りうる状況にあったか、あるいは、どういう証拠を提出できる状態にあったかに関係なしに、抽象的に決定された主張責任・挙証責任が形式的に適用される。また、真実義務に違反してなされた主張であっても、相手方の自白するところとなれば、裁判所は、これに拘束せられ、これを判決の基礎としなければならない。[29] それどころか、次第によっては、真実に反することを知りつつも主張することを余儀なくされる場合も、ありうる。たとえば、当事者にとって実は裁判所の抽象的な法的見解なり具体的事実の確認だけが必要な場合でも、法的見解や事実の確認だけを求める訴訟は、現在では、原則として許されていない（例外、民訴二二五条）のだから、なんらかの紛争を虚構しなければならないし、通常の訴訟でも、主張責任の関係上、当事者が、自己の申立なり主張を理由あらしめるために、自己の知識の及ばないなんらかの事実をとにかく作り上げて述べておかなければならないことがありうる。いずれにせよ、当事者が自己の知らない事実の探知を裁判所に申し立てることは認められていないし、裁判所も、これをなしえないのである。[30]

このように、訴訟手続の構成全体が真実を追求するための充分な能力をもたないところでは、真実義務の充分な実効性を期待することは、とうてい無理だといわなければならない。

(25)　真実義務の存否の問題と真実義務の確保、義務違反にたいするサンクションの問題を明確に区別すべきことについて、とくに、Vgl. Hippel. Wahrheitspflicht. S. 157 ff. Lent. ZZP. 67. Bd. S. 348 ff. これに反し、ワッハは、虚言罰が規定されていないことを、真実義務否定の理由のひとつとする。Wach, Vorträge, S. 218.

(26)　Vgl. Rosenberg. Lehrbuch. S. 280 f.; Nikisch. Zivilprozessrecht. S. 207. f.; Baumbach-Lauterbach. ZPO. § 138. 1. F-H.

(27)　いわゆる訴訟詐欺にあっては、訴訟当事者の虚偽の陳述による他人の財産権の侵害が詐欺罪としての可罰性をもつのであり、虚偽の陳述じたいが罰せられるのではない。他面、真実義務違反によって侵害される利益は、少なくとも第一次的には、相手方の財産でなく、司法についての国家の利益である。従って、真実義務は、訴訟詐欺の問題と直接の連関をもたない。この点につき、中田・訴訟と仲裁の法理六六頁、八二頁参照。

(28)　虚偽の主張によって有利な確定判決を不当に取得した場合（とりわけ、再審の訴による救済を求めえない場合）に損害賠償請求が許されるかどうかは、実体法的正義と手続法的正義のいずれに優位を認めるべきかに帰し、はなはだ困難な問題をふくむ。この問題を詳論したものとして、小野木「確定判決の不当取得」訴訟法の諸問題六五頁以下参照。

(29)　通説であるが、真実義務が自白の効力に優先するとみる見解もある。Vgl. Rosenberg, Lehrbuch, S. 531; Nikisch, Zivilprozessrecht, S. 208. なお、中田・訴訟と仲裁の法理七八頁以下参照。なお、ベルンハルトは、不真実と知りつつなされた自白につき、裁判所としてはこれを斟酌しえず、自白者は、ドイツ民訴二九〇条の規定にかかわらず自白を撤回でき、むしろ、真実命令に基づき、撤回すべき義務がある、と論ずる（Bernhardt, Die Aufklärung des Sachverhalts im Zivilprozess, Festgabe zum 70. Geburtstag von L. Rosenberg, S. 32.）。

(30)　ヒッペルも、実体法および形式法の欠陥が真実義務にたいする懐疑を招くのだといい、実体法の欠陥として、債務履行の猶予を与えられるのを正当とする債務者にたいする救済の欠缺や離婚法の難点が真実違反を余儀なくするとし、また、手続法の欠陥として、真実追求のための構造が訴訟に与えられていないことを多方面にわたって指摘して、現状をそのまま基礎とするかぎり、当然には真実義務を認めるわけにはゆかない、と述べている。Hippel, Wahrheitspflicht, S. 196 ff.

四　むすび

真実義務の内容は、全く自明的であり、法理論上は、信義誠実の原則の発現として当然にその存在を肯定すべきである（二参照）。真実義務否定論にも、たしかに、道理がある。真実義務の存在がたびたび争われ、否定される根底には、つねに、右に（三）みたような、現在の民事訴訟の実定法的構成のもとにおけるこの義務の実効性の欠缺にたいする、それじたいとしては正当な認識があったと考えられるからである。しかし、まさに、その同じ事情、つまり、現在の民事訴訟の実定的構成が真実確保のために充分でないことにたいする認識こそ、他方の側において、当事者の真実義務という、自明的な、また、直接にはなんらの現実的効果と結びつかない純粋に観念的な法形象を、ことさらに強調し、理論的に顕揚せしめたものではなかったか。その意味では、真実義務論争を一般的な訴訟改革の動きから切り離して考察することは、けっして適当ではないであろう。真実義務の問題は、真実義務の存否の論証に尽きるものではなく、訴訟法の現在の基調を維持してゆくか、訴訟改革の道を積極的に指向するか、という、すぐれて実践的な問題がこれと不可分に結合しているのである。

ドイツにおける真実義務論争も、ドイツ帝国民事訴訟法（一八七六年）の当初の基本的性格にたいする反省のうちに胚胎したものと考えられる。大革命直後のナポレオン法典のひとつであるフランス民事訴訟法（一八〇六年）はもとより、その直接・間接の影響のもとに成立したドイツ帝国民事訴訟法についても、顕著な自由主義的傾向が支配していたことは、しばしば指摘されるところである。真実義務否定論者であったワッハは、請求権の追行と抗争は当事者の事柄である以上、訴訟関係についての当事者支配は不可避的に生ずるもので、申立なしに訴訟開始なく、当事者の意思に反する訴訟継続もなく、訴訟上または実体上の利益の公的授与も訴訟資料の職種による調達もない、と述べているが（Wach, Vorträge, S. 53.）、このように、個人の自由を絶対の原理とし、国家（裁判所）は、当事者が自己の利害に従って自由に決定してゆく訴訟活動にたいする干渉をできるだけ避けなければならないと考えられるところでは、当事者が真実に合する陳述をなすかどうかも、当事者の自由と考えられ、一方の当事者の虚偽の主張を争って真実を訴訟上明らかにしてゆくのは他方の当事者の責任とされるのが、当然といえる。成立当初のドイツ帝国民事訴訟法が当事者の陳述における真実の確保につきなんらの配慮を示していないことは、強度の当事者進行主義がとられていたことと同様、右のような基本的見解を背景とするものとみて、おそらく、誤りはないであろう。なぜなら、真実命令は、けっして、それまでのドイツの民事訴訟に知られていなかったものではなく、かえって、ローマ法いらいの不濫訴宣誓（iuramentum calumniae）の制度は、帝室裁判所の手続でもかなり後まで生きていたし、これについての最後の立法である最終帝国議会決議四三条はドイツ帝国民事訴訟法の施行まで、なお効力を有したのであり、地方特別法たる諸邦の訴訟法のなかにも、一七九三年のプロイセン一般裁判所法、一八六二年のヴュルテンベルク民訴法、一八六四年のバーデン民訴法などのように、訴訟当事者の真実義務を明規し、または、虚偽の主張をしあるいは真実をかくした当事者にたいする罰則を設けていたものが、少なからず見られるのであって[31]、帝国民訴法の立法者がこれを知らないはずはなく、ただ、これらの規定が、裁判所の実務において、自由主義的思潮の影響を受けて、あまり適用を見なくなっていた事情[32]を斟酌したのであろうと考えられるからである。右のようにみることを許されるとすれば、やがて抬頭してくる真実義務肯定論も、自由放任の是正、一九世紀的自由主義の修正の動きのひとつとして、私法学における権利濫用論・信義則論とも対応させ、また、一九二四年のドイツ民訴改正法から一九三三年の改正法にかけての、期日・期間にかんする当事者支配の排除、弁論の集中、当事者宣誓の廃止・当事者尋問制度の採用などの改正とも関連せしめつつ、その性格をとらえなければならないとおもわれる。じじつ、ドイツ民訴法に真実義務の明文（一三八条Ⅰ）を導入した一九三三年の改正法は、同時に、その前文において、訴訟の公的性格をはなはだ強調し、誠実かつ慎重な訴訟追行によって裁判官の法発見を容易ならしめるべき一般的な義務があることを宣言しているし、現時のドイツ学説も、真実義務以外に、協力義務、訴訟促進義務、解明義務、信義誠実義務、誠実・慎重に訴訟追行をなすべき義務など、論者によって多種多様ながら、訴訟追行一般にわたって当事者の訴訟上の義務の存在を説いている（中野・訴訟関係と訴訟行為三八頁、五一頁参照）。

いずれにしても、真実義務の問題は、全体としての訴訟の基本的構成と関連せしめて論ぜられなければならない。「訴訟法規が真実義務なり訴訟虚言権の問題にたいしてとる態度は、その訴訟法規がそのうえに構築されているところの基礎的見解と密接に関連している」（Entwurf, 1931, S. 286.）からである。そして、潮の満干の交代に渦潮をみることがあるように、訴訟法の従来の基調にたいする、それじたいとしては誤まりでない把握を基礎とする消極的見解と、ふるい訴訟法のなかに新たな理念をもりこんでゆこうとするこれまた正当な積極的見解がかみ合って生じたもの、真実義務論争もそのひとつだといえるのではあるまいか。

（31）　ローマ法および普通法時代のドイツ諸邦の訴訟法における真実義務または虚言罰の法規制にかんしては、vgl. Klein, Die schuldhafte Parteihandlung, S. 65 ff., S. 107 ff.; Kress, Die Wahrheitspflicht im Zivilprozess und ihre Sanktionen, 1939, S. 4 ff.

(32) Vgl. Kress, a. a. O. S. 9.

（末川先生古稀記念・権利の濫用（中）・一九六二年）

4　相殺の抗弁——最近の論点状況——

一　問題の所在(1)

(1)　相殺の抗弁ほど、それじたいに多くの論点を内含する事項は他に少ないであろう。また、これほど長らく、すでに一〇〇年以上も争われてきて未だに完全な決着をみず、現在でも繰り返し取り上げられている、という論題は珍しい。

中心的に取り上げられてきたのは、「訴訟上相殺の本質」であるが（後述二）、そこでは、近時、議論の対立は止揚されてほとんど消滅した感があり、伝統的に伝えられてきた私法行為かそれとも訴訟行為かという問題構成は、すでに「時代後れ」といわれるに至った。(2)その終局の状況を確認しておく必要がある。

民訴一九九条二項による既判力の範囲をめぐる問題（後述三）も、まだ、くすぶっているし、二重起訴の禁止および一部請求や控訴審における不利益変更の禁止との関連（後述四・五）で最高裁判例が新たな議論を呼んでいる。

その他にも、いくつかの問題提起がある。「反対相殺の再抗弁」の許否という問題も、(3)そのひとつである。

具体的な設例をひとつ掲げておこう。Xは、Yを被告として、売買代金請求の訴えを提起したところ、口頭弁論において、Yは、売買代金の完済による代金債権の消滅を主張するとともに、「もし、Xの代金債権の存在を裁判所が認めるのであれば、Yは、Xに対して有する貸金債権をもってXの売買代金債権と相殺する」と陳述した（相殺の抗弁）。これに対し、Xは、Yの貸金債権の成立を否定しつつ、「もし、Yがその相殺の自働債権とした貸金債権の存在を裁判所が認めるのであれば、Xは、Yに対して別に有する損害賠償債権をもってYの貸金債権と相殺する」と陳述した（反対相殺の再抗弁）、とする。

このような反対相殺の再抗弁は、許されるのだろうか。

直観的には、相殺の抗弁に対し、こうした反対相殺の再抗弁、さらには反対相殺の再々抗弁などがまかり通るのはおかしい、ということであろう。しかし、理論として、どういう結論をどのように理由づければよいか。なかなか難しい。

たとえば、実体法的に、「Yの貸金債権は、すでに、それを自働債権としたYの相殺によって消滅しているのだから、それを受働債権とする反対相殺もありえない」とする説明がある。しかし、あまり本気でもない仮定的抗弁（予備的相殺の抗弁）の提出に直ちに実体的な効果をそこまで終局的に認めてよいのだろうか。はなはだ疑問に思われる（後述二）。げんに、相殺の抗弁に用いた自働債権についての独立の別訴の提起を許す見解は多い（後述四）。

また、訴訟法的に、「原告がその訴求債権とは別の債権をもって反対相殺の再抗弁を提出するのは、訴えの変更についての法定の制限（民訴一四三条）を実質的に回避することになって許されない」という説明がある。しかし、反対相殺の再抗弁にあっては、まず被告が相殺の抗弁によって訴訟の審判対象を拡大したのであり、原告は、被告の防御方法に対する自己の防御として、原告の実体法上の相殺権の行使により、反対相殺の再抗弁に及んでいるのである。それを訴えの変更の規定の潜脱として総て排斥するのは、原告の防御を制限することにならないか。

私見としては、後に述べるが（一一六頁以下）、反対相殺の再抗弁の例は、相殺の抗弁の問題が一方的に実体法あるいは訴訟法のいずれかの規定の適用によって解決されうるものではなく、相殺の抗弁をめぐる特有の状況に即した考察が必要であることを、あらためてわれわれに示唆するように思われる。

(2)　どのような問題を取り上げてみても、およそ相殺の抗弁をめぐる議論には、三つの眼目がある。論者の見解は、それらを結んで、そのいずれにどれだけの比重をかけるかによって多様な様相を描き出す。

第一は、訴訟における審判対象の拡大である。相殺の抗弁は「準訴」であるとか、「未発展の反訴」であるという説は、昔からときどきある。相殺の抗弁は、訴求債権とは別の反対債権（相殺の自働債権）を訴訟にもちこむので、実質的な審判対象は、ダブルになる。また、そのため訴訟を遅延させる可能性も大きいが、わが法にはこれに対する立法的な手当て（ド民訴一四五条三項・三〇二条参照）が欠けている。

第二は、相殺の抗弁は後詰めの防御方法だという点である。反対債権という身銭を切って戦うのだから、相殺の抗弁は、先鋒に立てず、他の防御方法の後ろにおいて、予備的相殺の抗弁として提出されるのが普通である。判決においてつねに取り上げられる保障はない。

第三は、判決の既判力の客観的範囲の拡大である。判決において、相殺の抗弁の当否につき、その自働債権となった反対債権の存否を認定して判断したときは、判決の確定とともに、その反対債権の不存在についても既判力を生ずる（民訴一一四条二項）。このことを、判決にいたる審理手続上の問題についても、つねに顧慮する必要がある。

これら三つの眼目にどのような比重をあたえるかによって種々の見解が岐れる。それぞれの問題に応じて適正なバランスを考究していかなければならない。

（1）「相殺の抗弁」は、私にとっては、今から五〇年ちかくも前に書いた処女論文のテーマであり、その旧稿（中野「相殺の抗弁」阪大法学九号三〇頁以下〔昭和二八年〕、同・訴訟関係と訴訟行為〔昭和三六年〕九〇頁以下に所収）を現在でも時おり引用して頂く。しかし、あまりにも長い年月が経過したので、その間に被った風雨による破損を補い、新たな学説・判例をも参照しつつ若干の論点の近状を探りながら、再考を果たしたいと考える。

この間に、わが国でも少なからぬ新たな文献や判例が出ているが、母法国ドイツにおいて、最近にいたるまで、なお次々に新たな問題提起があり、活発な論議がなされていることは、注目に値する。本稿では十分に応接できなかったが、その概観を与えるものとして、Musielak, Die Aufrechnung des Beklagten im Zivilprozeß, JuS 1994 S.817ff. が詳しい。

（2）　Pawlowski, Die Gegenaufrechnung des Klägers im Prozeß, ZZP 104. Bd.（1991）, S.255.

（3）　詳細については、後述二一六頁以下。

二　訴訟上相殺の本質

(1)　「訴訟上相殺の抗弁」をめぐる論争の中心は、もともと、そこでの相殺が民法上の相殺（民五〇五条以下）なのかどうか、であった。[4]

注意したいのは、この問題が訴訟上相殺の抗弁に特有の議論なのだという点である。訴訟における形成権の行使一般の問題ではない。取消権・解除権などが口頭弁論において初めて行使されても、それが私法上の意思表示に他ならないことは、当然であり、その訴訟上の陳述が訴訟行為として併存することに何ら疑問の余地はない。相殺の抗弁の特質が格別の考察を要求する（前述一(2)）。わが国では、このことが十分理解されず、種々の形成権を一緒にして論じることが多いために混乱が生じたのである。[5]

相殺の意思表示が私法上の法律行為であり、意思表示された相殺を訴訟上陳述するのが訴訟行為であることは、いうまでもない。しかし、訴訟前にまたは訴訟外ですでに相殺したことを後に訴訟において陳述する場合（「訴訟外相殺の抗弁」）とは異なり、訴訟において初めて被告がその反対債権ともって原告の訴求債権と「相殺する」

と陳述した場合（「訴訟上相殺の抗弁」）、そこでの「相殺する」という陳述は、私法行為なのか訴訟行為なのか。これが，伝統的な問題の建て方であった。学説は岐れる(6)。

（旧）私法行為説では、訴訟上相殺も民法上の相殺にほかならず、相殺の意思表示とその相殺の法律効果の訴訟上の陳述とは区別すべく、両者は、その要件・方式・効果をそれぞれ実体法と訴訟法という異別の法規によって規律される、と説いていた。しかし、その難点の指摘に基づいて、訴訟上相殺を従前の裁判相殺の制度の延長線上におき、訴訟上相殺はそれを認める判決によって実体上の効果を生じる純然たる訴訟行為だとする訴訟行為説、および、統一的な効果をもつ単一の行為における私法行為・訴訟行為の共存あるいは両性を認める折衷説を生じて、対立を重ねてきた。

私法行為説は、しばしば、併存説とも呼ばれるが、折衷説と紛らわしい。私法行為説においては、訴訟上相殺の抗弁に、民法上の相殺の意思表示と並んでその相殺による請求債権の消滅を主張する訴訟行為が併存すると説くのであるから、併存説という呼称が悪いわけではない。しかし、訴訟行為の存在を認めるのは各説に共通している。議論の核心は訴訟上相殺が民法上の相殺なのかどうかにあるので、これを分類の基準とすれば、私法行為説とよぶのが適切ということになるのである。

周知のように、債務者の一方的意思表示による相殺は、債務の消滅原因としては、沿革上、比較的新しいタイプに属する。もともと、ローマ法では、各個の債務関係はそれぞれ独立の取扱いを受けたから、相殺は、原告の訴権が行使された場合において、裁判官が、被告に対して原告が負担している債務額を差し引いて判決する裁判上の手続であった(7)。ドイツ普通法にあっても、被告が訴訟において原告に対する反対債権の存在を主張し、その主張を理由ありとする裁判所の判決において相殺が行われる裁判相殺（Kompensation）を主流としていたのであるが、ドイツ民法典（一八九六年）の成立のさい、このような裁判相殺について何らの規定を設けず、新たに一方的意思表示による相殺（Aufrechnung）を認め(8)、日本法もこれに倣った。すなわち、相殺は「当事者ノ一方ヨリ其相手方ニ対スル意思表示ニ依リテ之ヲ為ス」のであり、この意思表示には条件を付することができず（民五〇六条一項）、また、意思表示が相手方に到達したときに、相殺適状の始めに遡って対立債権消滅の効果が生じてしまう（民九七条一項・五〇六条二項）。そのため、このような相殺が訴訟において防御方法としてなされるときの取扱いをめぐって種々の疑問が生じ、ドイツ民法典の施行直後から現在に到るまで、延々と論議されている。とくに[9]、給付訴訟の被告が、口頭弁論において、原告の訴求債権の成立を争いあるいは弁済等の抗弁を提出しながら、それらの防御方法が奏功しない場合に備えて、さらに原告に対する自己の反対債権を持ち出し、それをもって原告の訴求債権と相殺する旨の陳述（予備的相殺の抗弁）をする場合、そこでも民法上の相殺がされたことになるのかどうか。もし、民法上の相殺だというなら、他の防御方法が奏功しない場合に相殺するというのは、条件付き相殺として許されぬ（民五〇六条一項但書）はずではないか。また、一般に訴訟上相殺の抗弁がなされても、必ず判決で採り上げてもらえるとは限らず、その後の口頭弁論で撤回されたり、時機に後れたとして却下されることもあり、訴えが取り下げられたり不適法として却下されることもあるのに、訴訟上相殺の相手方への到達と同時に対立債権消滅の実体的効果が確定的に生じてしまうのは不都合ではないか。といった諸点が、争われてきた。

(2)　最近では、私法行為説と訴訟行為説（ないし折衷説）との厳しい対立は消え、新私法行為説（新併存説）とよばれる見解が大勢を制するに至った。

この見解は、訴訟上相殺を民法上の相殺にほかならぬとする点では私法行為説と同じであるが、民法規定の適用を訴訟上相殺の特質に応じて修正することによって、訴訟行為説や折衷説が所期した妥当な結果を導こうとしている。

新私法行為説の理論構成は必ずしも一様でないが[10]、そのなかでは、私法行為たる訴訟上相殺の意思表示に（裁判所の判断を受けるならばという）条件を付することを認め、不適法・無意義に帰した訴訟上相殺における実体的効果の解消を認める見解（条件説）が有力である。その代表として、新堂説[11]を掲げておこう。

「相殺の効果は実体法上の効果であり、相殺の抗弁は、そのような効果を発生せしめる行為という意味で、実体法の規律を受ける行為というべきであろう。しかし、実体法の規律に従うからといって、訴訟上おこなわれる相殺が訴訟外でおこなわれる相殺と同内容の規律を受けると考える必然性はない。訴訟の場という特殊な状況の下におこなわれる相殺の意思表示にふさわしい要件・効果を付与すべきであるし、そのような規律内容の変容は、実体法の解釈論として十分に可能と考えられる。すなわち、仮定抗弁としての相殺の意思表示も、相殺の効果を欲したものであるが、裁判所が債務があるとの判断に至ったときに考慮してもらう趣旨であるとともに、訴えの却下やそれ自体の却下があった場合のように防御方法としての意味を失ったときには、白紙にもどすという効果意思をもつものとみることができるのであり、しかも、このような効果意思を法律上承認することは、争いの過程における意思表示であるということから、争いがない場合の相殺の意思表示の理論（たとえば、条件をつけられないといった理論）と矛盾するわけではないし、他方で、訴訟手続の安定を害したり、とくに相手方に不公平であるという心配もないのみならず、その方が公平であり、相殺制度の趣旨にそうであろう。」

私法行為説・訴訟行為説・新私法行為説を、個別の問題事項に応じて対比してみると、新私法行為説は、あたかも、私法行為説の部分的修正のようにみえる。しかし、従来の私法行為説・訴訟行為説と新私法行為説の間には、重要な変化があることを知らなければならない。

従来の私法行為説・訴訟行為説は、私法行為と訴訟行為を峻別し、両者は要件と効果を異にすることを前提として、訴訟上相殺がそのいずれに属すると考えるべきかを議論してきた。ところが、新私法行為説は、違うのである。新堂説でも、これを明確に指摘して、次のようにいう[12]。新私法行為説の「考え方は、行為の性質論から結論を導くというよりも、当事者の意図・効果意思、その行為のなされた状況、手続の安定の要請、公平、相殺制

二　訴訟上相殺の本質

[訴訟上相殺の法的性質]

事項	①　旧私法行為説	②　訴訟行為説	③　新私法行為説
相殺の要件	実体法による	①と同じ	①と同じ
相殺の方法	一方的意思表示。準備書面の記載でも可能。受命・受託裁判官の手続でも可能。	口頭弁論における陳述	①と同じ。
行為の相手方	原告	受訴裁判所。原告欠席の弁論でも可	①と同じ。
相殺の権限	実体法による	訴訟法による。訴訟代理人・補助参加人でも可	①と同じ。訴訟代理人にも権限を認める
訴訟手続の停止	中断・中止中の相殺も有効	中断・中止中の相殺は無効	①と同じ。
時間的制限	相殺権の時効消滅までは可能	原則として口頭弁論の終結まで。時機に遅れて却下（民訴 157 Ⅰ）されることがある。	①と同じ。
条件付相殺	できない（民 506 Ⅰ但）	できる	結論的に②と同じ
撤回	できない。意思の瑕疵による取消し（民 96）は可能。	原則として自由	①と同じ。
相殺の実体的効果	意思表示の到達により生じる	相殺を認めた判決の発効と共に生じる	①と同じ。ただし、条件を認める
事後的経過との関連	いったん生じた実体的効果は変わらない	事後に訴えの却下・取下げ、訴訟上相殺の抗弁の却下・撤回があれば訴訟上相殺は解消する	②と同じ

度の趣旨という種々の点から妥当な規律を考案するもので、それは、実体法的観点も訴訟的観点もともに作用する解釈論というべきである」と。

このような考え方の変化は、十分に首肯しうるし、それが正しいと考えられる。しかし、かつて旧私法行為説と訴訟行為説との間で争われた問題は、新私法行為説においてどのようにして解決されたかを、もう少し立ち入って観察しておこう。

(3)　まず、予備的相殺の抗弁を取り上げよう。

(a)　予備的相殺は民法上の条件付き相殺の禁止（民五〇六条一項但書）にふれるか。

旧私法行為説においては、しばしば、次のような説明がなされた[13]。すなわち、予備的相殺の抗弁における相殺の意思表示は原告の訴求債権が存在するなら相殺するというもので、それは「法定条件」にすぎず、民法五〇六条一項但書の禁じる「条件」には当たらない、とする。そして、相殺の意思表示ではなく、その訴訟上の主張だけが予備的に――裁判所が原告の訴求債権の存在を認めるならばという、訴訟内で判明する条件をつけて[14]――なされているにすぎない、と。これに対して、訴訟行為説は、予備的相殺の法律効果の発生がかけられている事実は裁判所が訴求債権の存在を肯定するという将来の不確定な事実なのであり、民法上の条件にほかならず、訴訟上相殺が私法行為ならこのような条件は付せられぬはずだ、と批判した。新私法行為説は、この批判を容れて、軌道修正を図ったのである。

債権者・債務者双方の債権が対立的に存在することは、相殺という法律行為の成立要件（民五〇五条）である。成立した法律行為の効力を制約する「条件」（民一二七条以下）ではない[15]。したがって、「法定条件」にも当たらないのである。問題は、訴訟上相殺の抗弁における相殺の意思表示の実体的効果を、意思表示の相手方への到達と同時に生じさせてよいのか、という点にある。たとえば、当事者双方出席の口頭弁論において予備的相殺の抗弁が提出され、その時点では相殺の自働債権とされた被告の反対債権はまだ成立せずあるいは相殺適状はまだなかったが、弁論終結の当時には成立しあるいは相殺適状となっているという場合を考えればよい。結論として、その相殺は有効でなければならないのである。

相殺の「抗弁」に対する裁判所の判断順序を下げることだけが問題なのではない。

裁判所は、予備的相殺の抗弁について実質的判断を下す前に必ず訴求債権の存在を認定しなければならない。これには、かつて、「訴求債権の成立が争われあるいは弁済・免除等の抗弁が提出されてまだ決着をみないのにかかわらず、予備的抗弁について、被告が相殺適状の反対債権を有することは当事者間に争いがなくあるいはその立証があったという場合に、裁判所はどのように処理すべきか」という問題が激しく議論され、ただちに請求を棄却すべしとする棄却説と、なお訴求債権の立証が必要であるとし、相殺を別として訴求債権の存在が認定されないかぎり予備的相殺の抗弁を斟酌できないとする立証税が対立し、立証税が決定的勝利を収めて現在に至っているという経緯がある。[16] しかし、この立証税の勝利は、もし棄却説を採って択一的理由の棄却判決をするのでは既判力の客観的範囲が決まらない等の論拠によるもので、予備的相殺の主張が裁判所の訴求債権存在の認定を条件としてなされていることによるのではない。

(b)　予備的相殺の抗弁において被告が、裁判所が他の防御方法にかかわらず訴求債権の存在を認めるならば相殺するというのは、将来の不確定な事実に相殺の効果をかからせる真性の停止条件を付した相殺と考えざるをえないが（〇頁以下に補説する）、これを民法の禁じた条件付き相殺として無効だとする見解は、訴訟上相殺の本質についての立場の相違をとわず、全くみられない。[17]

民法上の条件付き相殺の禁止（民五〇六条一項但書）の法意は、債権者が条件付きの支払いによる弁済を拒絶できるのと同様に、効果の不安定な相殺によって相手方に対立債権の存否が不明確となる不利益を与えるのを許さないことにある。しかし、この立法理由は、予備的相殺には妥当しない。相殺の相手方は、原告であって、予備的相殺の運命は自ら明確に知り得るし、不安定なのは判決までに限られ、訴訟の終了によって解消する。訴えられた被告としては、敗訴を避けるために必要なときにのみ自己の反対債権を犠牲に供することに正当な利益を有し、提訴した側の原告はこのような条件付き相殺に文句をいえる筋合いではない。法律関係を紛糾させるわけでなく、訴訟上の予備的相殺における条件を禁じる理由は全くないのである。

(4)　次に、訴訟上相殺の抗弁が却下されあるいは無意義に帰した場合における相殺の効力の解消の問題を取り上げる。

(a)　民法上、相殺の意思表示は、それが相手方に到達したときは、直ちに、対立する両債権は対当額において消滅し、意思の瑕疵等による無効・取消しは別として、任意に撤回することを許さない。訴訟上相殺が私法行為であるとして、この原則をそのまま適用すれば、訴訟上相殺の抗弁が時機に後れて提出されたという理由で却下された場合（民訴一五七条一項）でも、また、訴訟上相殺の抗弁が提出された後に訴えが取り下げられ、あるいは、訴訟要件の欠缺等を理由に訴えが却下された場合でも、相殺の意思表示の到達と共に生じた対立債権消滅の効果は、実体上残存することになり、相殺に用いた反対債権を事後に訴求しようとしても勝訴の見込みはない。それは、実際上きわめて不都合であり、旧私法行為説の致命的な欠陥として、訴訟行為説・折衷説からの最大の攻撃目標とされたのである。

もし、訴訟上相殺が訴訟行為であるとすれば、一般に、取効的訴訟行為（申立て・主張・挙証）は目的とする判決で取り上げられないときは効力を失うので、右の各場合に相殺の実体的効果だけが残存する事態は生じない、というメリットが得られる。それに、沿革上ながく行われてきた裁判相殺が必ずしも命脈を絶ったとも断定できないところがあり（旧民訴一九九条二項と同じく現行民訴一一四条二項の法文は「相殺のために主張した請求の成立又は不成立の判断は……」とする）、訴訟上相殺をあえて裁判相殺制度の延長線上においたのが訴訟行為説である。そして、そこまで踏み切れずに、訴訟上相殺を私法行為プラス訴訟行為の併存あるいは両性行為とみて右のメリットだけを露骨に取り込もうとしたのが折衷説であった。

(b)　新私法行為説は、訴訟上相殺を私法行為と認めつつ、相殺の抗弁が不適法・無意義に帰した場合における実体的効果の解消を認めるのであるが、その理由付けは、必ずしも一致していない[18]。

その一は、条件説であり、先に代表として示した新堂幸司（前述八二頁）のほか、多数の賛成（注6④）がある。いちはやく唱道された山木戸説にあっては、訴訟上相殺の場合、当事者は、当該訴訟において攻撃防御方法としていちはやく唱道された山木戸説にあっては、訴訟上相殺の場合、当事者は、当該訴訟において攻撃防御方法として意義をもちその効果について裁判所の判断を受けるときにのみ相殺の効果を生じさせる意思であるのが通常で、それは「条件付の相殺の意思表示」である、とされた[19]。最近では、必ずしも「条件付意思表示」であることを明言しないが、概ね同旨を出ない。

その二は、河野正憲の撤回説[20]である。相殺は、債務履行機能だけでなく自力執行的機能をも有し、後者は相殺の相手方に不利な法的地位をもたらすから、その代償として撤回禁止と条件禁止が存するが、相殺権の相手方が自らの債権を訴求しており、裁判所が被告の相殺の抗弁を訴訟上の理由によって顧慮しない場合、相手方は相殺の意思表示が撤回されえないことについて何らの利益をもつものではなく、相殺の抗弁が裁判所によって顧慮されなかった相殺権者には、後日その反対債権を貫徹するために、すでに行使した相殺の意思表示を撤回する可能性が残されている。反対債権が無為に犠牲に供されることが被告の合理的意思に反することは明らかで、被告は、すでに相殺の抗弁を主張したさいに、彼の抗弁が訴訟上の理由により却下され敗訴判決を受けるときは彼の意思表示を撤回する旨の意思を付随的に表明しているというべく、このような相殺の意思表示を撤回する旨の意思は、後日に被告が反対債権を訴求するときに明示されることになる、と説く。

(c)　やはり、条件説を採るべきであろう。

一般の防御方法が訴求債権かぎりでの不発生・障害・消滅等の事由を主張するのに対し、訴訟上相殺は、相手方の訴求債権とは別の自己の反対債権を訴訟に持ち込み、それを犠牲に供して防御方法とするものであるから、この特質に応じた取扱が必要である。したがって、被告の訴訟上相殺の意思表示には、裁判所がその相殺の抗弁を時機に後れた防御方法として却下し、あるいは訴えの取下げ・却下があり、あるいは他の理由に基づいて相殺の抗弁を顧慮しないで判決するときには相殺の意思表示の効力を失わせる旨の（解除）条件が黙示的に付せられているものと解すべきである(21)。訴訟上相殺の意思表示にこのような条件を付することが許される理由は、さきに予備的相殺における付条件の許容について述べたところ（前述(3)(b)）と同じで、訴訟上相殺の意思表示にこのような条件を付しても、訴訟手続の安定を害したり、相手方にとって不利益を与えるおそれもないからである。

撤回説は、丹念に構成されており、次に述べる訴訟上相殺と訴訟外相殺の統一的取扱には適合するが、相殺の相手方の不利益にのみ着眼する理論付けにはかなり疑問な点があり(22)、とくに、相殺によっていったん確定的に生じた実体関係の変動が被告の後日の反対債権訴求のさいの撤回の意思表示により遡及して覆滅されるというのでは、第三者を含めた法律関係の不安定はたえがたい。より簡略な理論構成をもって妥当な結果を導きうる条件説に従いたい(23)。

(5)　新私法行為説が支配的となり、訴訟上相殺は私法上の意思表示とされながら、訴訟上相殺の抗弁が不適法または無意義に帰した場合に相殺の効力の解消を認めることになれば、訴訟外相殺の取扱いが問題となる。同じく民法の規定する単独の意思表示による相殺であるのに、それが訴訟において初めてなされる場合（訴訟上相殺）だけに限って実体的効果の事後的解消について例外を認めるのは、筋が通らないではないか、という疑念がありうる。訴訟外相殺（とくに、相殺の意思表示が訴訟の開始後になされた場合）の抗弁でも、それが訴訟上の理由によって却下され、訴求債権の給付判決があったにもかかわらず被告の反対債権は相殺により消滅し訴求できないというのは、相殺権者に不当な不利益を与える点で、訴訟上相殺の抗弁におけると異ならないからである。そこで、最近、学者は、訴訟中になされた訴訟外相殺、あるいはさらに訴訟開始前になされた訴訟外相殺の抗弁についても、訴訟上相殺の抗弁との統一的取扱いを主張するに至った(24)。

よく考えてみなければならない。しかし、訴訟上相殺が当初から訴訟における防御のために、それも概ね後詰めの防御方法として、専ら裁判所の判決における顧慮を当て込んでなされるのとは異なり、訴訟外相殺は、相殺する側の内面的な意向はどうあれ、意思表示じたいは訴訟と関連づけずになされ、その相手方への訴訟外での到達により私法上の効果も確定的に生じているのであるから、訴訟経過との齟齬による不利益の処理が異別となっても不合理とはいえない。他の私法上の形成権の裁判外の行使や訴訟中の任意弁済があった後の同様の場合における処理との権衡も考える必要がある。たしかに、通常の（国家）裁判所が反対債権を審理する権限がないことを理由に裁判外相殺の抗弁が却下されたような場合は問題であるが、一般論としての実益に乏しい感がある。なお今後の課題としたい。

(6)　結論として、訴訟上相殺の本質については、新私法行為説を正当と認めなければならないと考える。旧私法行為説を批判して訴訟行為説や折衷説が指摘した点は、新私法行為説では、旧私法行為説の是正というかたちで受容され、すでに解決を与えられている。妥当な結果をめざして訴訟行為説の冒した無理[25]も、ここには見られない。

学問の成立では、訴訟法学は、私法学に後れ、基本概念や理論構成について先進の私法学からの移入をはかりつつ、対象の公法的性質や手続の特性に基づく差異を強調し、私法学に対する独自性を主張してきた面が多い。私法行為と訴訟行為の理論的峻別も、そのひとつである。訴訟上相殺に関しても、従来は、両者の峻別を先に立てて、私法行為とすればどうなる、訴訟行為とすればこうなる、というかたちの議論をしてきた。新私法行為説は、これを脱し、訴訟上相殺という法現象に即して、私法と訴訟法の両面から妥当な法規整を与えようとしている。これは、訴訟行為についての、意思の欠缺・瑕疵に関する民法規定や表見代理の適用等をめぐる議論の進展にもみられるところで、正当な方向と判断されよう。新私法行為説には、まだ内容的な不統一あるいは未発展の部分もあるが、今後の彫琢に俟ちたい。

（4）　旧時の論争の展開については、中野・訴訟関係九〇頁以下。

（5）　たとえば、兼子一・民事訴訟法体系二一一頁以下をはじめ、三ケ月章・民事訴訟法（法律学全集）二七九頁以下など、たいていの概説書が、訴訟上相殺の問題を、私法上の形成権の訴訟上行使の一場合としてしか捉えておらず、共同執筆の企画等でも、「訴訟における私法上の形成権の行使」あるいは「形成権の訴訟上行使」の項目において、他の形成権と併せて訴訟上相殺の問題を論じている（大学双書・民事訴訟法講義〔補訂二版〕二七二頁以下、小山ほか編・演習民事訴訟法〔旧版〕上二八三頁以下、ジュリスト三〇〇号・学説展望二五四頁以下など。最近に至っても、伊藤眞・民事訴訟法二七四頁以下など）。このような拡大が論議の焦点をぼかし、混乱に導いてきたことは否めない。試みに、ドイツの文献での取扱い――ハンディ・コンメンタールの類でさえ相殺の抗弁を別建てにしてかなりの頁を費している（Thomas/Putzo, ZPO, 19. Aufl. 1995, S. 313 ff. 参照）――と対照してみてほしい。〔ごく最近であるが、「相殺の抗弁」を独自の項目に立てた概説書として、松本博之＝上野泰男・民事訴訟法（平成一〇年・二一二頁以下）が出ている。〕

（6）　網羅的ではないが、諸説の分布を示す。

①　旧私法行為説　兼子一・民事訴訟法体系二一一頁以下を代表とする。なお、兼子一＝竹下守夫・民事訴訟法〔新版〕八七頁以下、小山昇・民事訴訟法〔五訂版〕二二二頁など。

②　訴訟行為説　中野・前掲（注1）阪大法学九号三四頁以下（同・訴訟関係九二頁以下）が先駆となった。これに続いて、三ケ月章・民事訴訟法（法律学全集）二七八頁以下、斎藤秀夫・民事訴訟法概論〔新版〕二四〇頁、住吉博・新訂民事訴訟法入門一八八頁以下、鈴木禄弥・債権法講義〔三訂版〕四一六頁などがある。

③　折衷説　加藤正治・民事訴訟法要論二二二頁以下、河本喜与之・改訂民事訴訟法提要二二九頁。

④　新私法行為説　つとに、山木戸克己「訴訟における契約解除ならびに相殺」民事訴訟理論の基礎的研究五四頁以下（初出、民事訴訟雑誌二号九九頁以下、昭和三〇年）がこの説にあたる見解を示していたほか、河野正憲「不適法な相殺の抗弁とその実体法上の効果」当事者行為の法的構造（＝河野・当事者行為）三五頁以下が最も詳しく、新堂幸司・民事訴訟法〔二版補正版〕三〇五頁以下がこれに続く。さらに、石川明「訴訟上の相殺の法的性質」訴訟行為の研究一〇八頁以下・一一〇頁以下、同「不適法な訴訟上の相殺」訴訟行為の研究一一七頁以下、大学双書・民事訴訟法講義二七三頁以下〔鈴木重勝〕、谷口安平・口述民事訴訟法三二六頁以下、上田徹一郎・民事訴訟法二七〇頁以下、吉村ほか編・講義民事訴訟法〔二版補正版〕一七六頁〔坂原正夫〕、吉野正三郎・集中講義民事訴訟法一五四頁以下、富樫貞夫「訴訟における形成権の行使」林屋＝小島編・民事訴訟法ゼミナール二八一頁以下、林屋礼二・民事訴訟法概要三九一頁以下、小林秀之・プロブレム・メソッド民事訴訟法〔二版〕二六八

頁以下、木川＝中村編・民事訴訟法（青林法学双書）二〇二頁〔松村和徳〕、石川明編・民事訴訟法講義一八六頁〔西沢宗英〕など、多くを教える。ただし、内容的には、若干の差異があり、所説の細部は必ずしも明瞭ではない。

（7）詳細については、船田享二・ローマ法三巻五九七頁以下、中野・訴訟関係九一頁以下参照。

（8）河野・当事者行為六〇頁以下参照。

（9）当初は、訴訟代理人が特別の授権を要せずに訴訟上相殺（ないし訴訟外相殺）ができるかどうかも、重要な論点のひとつであった。それがローゼンベルクの大著「訴訟における代理」（一九〇八年）以後、訴訟委任の目的を達する範囲に含まれるとして訴訟代理人の弁済受領権（民訴八一条一項）と同じく特別の授権を要求しないのが通説となっていった経緯については、中野・訴訟関係九九頁以下参照。

（10）新私法行為説の分類（条件説・撤回説・無効説）につき、大学双書・民事訴訟法講義二七三頁〔鈴木重勝〕、富樫・前掲（注6）二八〇頁以下参照。

（11）新堂・民事訴訟法三〇六頁。

（12）新堂・民事訴訟法三〇七頁。

（13）ドイツで長く権威書の地位を保ったローゼンベルクの民事訴訟法教科書〔旧版〕における説明である（Rosenberg, Lehrbuch des deutschen Zivilprozessrechts, 6. Aufl. 1954, S. 476）。現在では、この説明は正しくないとして捨てられた（Rosenberg/Schwab, Zivilprozeßrecht, 14. Aufl. 1986, S. 635, Rosenberg/Schwab/Gottwald, Zivilprozeßrecht, 15. Aufl. 1993, S. 594 など）。なお、本書八四頁以下参照。

（14）一般に、訴訟行為に条件を付することは、手続を不安定にする場合には許されないが、訴訟手続じたいのなかで成否が判明する条件ならばよい、というのが通説である。

（15）注釈民法⑷二九八頁以下〔金山正信〕参照。

（16）現在も立証説が通説である。大学双書・民事訴訟法講義二七一頁〔鈴木重勝〕・四五七頁〔吉村徳重〕など。なお、棄却説と立証説の論争については、中野・訴訟関係一二六頁以下に詳述した。

（17）この間の事情は、Musielak, a. a. O., S. 818 ff. に詳しい。ドイツでは、被告が予備的相殺の抗弁を提出した場合の訴価の増額についての明文規定（裁判所費用法一九条三項）さえある。

（18）ドイツの学説は、なお多様に展開されているが、わが国でも、以下に述べる条件説・撤回説のほかに、石川・訴訟行為の研究一〇九頁・一二七頁以下の無効説がある。すなわち、相殺の抗弁が不適法却下された場合に、相殺の私法上の効果が残ると解するのは当事者の意思に反し、結論としても不合理であるから、ドイツ民法一三九条（「法律行為の一部が無効である場合には、その無効な部分が無くても行為がなされたであろうと認めることができないときは、法律行為の全体が無効である」）の趣旨を類推して、訴訟行為たる相殺の抗弁が失効した場合には、私法行為たる相殺の意思表示も無効になると説く。木川＝中村編・民事訴訟法〔新版〕二三五頁〔木川統一郎〕が、これに賛成する。しかし、訴訟上相殺を私法行為とみてそれを主張する訴訟行為と分離しながら、同一行為の一部無効＝全部無効の規定を類推するのは無理であろう。

(19)　山木戸・前掲（注6）五四頁以下。

(20)　河野・当事者行為六八頁以下。

(21)　本文に述べたような訴訟上相殺一般の黙示的条件を解除条件とみ、予備的相殺における条件を停止条件とみれば、両種の条件がダブルになるが、異とするに足りない。民法学者の教科書事例でいえば、「大学に入学すれば学資を出してやるが、自分が会社を退職すれば出さない」というのと同じで、解除条件が先に成就すれば停止条件の出る幕はない。

(22)　河野正憲の撤回説（ZZP 94. Bd. S. 1 ff. 所載の論文）は、ドイツの概説書や論文でも取り上げられ、論議されている。詳細に紹介し批判した Musielak, a. a. O., S. 820 ff. が参考となる。

(23)　ドイツにおいても、条件説が有力と認められる。Schlosser, Zivilprozeßrecht I, 2. Aufl. 1991, S. 278 f.; Baumgärtel/Prütting, Einführung in das Zivilprozessrecht, 8. Aufl. 1994, S. 42; Musielak, a. a. O., S. 821 f. など。

(24)　河野・当事者行為三五頁以下は、訴訟上相殺と訴訟外相殺の統一的取扱を説くドイツの学説を詳細に検討したうえ、次のように説く。相殺の意思表示が訴訟前に行なわれたか、訴訟外で行われたか、あるいは訴訟内で初めて行われたか、にかかわらず相殺の抗弁を統一的に取り扱うべきである。相殺の抗弁が訴訟上の理由によって却下された被告には、彼の反対債権を後日訴訟で追求する可能性があり、これは相殺の抗弁が訴訟内で全く陳述されなかった場合にも妥当し、これらの場合、被告はその相殺の意思表示を撤回したものと解釈すべく、さらに、通常の（国家）裁判所が反対債権を審理する権限がないことを理由に相殺の抗弁が却下されたときは、被告は再度相殺をする権利を有している、と（同七三頁以下）。同様に両種の相殺の統一的取扱を説く見解として、新堂・民事訴訟法三〇六頁以下、富樫・前掲（注6）二八四頁以下などがある。

(25)　裁判所が相殺の抗弁を判決で取り上げて判断する場合にだけ実体的効果を認めることになる新私法行為説の訴訟上相殺は、実質上、訴訟行為説における訴訟上相殺と大差はないが、民法上の相殺規定に即して立論する基本姿勢を崩さない。私（中野）は、訴訟行為説をとってきたが（注6②）、諸家の批判されるとおり、民法上の相殺と裁判相殺との乖離は否定できず、訴訟行為説が旧私法行為説からの脱却の機縁となったことに甘んじて、いまは解説する。

三　相殺の抗弁と既判力

(1)　明文上、確定判決の既判力が「主文に包含するもの」（訴訟物についての判断）に限定される原則（民訴一一四条一項）に対する唯一の例外として、判決理由中の判断でも「相殺のために主張した請求の成立又は不成立の判断は、相殺をもって対抗した額について既判力を有する」（同条二項）。

この例外規定の立法趣旨が、相殺の抗弁に用いられた反対債権が再び息を吹き返さないように既判力で押さえこむ点にあることは、異論がない。

相殺が他の抗弁と異なり、訴求債権とその発生原因において無関係な反対債権とを対当額で消滅させる効果を抗弁とするものであるため、これに既判力を認めないと、訴求債権の存否についての紛争が反対債権の存否の紛争に移しかえられて、判決による解決が無意義となるおそれがある。いいかえれば、この規定がないと、被告は、相殺の抗弁を排斥されて敗訴しても、後日、ふたたび、別訴をもって反対債権を訴求して同一金額を取り戻すことができることになるし、あるいはまた、相殺の抗弁が認容されて請求棄却となったにもかかわらず、被告は、訴求債権は別の理由ですでに相殺前に不存在だったと主張して、その反対債権を訴求するという、二重の利用ができることになる。それを既判力によって抑止する趣旨である。

したがって、相殺の抗弁についての判断に既判力が生じるのは、被告の反対債権の存否につき裁判所が実質的に判断した場合に限る。そうでない場合、たとえば相殺の抗弁が時機に後れたものとして却下され（民訴一五七条一項）、あるいは、相殺適状の不成立や相殺禁止（民五〇五条二項・五〇九条～五一一条、商二〇〇条二項など）を理由として排斥された場合には、既判力は生じない。[26] これも、全く異論のないところである。

そこで、現在の多数説は、民訴一一四条二項（旧民訴一九九条二項）の内容を次のように解している。（①②のいずれにおいても、既判力の標準時は、判決主文の判断と同じく、事実審の口頭弁論終結時である。）

① 反対債権の不存在を理由に相殺の抗弁を排斥して原告の請求が認容された場合には、その反対債権不存在の判断に既判力が生じる。

② 相殺の抗弁を認容して原告の請求が棄却された場合にも、相殺で消滅した反対債権の不存在の判断に既判力が生じる。

このうち、右の②の場合、すなわち、相殺の抗弁を認容して原告の請求を棄却した確定判決の既判力については、周知のように、現在でも見解が分かれ、少数説がある。すなわち、一部の学者は、相殺の抗弁が認容された場合につき、「原告の訴求債権と被告の反対債権とが相殺前に存在し、相殺によって消滅したこと」について既判力を生じる、と説く。(27)

この議論については、規定の構成の問題と既判力の対象ないし作用の問題とを区別して扱う必要がある。

(2) 民訴一一四条二項の規定（「相殺のために主張した請求の成立又は不成立の判断」）は、多数説よりも少数説にとって、より適合的なようにみえる。

しかし、この規定の構文に拘泥すべきでない。それは、ドイツあるいはオーストリアにおける旧時の裁判相殺（Kompensation）についての規定を継受したもので、もともと、その文理が一方的意思表示による相殺（Aufrechnung）には適合しないものだからである。

母法となったドイツ民事訴訟法（一八七七年）では、その制定当初、わが国の旧民訴一九九条二項、現行民訴一一四条二項とほぼ同文の規定（「抗弁ヲ以テ主張シタル反対債権ノ存在又ハ不存在〔Bestehen oder Nichtbestehen〕ノ判断ハ、相殺セラルベキ額マデニ限リ、既判力ヲ有ス」ド民訴旧二九三条三項）をおいていた。しかし、民事訴訟法の制定より一九年も後れて一八九六年にようやく公布されたドイツ民法は、学説や立法の動向を踏まえて、伝統的な裁判相殺に代え、裁判によらない一方的意思表示による相殺を認めたので（前述二(1)）、判決において相殺の抗弁を認容するさいに訴求債権と反対債権の「存在」を認定して裁判で相殺を実行することはなくなり、反対債権の「不存在」が認定されるだけになった。そこで、民法制定を受けた一八九八年のドイツ民事訴訟法の改正のさい、反対債権の「存在」の部分を削ったのである。それが、現行ドイツ民訴三二二条二項の規定(「被告ガ反対債権ノ相殺ヲ主張シタルトキハ、反対債権ノ不存在ノ判断ハ、相殺ヲ主張シタル額マデニ限リ、既判力ヲ有ス」)である。わが現行民訴一一四条二項の母体である旧民訴一九九条二項の規定は、旧法典調査会明治三六年草案(一九〇三年)二八一条二項を経て、大正一五年(一九二六年)の民事訴訟法改正で入ったものである。立案当局は、当然、このドイツ民事訴訟法の規定の変遷を知っていたと思われるが、ドイツの新規定には従わなかった。それは、どうしてか。

旧法典調査会や大正一五年改正当時の審議に関する資料などをみても、反対債権の「成立又ハ不成立」——民訴一九九条二項のそれが「存在又ハ不存在」の意味であることは、同法二三四条一項の同じ表現に照らしても、明らかである——が議論された形跡は見あたらない。[28] 単純に日本語の表現としての「成否」を充てたのかもしれないが、しいて考えれば、立案当局による改正原案が「成立又は不成立」に決した理由が二つある。ひとつは、ドイツ民訴三二二条二項の解釈をめぐって、当初、それが反対債権不存在を認定して相殺の抗弁を排斥した場合だけの規定と考えられていたところ、それでは不十分で、反対債権の成立を認め相殺の抗弁を容認した場合にも、相殺によって消滅した反対債権の事後主張を封ずる必要があるとの認識が広まり、同項にいう反対債権の「不存在」(Nichtbestehen)は相殺の結果としての「もはや存在しないこと」(Nichtmehrbestehen)を包含する、という解釈が通説となっていったこと。[29] 他のひとつは、当時、最新・最良の法典とうたわれたオーストリア民事訴訟法(一八九五年)が「存在又ハ不存在」(Bestand oder Nichtbestand)と規定している(「被告ガ裁判相殺ノ為主張シタル反対債権ノ存在又ハ不存在ノ判断ハ、相殺セラルベキ額マデニ限リ、既判力ヲ有ス」同法四一一条一項後段[30])のを、立案当局が範としたこと。おそらく、この双方の理由によるものではないかと思う。

前述のとおり、わが民訴一一九九条二項の解釈として、現在の多数説は、反対債権の「成立」の判断についての既判力を定めた部分は現行民法上の相殺との不適合のため無視し、反対債権が存在しないとして原告の請求を認容した判決の場合にも、反対債権による相殺を認めて請求を棄却した判決の場合にも、反対債権の不存在の判断に既判力が生ずる、とみている。しかし、これでは、相殺の抗弁が認容された場合でも、排斥された場合でも同じということになって、被告の防御が貫徹された趣旨が全く表てに出ていないという不満があり、前者の場合には反対債権が「もはや存在しない」との判断が既判力を有すると説明した方がよいのではないか、という提言[31]がなされている。

ところで、この「もはや存在しない」という表現で十分かといえば、必ずしもそうではないようだ。最近のドイツにおける学説や裁判例のなかには、民訴三二二条二項が相殺の抗弁を認容した判決の場合にも適用があり、反対債権の「もはや存在しない」との判断に既判力が生じるとの通説を維持しつつ、その説明として、「反対債権が相殺により費消されて消滅したこと」が既判力をもって確定されるとするもの[32]が少なくないし、さらに、最近では、わが国の少数説と同様に、「訴求債権と反対債権が存在して相殺の額で消滅したことが既判力をもって確定される」と説くもの[33]も出てきたりしている。波乱含みの状況といえるかもしれない[34]。

いずれにせよ、わが民訴一一四条二項における「相殺のために主張した請求の成立又は不成立の判断」という表現は、そのまま維持できるものではない。なお、議論を進める必要がある。

(3)　少数説は、相殺の抗弁を認容して原告の請求が棄却された場合につき、原告の訴求債権と被告の反対債権がともに相殺前に存在し相殺により消滅したとの判断に既判力を認めるべきで、そうでないと、民訴一一四条二項の立法趣旨を生かせない場合があるのだ、という。

多数説のように解するのでは、①原告が反対債権ははじめから存在していなかったとして不当利得返還請求や損害賠償請求をする余地があり、また、②被告が原告の債権は別な理由で不存在であったと主張して不当利得返還請求や損害賠償請求をする余地がある。これらのいずれの後訴請求も、前訴の紛争解決を実質的に崩壊させるので、これらを排斥する手段として「両債権の存在したこと、それが相殺によって消滅したこと」に既判力を認める必要がある、というのである。[35]

この議論は、少し考えてみれば、成り立たないことが分かる。[36]

たとえば、①の例で、XがYに対する貸金債権を訴求し、YがXに対する売買代金債権（反対債権）による相殺の抗弁を提出し、相殺を認めてXの請求を棄却する判決が確定した、とする。その後にXが再びYを訴えて、Yの売買代金債権は当初から成立せずあるいは相殺前に消滅していたからYの相殺は無効であったと主張し、本当はまだ存在しているXの貸金の支払いの義務を前訴確定判決で免れたYは不当に利得しているから、その返還を求めると申し立てても、通るわけがない。Yが不当利得しているというためには、Xの貸金債権は本当はまだ存在していると主張しなければならないが、Xの貸金債権の（前訴の口頭弁論終結当時における）不存在は、前訴確定判決の主文の既判力によって確定しているのだから、そのような主張はこの既判力にふれて許されず、心配する必要はない。Xの損害賠償請求の後訴についても同じである。Xが損害を受けたというためには、本当はXの貸金債権はまだ存在している（のに前訴確定判決で回収できなくされた）と主張しなければならないが、それは、前訴確定判決の主文の既判力によって封じられているから、これも心配するには及ばないのである。

これを、②の例に移しても、結論は変わらない。Yが後訴で、Xの貸金債権は当初から不成立であったあるいは相殺前すでに弁済によって消滅していたのだからYの相殺は無効であったと主張し、Yの売買代金債権は本当はまだ存在しているのにXはその支払いを免れあるいはYの債権回収をできなくしたから不当利得返還あるいは損害賠償を請求する、と申し立てようとしても、Yの売買代金債権の（前訴の口頭弁論終結当時における）不存在が既判力により確定されているのだから、そのような訴えが通るわけはないのである。

(4)　最近、奇異の感にたえない異説が登場している。

すなわち、民事訴訟法学界の耆宿たる木川統一郎らにより、次のように説かれている。[37] ①反対債権が不成立とされ相殺の抗弁が排斥される場合、反対債権の不成立（不存在）の判断の既判力の基準時は、判決理由中で説示されている相殺時である。②相殺の抗弁が認容された場合の既判力の内容は、原告の訴求債権が存在していたこと、被告の反対債権が存在していたこと、および、両債権が相殺により消滅したことである。③右②の場合の既判力の基準時は、口頭弁論終結時ではなく、判決理由中で判示されている相殺時点である、と。

これが、現在のドイツの通説・判例であるかのように木川説がいうのには全く恐れ入るが、[38] 主要な論拠として説かれるのは、とくに、次の三つである。第一に、旧民訴一九九条（現行民訴一一四条）の一項と二項とは異なる政策思想に立つもので、同条二項は同条一項とは異なり、普通法訴訟で認められていた判決理由中の判断に既判力を認めるサヴィニーの見解が現行法に残されたもので、それを、反対債権存在確認訴訟の請求棄却判決の既判力と同じようにみるのは、体系的に矛盾する。第二に、多数説のように判決理由から切断して反対債権の不存在じたいが確定されるというのでは、反対債権がそもそも相殺時にあったのか、初めから発生しなかったのか、訴求債権との相殺で消滅したのか、それ以外の再抗弁で消滅したのか、といった点にはすべて既判力がないことになり、被告が訴求債権の当初からの不発生を主張して不当利得の返還を求める余地がある。第三に、予備的相殺の審理形式についての通説である立証説と適合しない、というのである。

右の第二・第三の論拠については、すでに述べたところを援用できると思うので、[39] 第一の論拠だけを反駁しておきたい。

民訴一一四条の一項と二項の関係については、一項が原則で二項が例外と考えるのが当然で、たとえ思想的な系譜が異なるにしても、法解釈としては統一的な理解を図るべきである。同じ条文でありながら、一項は権利関係についての判断、二項は要件事実の認定に既判力を生じさせたものと区別し、既判力の基準時まで異別に解するのは、筋が通らないし、その必要もない。

立法者が、判決主文に包含される判断に既判力の範囲を限定し、判決理由中の判断、被告の防御方法についての判断の既判力を一般的に否定しながら、相殺の抗弁について例外を設けたのは、訴求債権の存否についての紛争が反対債権の存否に移しかえて蒸し返されるのを防ぐためであるが、防御のために訴求債権とは別の権利が主張される場合のなかで相殺だけを取り上げたのは、相殺の制度が対立する両債権の簡易な決済と両当事者の公平を基礎とするからである。相殺により双方いずれもが同時に弁済したのと同一の結果を得ることが必要で、相手方から十分な弁済を受けえないにもかかわらず、こちらは満額の弁済を強いられることがあってはならない（相殺の公平保持機能と担保的機能）[40]。そのことは、裁判の結果としても、同様である。被告の相殺の抗弁が認容される場合、訴求債権については、相殺により原告の訴求債権の「消滅したこと」が認定されて、原告の請求が棄却されると、弁論終結当時における訴求債権の「不存在」が既判力をもって確定される。原告が、判決確定後に訴求債権の消滅を争い、相殺の無効等を主張して被告に対し再訴求を試みても、訴求債権不存在の既判力によって阻止される。それなのに、反対債権について、被告が、相殺により反対債権の「消滅したこと」を争い、事後に反対債権の「存在」を主張して訴求することができる、というのでは、相殺制度の基礎である両当事者の公平が保持できない[41]。民事訴訟法一一四条は、相殺により消滅したと判断された対立両債権につき、一項で訴求債権の弁論終結当時の不存在を、二項で反対債権の弁論終結当時の不存在を、それぞれ既判力によって確定する趣旨とみるのが当然で、両債権の実体的な牽連関係からすれば、立法者といえども異別の政策思想による分断ができるわけはないのである。

むしろ、木川説のように解するのでは、民訴一一四条二項の立法趣旨は崩れてしまうのではないか。

たしかに、これまでの少数説が「訴求債権と反対債権とが相殺前に存在したこと」および「相殺により消滅したこと」の判断に既判力を認めながら既判力の標準時について全く言及してこなかったのは、不徹底のそしりを免れない。しかし、だからといって、木川説のように、相殺の抗弁を認容して原告の請求を棄却する判決が確定しても、判決理由中で判示されている相殺時を基準として、「その当時に両債権が存在していたこと、および相殺により消滅したこと」が既判力により確定されるにすぎないということになると、既判力の作用範囲は一挙に狭まる。たとえば、第一審判決がその言渡しから一年前になされた相殺を認めて請求棄却の判決をし、この判決が控訴・上告を経て二年後に確定したとする。木川説によれば、被告は、第一審判決の認定した相殺時から判決確定までの三年間あるいはそれ以後に相殺の意思表示を意思の瑕疵により取り消したこと、あるいは、相手方との間で相殺撤回の合意がなされたこと、あるいは、控訴審の口頭弁論で相殺の抗弁を撤回したため判決に響かなかったことなどを主張して、その反対債権を事後に訴求することも既判力によって妨げられるものではない、という結果になってしまうのではないか。この疑問は、木川論文の冒頭に掲げられた異説の骨子を読むとき、だれでも即座に抱かざるをえないであろうが、論文の末尾に到るまで、ついに全くこれに触れていないのである(42)。

(5)　少数説ないし木川説をとる論者の根本的な疑念は、おそらく、せっかく訴訟の経過を通じ訴求債権と反対債権の存否が審理されてきて、両債権の「存在」が認定されて相殺の抗弁を容認するという判決に到ったのにも拘らず、その既判力が訴求債権の「不存在」と反対債権の「不存在」にとどまるのは如何なものか、というところにあるのではないかと推測される(43)。

しかし、このような現実の審理経過と既判力内容の不相応は、既判力の客観的範囲が判決主文の判断に限定されたことの必然的結果にすぎず、ここだけにとどまるものではない。最たるものは、物上請求権に基づく訴訟であろう。たとえば所有物返還請求訴訟において、原告がその物の所有権を取得あるいは喪失したかどうかが終始争われてきたとしても、既判力は、訴訟物たる所有物返還請求権の存否の判断にしか生じない（通説・判例）。所有権の存否をめぐって紛争が蒸し返される可能性は確実にある。所有権の存否の判断に既判力を認めよという少数説や「争点効」の理論が説かれるのは、そのためである。また、このような先決的法律関係でなく、判決理由中で認定された「事実」であっても、もし、その「事実」の判断が既判力によって確定されるなら、なにがしかの範囲で後訴を封じる効果がそれなりに期待できるという場合は多いであろう。それにもかかわらず、なぜ、既判力は判決主文中の判断に限られ、判決理由中の判断には既判力が生じない、という制度が立法者によって採られ、維持されているのか、ということを改めて振返ってみるべきである。(44)

(6)　関連する別の問題を一つ挙げておく。

民訴一一四条二項は、原告のした相殺についても適用されるか。すなわち、給付訴訟の被告が、原告は訴訟物たる債権をもって被告の反対債権と（訴訟前にまたは訴訟外で）相殺したという事実を、抗弁として主張し、その点の実質的判断がされて判決が確定した場合、反対債権の不存在につき民訴一一四条二項の既判力は生じるのか、という問題である。

わが国では、これまでほとんど論議されていないが、(45) やはり肯定すべきであろう。そうでないと、給付訴訟の被告が、原告が訴訟前にその訴求債権をもって被告の反対債権と相殺したことを主張し、判決では、訴求債権の成立と原告の相殺によるその消滅の事実が認定されて、請求を棄却し、確定した後に、被告が原告に対して訴えを提起し、前訴原告のした相殺の無効を主張して同一の反対債権につき給付の訴えを提起しても、前訴判決における反対債権不存在の判断の既判力によって妨げられることはない、という結果となる。その当否は、甚だしく疑問といわなければならない。

(26)　中野・訴訟関係一四一頁以下、岩松三郎・民事裁判の研究八九頁以下、三ケ月・民事訴訟法（法律学全集）一二四頁、小山・民事訴訟法三九九頁以下、斎藤・民事訴訟法概論三八三頁以下、大学双書・民事訴訟法講義〔吉村徳重〕五〇〇頁以下（ただし、注43）、住吉・入門一九二頁、上原敏夫＝池田辰夫＝山本和彦・民事訴訟法一八四頁以下、木川＝中村編・民事訴訟法二五五頁〔萩沢達彦〕、菊井維大＝村松俊夫・全訂民事訴訟法Ⅰ〔補訂版〕一二九四頁以下、兼子＝松浦＝新堂＝竹下・条解民事訴訟法六二八頁〔竹下守夫〕、斎藤＝小室＝西村＝林屋編・注解民事訴訟法(5)〔2版〕八四頁以下、小室＝賀集編・基本法コンメンタール民事訴訟法1〔四版〕二八二頁〔佐上善和〕、鈴木正裕「連帯債務と判決効」判例タイムズ三九一号一二頁、高橋宏志・重点講義民事訴訟法五三五頁以下など。

(27)　兼子・民事訴訟法体系三四四頁、新堂・民事訴訟法四一六頁、梅本吉彦「既判力の客観的範囲」鈴木＝井上編・司法試験シリーズ民事訴訟法Ⅱ〔三版〕一三九頁以下、中村英郎・民事訴訟法三五九頁、林屋・民事訴訟法概要四九〇頁以下など。

(28)　大正一五年改正のさいの民事訴訟法改正調査委員会では、原案起草に当たった松岡義正委員が次のような説明をしているが、どうも、説明している松岡本人が立案の趣旨を十分に理解していたのかどうか、疑わしい。速記録には、同条三二二条（現行民訴一九九条）「第二項は之は新設の条文でありまして、相殺の為に主張した請求の成立及び不成立の判断は之は判決で主張した譯ではないけれども、矢張り裁判所に於て相殺の為めに主張した請求と云ふものを適当と判断するから之は矢張り既判力を有せしめて確実にして置いた方が宜くはあるまいかと云ふ所から致しまして、相殺の為め主張したる請求の成立又は不成立の判断は之は矢張り既判力を有することにしたのであります」、とある。この説明に対する質疑は、出ていない。松本博之＝河野正憲＝徳田和幸・日本立法資料全集12民事訴訟法〔大正改正編〕(3)三七七頁。

(29)　中野・訴訟関係一四六頁以下、Zeuner, Zur Bemessung der Rechtskraft in Fällen der Aufrechnung-BGHZ 89, 349, JuS 1987, S.355 f. 参照。

(30)　オーストリア民法における相殺（オ民一四三八条以下）も、“Kompensation”のままであるが、つねに一方の意思表示が必要と解するのが現在の通説・判例であるという。Fasching, Lehrbuch des österreichischen Zivilprozeßrechts, 2. Aufl. 1990, Rz. 1285, 1295.

(31)　兼子ほか・条解民事訴訟法六二八頁〔竹下守夫〕。

(32)　A. Blomeyer, Zivilprozeßrecht. Erkenntnisverfahren, 2. Aufl. 1985; Zöller, ZPO, 18. Aufl. 1993, §322 Rdnr. 21 など参照。

(33)　一九六二年二月一日のドイツ連邦大審院判決（BGHZ 36, 316）は、相殺を認めた裁判の既判力が民訴三二二条二項により「反対債権が相殺により消滅し、したがってもはや存在しないことにも拡張される――それが判例である――場合には、それをもって同時に、相殺者のために、反対債権が対等額まで存在したことが決定されている」と判示して注目された。

学説としては、ゴットワルトが、「ドイツ民訴三二二条二項は、被告の相殺の抗弁による防御が奏功し、反対債権が従ってもはや存在しない場合にも適用があり、この場合には、請求の棄却は、訴求債権と反対債権が存在して相殺の額で消滅したことが既判力をもって確定される」と述べている。Gottwald, in Münchener Kommentar zur ZPO, Bd.1 1992, §322 Rdnr. 178. 179; Rosenberg/Schwab/Gottwald, a.a.O., S. 924. しかし、権利関係の判断でなく要件事実の判断に既判力が生じる例外を認める趣旨なのか、また、既判力の標準時をこれらにつき別に考えるのか、といった点は明瞭ではない。

(34)　単純に、反対債権の「もはや存在しない」との判断に既判力が生じるとするのは、Stein/Jonas/Leipold, Kommentar zur

ZPO, 20. Aufl. 1988, §322 Rdnr. 168 ff.; Thomas/Putzo, a.a.O., §322 Rdnr. 47; Zeiss, Zivilprozeßrecht. 7. Aufl. 1989, S. 215; Arens/Lüke, Zivilprozessrecht, 6. Aufl. 1994, S. 181 など。Musielak, a.a.O., S. 825 は、裁判所が判決理由中で、反対債権が存在したが相殺により消滅したことを認定したときは、反対債権が相殺額まではもはや存在しないとの判断が既判力をもつ、と民訴三二二条二項を読むべきである、と説明している。

(35) 新堂・民事訴訟法四一六頁、梅本・前掲（注27）一四一頁。

(36) 鈴木正裕・前掲（注26）一二頁注4、高橋・前掲（注26）五三八頁なども同旨。

(37) 木川統一郎・民事訴訟法重要問題講義下四五七頁以下、木川統一郎＝北川友子「訴訟上の相殺と既判力」比較法学二九巻一号七一頁以下、同「金銭債権の一部請求と相殺の抗弁」判例タイムズ八九〇号二六頁以下。

(38) そうでないことについては、前注（32）（33）（34）参照。

(39) 前述三(3)および二(3)(a)を参照されたい。

(40) 我妻栄・新訂債権総論三一六頁以下、奥田昌道・債権総論〔増補版〕五六九頁以下など。最近、相殺の公平保持機能と担保的機能との差異が明らかにされないままで公平保持機能が担保的機能に置き換えられてきていることに対し、批判が強まっている。潮見佳男・債権総論一二六頁参照。

(41) Zeuner, a.a.O., S. 356 f. が、この点を力説する。

(42) 木川＝北川・前掲比較法学（注37）七一頁以下。

(43) 吉村徳重は、多数説で十分としながらも、「相殺の抗弁については、審判の順序が強制され、『両債権の存在したこと』の審判にも手続保障が確保されるので」、異説が「この点にも既判力を認めることを正当化する余地があり、この立場では、たとえば、相殺までの延滞利息の支払いを求める後訴請求が、当時訴求（反対）債権は存在しなかったとの理由で棄却されることはない」と説く（大学双書・民事訴訟法講義四五七頁。なお、吉村「相殺の抗弁と既判力」法政研究四六巻二～四号六二〇頁以下に詳細）。しかし、すでに、諸家の批判（兼子ほか・条解民事訴訟法六二九頁〔竹下〕、高橋・前掲（注26）五四〇頁など）されるように、相殺の抗弁について審判の順序が強制されるのは反対債権についての既判力が認められるからであり（前掲二(3)(a)）、それがなければ、「かりに訴求債権が存在するとしても、相殺により消滅した」として請求を棄却するのに妨げないのである。また、本文に述べるとおり、既判力を認めればそれなりの効用がある——「相殺までの延滞利息を求める後訴請求」は現実離れも甚だしいが——ということが既判力の肯否に直結するものではない。

(44) 斎藤秀夫「判決主文と既判力の範囲」民事訴訟法理論の生成と展開八〇頁以下、霧島甲一「ドイツ民事訴訟法三二二条の前史」民事訴訟雑誌八号一〇八頁以下、文字浩「ドイツ『既判力の客観的限界論』の展開（二）」民商法雑誌六九巻四号七一〇頁以下、坂原正夫「民訴法一九九条一項の沿革について」民事訴訟法における既判力の研究一八〇頁以下などの業績がある。

なお、既判力の客観的範囲と上訴の不服との密接な相関につき、Stein/Jonas/Leipold, ZPO. § 322 Rdnr. 76 参照。

(45)　わが民訴一一四条二項に相当するドイツ民訴三二二条二項につき、この問題を消極に解した裁判例（連邦大審院一九八四年一月一三日判決 BGHZ 89, 349）がある。承継人に対する既判力拡張も絡む事案だが、その点を省略していえば、こうである。YがXに対するα債権につき執行証書に執行文の付与を受け、強制執行に出ようとしたが、Xは、請求異議の訴えを提起し、異議事由として、自己がYに対して有するβ債権をもってYの債務名義記載の執行債権と相殺する旨の主張をした。他方において、Xは、Yを被告としてβ債権につき給付の訴えを提起し、この訴訟では、β債権はXが請求異議の訴えにおいて表示した相殺により消滅した、という理由で、請求棄却の判決が先に確定した。そこで、この判決の理由中の相殺判断の既判力が請求異議訴訟に及ぶかどうかが問題になった。連邦大審院は、これを否定し、理由として次のように述べている。「ドイツ民訴三二二条二項による既判効の拡張は、相殺の相手方を再度の自働債権の訴求から守るのである。本件では、これと反対に、自己のした相殺の効果のために、本件の係争債権を受働債権として相殺した前訴の訴求債権をその相殺を理由として否定した判決を援用しようとしているのである。前訴の請求棄却判決の既判効をその理由づけにまで拡張することは、ドイツ民訴三二二条二項からは引き出せない」と。この判決には、賛否の両論がある。とくに、Zeuner, a.a.O., S. 354 ff. 参照。

四　相殺の抗弁と二重起訴の禁止

(1)　相殺の抗弁が提出されれば、相殺の自働債権（被告の反対債権）が原告の訴求債権と並ぶ審理対象となり、その相殺前からのあるいは相殺による不存在の判断が判決の理由中でなされた場合には既判力が生じることになる。そのため、相殺の抗弁とその自働債権についての別訴とが並行する場合には、相殺の自働債権についての両訴における審理の重複と既判力の抵触を避けるために、二重起訴の禁止（民訴一四二条）に準じた取扱いをすべきかどうかが問題になる。この問題の出現する主な状況は、二つの類型に分かれる。(46)

〔別訴先行型〕　すでに別訴において訴訟物となっている債権を自働債権として相殺の抗弁が提出された場合である。

〔抗弁先行型〕　すでに提出された相殺の抗弁の自働債権となっている債権を訴訟物として別訴が提起された場合である。

この両型のそれぞれにおいて、さらに、両訴の訴訟係属はどちらが先か、両訴が同一手続で審理されているのかどうか（本訴と反訴など）、あるいは、訴訟上相殺の抗弁か訴訟外相殺の抗弁か、といった視点からの分類も可能であるが[47]、かえって錯雑する嫌いがあり、必要に応じてふれるにとどめる。

(2)　学説と判例は、現在、動きつつある。

(a)　学説上は、従来、別訴先行型における相殺の抗弁についても、また、抗弁先行型における別訴についても、二重起訴の禁止の類推を否定する見解（類推否定説）が通説とされてきた[48]。

その論拠として、①相殺の抗弁は、ひとつの、しかも多くは予備的な防御方法にすぎず、判決において取り上げられるかどうかは不確実かつ未必的であること、②それなのに二重起訴の禁止に類する制限を設ければ、被告の防御を害する結果となるべく、とくに、別訴先行型では、別訴の取下げに相手方の同意（民訴二六一条二項）が得られなければ相殺による防御の途は封じられてしまう結果となること、③両訴訟で当事者は共通なのであるから、裁判所の適切な訴訟指揮とあいまって、実際には既判力の抵触を避けうるであろうこと、などが挙げられる。

(b)　しかし、最近、わが国の学説では、別訴先行型における相殺の抗弁についても、また、抗弁先行型における別訴についても、民訴一四二条（旧民訴二三一条）の類推適用ないし二重起訴に準じて、不適法とする見解（類推肯定説）[49]が増えている。

その主たる論拠が、相殺の抗弁の自働債権についての審理の重複と既判力抵触の可能性にあることは、いうまでもなく、裁判所の訴訟指揮等によってはそれを回避できない、とする。しかし、その他の点では、論者の主張は必ずしも一致しているわけではない。多くは、反訴との関係で例外を認め、抗弁先行型の場合の別訴でも、同一手続内の反訴の提起によるものであれば許される、とする。

(c)　これに対し、裁判例では、別訴先行型と抗弁先行型の差異に応じて異別に取り扱う（折衷説）という傾向が、次第に顕著となっている。

すなわち、別訴先行型における相殺の抗弁については、二重起訴の禁止の類推適用により不適法とする下級審裁判例[50]が次々に現われ、ついに最高裁もこれを是認するに到った（後述(3)(b)）。抗弁先行型における別訴については、二重起訴の禁止の類推適用を否定する下級審裁判例[51]が続き、最高裁の明確な見解が待たれている状況である。

(b)　ちなみに、ドイツでは、若干の学者が類推肯定説を採っているものの、依然として類推否定説が支配的であり、連邦大審院の判例も、類推否定説である[52]。

(3)　私は、やはり、類推否定説を正当と考える。

その理由は、さきに類推否定説の論拠として挙げたところを出ない。最近の学説・裁判例は滔々として類推肯定へ向かおうとしているようだが、とくに次の三点に注意を求めたいと思う。

(a)　類推肯定説では、事案に応じた柔軟な処理ができない。

類推肯定説によれば、別訴先行型における相殺の抗弁は、必ず不適法として却下しなければならないし、抗弁先行型における反対債権の別訴も、（反訴による場合を例として）必ず不適法として却下することになる。それでいいのか。また、そこまでやることを納得させるだけの実質的な理由が、果たしてあるといえるか。

類推肯定説は、たしかに、一応、理論の筋が通っている。相殺の抗弁においては、訴求債権とは別の、別訴の訴訟物たりうる反対債権の審理が必要とされ、判決理由中のその点の判断に既判力が認められるのであるから、相殺の抗弁の提出された係属訴訟と別訴が並行すると、訴訟審理が重複し既判力抵触のおそれがあることは明らかである。それを否定することは、できない。問題は、相殺の抗弁が、訴えではなく、防御方法のひとつにすぎない、ということである。訴えと異なり、判決で必ず取り上げて応答してくれるものではない。相殺の実体的要件に立ち入った審理がなされるかどうか、判決の理由中で相殺の判断がされるかどうかが不確実であり未必的であるのに、二重起訴の禁止（民訴一四二条）をかぶせてしまうのは、行き過ぎではないか。

くどいようだが、具体例を即して、考えてみてほしい。

XのYに対する貸金一〇〇〇万円の返還請求訴訟の係属中に、YがXを被告として商品の売却代金三五〇万円の支払いを請求する訴えを提起した。この訴えに対し、Xは、代金完済を主張して争うとともに、予備的に、前訴の訴訟物である貸金債権をもって対当額で相殺する旨の訴訟上相殺の抗弁を提出した、とする〔別訴先行型〕。

この場合、類推肯定説が危惧するような事態、すなわち、両訴訟の判決が個別無関係になされて共に確定し、Xの貸金債権の存否について既判力が抵触する、というようなことは、現実には、ほとんど生じない。両訴訟の双方当事者は同一なのだし、判決は突然に出てくるわけのものでなく、多少とも時間的経過を要する審理が行われ、そこで提出された訴訟資料に基づいて判決がなされる（弁論主義）。並行する両訴訟の受訴裁判所が、それぞれ、他方の訴訟の存在を全く知らないまま、同一の権利義務につき同一当事者が提出した異別内容の訴訟資料に基づいて異別内容の判決をする、というような事態は、まず起こるわけがないのである。

その反面、Xにしてみれば、自己の貸金債権について債務名義を得るための訴訟追行と、Yに訴えられた代金訴訟で弁済の立証がうまくいかない場合に備えての予備的相殺の抗弁の提出とは、どちらも必要なのであって、一方を撰んだから他方が不要になるという関係ではない。そして、もし、いずれかの訴訟で自働債権につき既判力ある裁判がなされたら、他方の訴訟でこれを斟酌して判決すれば足りる（民訴三三八条一項一〇号参照）。げんに、両訴訟でほぼ同時に自働債権につき判決することになりそうだ、という事態が生じても、裁判所が両訴訟の弁論を併合するなり、どちらかの手続の進行を調整すれば済む。わざとそのような事態を生じさせている当事者がいるなら、そのような挙動を訴訟上の信義則違反として排斥することもできる。相殺の抗弁と別訴のいずれもが必要な場合まで巻き込んで二重起訴の禁止の一般規定により画一的に処理するのは、当をえない。

以上の理は、Xの貸金訴訟がYの提起した代金訴訟における相殺の抗弁の提出より後に提起された場合〔抗弁先行型〕についても、根本的に異るところはない。

要するに、取引社会における相殺の重要な機能を訴訟の場でも十分に発揮させるべきであり、相殺の抗弁を提出する機会を安易に奪ってはならないし、他面、相殺の抗弁を提出したことによって直ちに自働債権につき訴権が否定されるような結果となってはならない、と考える。

(b)　関連の裁判例についてては、それぞれの事案の内容に注意する必要がある。

抗弁先行型の別訴についてては、最高裁判例がまだ出ていない。下級審の裁判例も少なく、それも別訴が反訴として提起されている場合がほとんどで、その反訴を適法としたものである。たしかに、抗弁先行型の場合は、自働債権が反訴で出てくるのが自然で、本訴・反訴が同時に審判されるかぎり、審理の重複も既判力の抵触もない。類推肯定説の論者としても、この場合は例外とせざるをえないのである。

報告された裁判例のなかでは、別訴先行型の相殺の抗弁についての判決が多く、別訴提起後に出た相殺の抗弁を不適法とするものが続いている。しかし、民訴一四二条の理論的解釈が必ずしも決め手ではなく、むしろ、その訴訟で取り上げて審理・裁判するのが適当でないような相殺の抗弁を排斥する手段として、二重起訴の禁止の趣旨の類推が便宜的に利用されている場合も少なくないのではないかと思う。

旧民訴二三一条（現行民訴一四二条）類推の流れを決定づけたかにみえる最高裁の二つの判決についても、このような疑念が濃い。

別訴先行型の相殺の抗弁を不適法と判示した最初の最高裁判例として注目されたのは、最高裁昭和六三年三月一五日民集四二巻三号一七〇頁であった。しかし、その事案は、やや特殊で、解雇無効・賃金支払を求める本案訴訟を提起して賃金仮払いの仮処分に基づき仮払金の給付を受けた者に対し、会社側が、仮処分の取消し後に仮払金返還請求訴訟を提起したところ、本案訴訟の訴訟物である賃金債権を自働債権として仮払金返還請求権と相殺する旨の抗弁が提出された、というものである。最高裁も、この相殺の抗弁を不適法とするにつき、一般の類推肯定説の理由とされる旧民訴二三一条の法意だけではなく、これとならんで、当該事案の特質や受働債権の性質等に言及している。調査官解説(53)が、「本判決は、一般論を避け」、「被告の利益ないし一種の訴訟上の信義則の見地も考慮し、相殺不許の結論を導いたもの」と述べているとおりであろう。

ところが、もうひとつの最高裁平成三年一二月一七日判決民集四五巻九号一四三五頁になると、同じく別訴先行型の相殺の抗弁につき、昭和六三年判決を引用しながらではあるが、もはや事案の特質等に頼ることなく、次のような一般の類推肯定説どおりの理由説示のもとに、不適法ときめつけている。

「民訴法二三一条が重複訴訟を禁止する理由は、審理の重複による無駄を避けるためと複数の判決において互いに矛盾した既判力ある判断がされるのを防止するためであるが、相殺の抗弁が提出された自働債権の存在又は不存在の判断が相殺をもって対抗した額について既判力を有するとされていること（同法一九九条二項）、相殺の抗弁の場合にも自働債権の存否について矛盾する判決が生じ法的安定性を害しないようにする必要があるけれども理論上も実際上もこれを防止することが困難であること、等の点を考えると、同法二三一条の趣旨は、同一債権について重複して訴えが係属した場合のみならず、既に係属中の別訴において訴訟物となっている債権を他の訴訟において自働債権として相殺の抗弁を提出する場合にも同様に妥当するものであり、このことは右抗弁が控訴審の段階で初めて主張され、両事件が併合審理された場合についても同様である」。

しかし、判例集に収載されている原審判決によれば、本件では、原告が被告に対して二〇七万円余の商品代金債権を有することは当事者間に争いがなく、被告は、原審で、上告審で問題となった「別件訴訟で請求中の債権による相殺」の抗弁のほかに、「原告の詐欺ないし背任行為に基づく損害賠償請求権による相殺」の抗弁および

「不当訴訟に基づく弁護士費用の損害賠償請求権による相殺」の抗弁を、三本立てで提出していた。そして、この「別件訴訟で請求中の債権」についても、第一審で被告は約一二八五万円の勝訴判決を得ており、原審は、この別件訴訟を併合審理していたのを、相殺の抗弁の提出後、わざわざ弁論を分離して、本件と同日に判決を言い渡した、という異例の事件なのである。この「別件訴訟で請求中の債権」による相殺の抗弁は、原審たる控訴審の第一一回口頭弁論期日に初めてなされたというのであるから、事案の処理としては、むしろ、時機に遅れた防御方法として却下（旧民訴一三九条一項、現行民訴一五七条一項）した方がよかったのではないか。いずれにしても、真摯な相殺の抗弁であったとは、とうてい思えないのである。

そのほか、別訴先行型の相殺の抗弁を許さなかった下級審裁判例のなかにも、単なる審理の重複と既判力抵触のおそれを超える事情が介在して結果の妥当を支えているのではないかと疑われるものがある[54]。最高裁の両判決があるからとて別訴先行型の相殺の抗弁を安易に排斥することがないように、危惧を表明しておきたい。

(c)　折衷説、つまり、民訴一四二条の類推を別訴先行型・抗弁先行型の一方につき肯定し、他方につき否定するという立場は、学説[55]としては、筋が通らない。一般に（反訴による別訴の場合は別として）、審理の重複と既判力の抵触を避ける必要は、並行する別訴と相殺の抗弁のどちらが先に出てきたかによって決定的に変わることはないからである。別訴先行型の相殺の抗弁をつねに不適法とするかぎりでは、右の(a)に述べた批判がここでも当てはまる。

(4)　相殺の抗弁と二重起訴の禁止に関連する別の問題が若干ある。

(a)　同一の原告が同一の被告に対して、相互に関係のない二つの給付訴訟を提起し、両訴訟の係属中に、被告が原告に対する同一の反対債権をもって相殺する旨の訴訟上相殺の予備的抗弁を、それぞれの訴訟の口頭弁論で提出することは許されるか。

相殺の抗弁と二重起訴の禁止の問題につき民訴一四二条類推否定説を採るならば、両訴訟における相殺の抗弁のダブル提出を許すことに支障はない。しかし、類推肯定説を採る場合には、ここでも、両訴訟における自働債権の審理の重複と既判力の抵触のおそれがあることは同じなので、後から出た方の相殺の抗弁を却下することになるのであろうか。いずれの訴訟で相殺の抗弁を提出するかを当事者の危険において選択させるのは、相殺の機能を制限することになり、当をえない。やはり、類推否定説をとるべきものと考える。(56)

(b)　相殺の抗弁に供した自働債権が外国裁判所に係属する場合、また、訴求債権がすでに外国裁判所において相殺に供されていた場合、あるいは、内国の裁判所における相殺の抗弁と外国の裁判所における相殺の抗弁が競合する場合などが生ずることは、国際取引の緊密化とともに、十分に予想される。相殺の準拠法とも関連して、困難な問題である。(57)ここでも、類推否定説が妥当と考えるが、なお、今後の検討に委ねたい。

(46)　型分類を用いた論述は、栗原良扶「相殺の抗弁と重複訴訟の禁止」大阪学院大学法学研究七巻一・二号〔昭和五七年〕八五頁以下が最初であろう。そこでの分類に従い、その後、「抗弁後行型」「抗弁先行型」という呼称が多く用いられている。あえて異を立てるわけではないが、「後行」という用語は、手元のいくつかの国語辞典を見ても全く出ていないし、分かりにくいようにも思うので、本稿では、いわゆる「抗弁後行型」を「別訴先行型」とよぶことにした。

(47)　山本克己・ジュリスト平成三年度重要判例解説一二一頁以下が、これを指摘する。

(48)　中野・訴訟関係一二〇頁以下、三ケ月・民事訴訟法〔法律学全集〕一二五頁、菊井維大・民事訴訟法〔補正版〕下二六七頁以下、岩松＝兼子編・法律実務講座民事訴訟編六巻四二頁以下、菊井＝村松・全訂民事訴訟法Ｉ〔旧版〕一一二四頁以下、伊東乾「二重起訴の禁止」小山ほか編・演習民事訴訟法〔旧版〕上三〇七頁以下、栗原・前掲（注46）九九頁、大学双書・民事訴訟法講義一八五頁〔坂口裕英〕、兼子ほか・条解民事訴訟法八四四頁以下〔竹下守夫〕、上田・民事訴訟法一三八頁、石川明「二重起訴」林屋＝小島編・民事訴訟法ゼミナール一八八頁以下、渡邊惶之「二重起訴の禁止・国際的二重起訴」小山ほか編・演習民事訴訟法三三二頁以下など。

(49)　新堂・民事訴訟法一五八頁は、「予備的抗弁として相殺に供した自働債権の残額を別訴で請求する場合についても、相殺が主要な争点として現に争われているかぎり」二重起訴の禁止にふれる、と割注でメンションするにとどまったが、その後、抗弁先行型の別訴および別訴先行型の相殺の抗弁をいずれも不適法とする見解が多く出ている。住吉博「重複訴訟禁止原則の再構成」民事訴訟論集一巻二九三頁以下、河野・当事者行為一一二頁以下、梅本吉彦「相殺の抗弁と二重起訴の禁止」新・実務民事訴訟講座1巻三八一頁以下、小山・民事訴訟法二一三頁以下、三ケ月・民事訴訟法〔法律学講座双書・三版〕一五〇頁、斎藤ほか編・注解民事訴訟法(6)〔2版〕二七六頁以下、加藤哲夫「二重起訴の禁止」三ケ月ほか編・新版・民事訴訟法演習1一五〇頁以下、上原＝池田＝山本・民事訴訟法四五頁、小林秀之・プロブレム・メソッド民事訴訟法〔2版〕二〇四頁以下など。

(50)　別訴先行型における相殺の抗弁を不適法とした例として、東京地判昭和三二年二月二七日下民集八巻二号三五七頁、大阪高判昭和三三年五月一九日下民集九巻五号八五九頁、東京地判昭和三八年一一月二六日判例時報三六三号三七頁、旭川地名寄支判昭和四〇年九月二二日判例タイムズ一八三号一八四頁、名古屋地判昭和四六年七月一六日判例時報六四九号六九頁、大阪地判昭和四九年七月一九日判例タイムズ三二五号二三四頁、福岡高判昭和五〇年五月二七日判例タイムズ三二八号二七〇頁、名古屋高判昭和五〇年六月二六日判例時報七九五号五四頁、東京地判昭和五五年七月三〇日判例タイムズ四二四号一一八頁、札幌高判昭和五五年一二月一七日判例タイムズ四三七号一三三頁、福岡高判昭和六一年九月三〇日判例タイムズ六二二号二九頁、東京高判昭和六二年六月二九日東高民時報三八巻四〜六号五〇頁と続き、本文後述の最判昭和六三年三月一五日民集四二巻三号一七〇頁、同平成三年一二月一七日民集四五巻九号一四三五頁に至る。その後の同旨裁判例として、東京高判平成四年五月二七日判例時報一四二四号五六頁（別訴先行型の相殺の抗弁は、別訴における訴求債権につき請求を相殺の対当額を差し引いた額まで減縮した場合でも不適法、とする）、同平成五年九月二九日判例タイムズ八六四号二六三頁などがある。反対の見解をとるものとしては、東京高判昭和四二年四月二四日下民集一八巻四号四二二頁、大阪地判昭和六一年一〇月三一日判例タイムズ六三四号一七四頁（両訴訟が併合された事案）をみるにとどまる。これらの裁判例（のうち昭和五五年までのもの）の事案・理由等については、栗原・前掲（注46）一〇三頁以下に簡潔・克明な一覧表がまとめられている。

(51)　抗弁先行型における別訴を適法とした例として、東京地判昭和三二年七月二五日下民集八巻七号一三三七頁、東京地判昭和三三年四月二日下民集九巻四号五六二頁、東京高判昭和四二年三月一日判例時報四七二号三〇頁、大津地判昭和四九年五月八日判例時報七六八号八七頁、東京高判昭和五九年一一月二九日判例時報一一四〇号九〇頁があり、この間、別訴を不適法とした例は、報告されていない。ただし、このうち、前後の二例を除く中間の三例は、いずれも、相殺の抗弁の自働債権についての反訴を同一手続内で提起した例であるし、最後の東京高判は、その判決当時には前訴での相殺の抗弁が既に撤回されていた事案である。

(52)　ドイツにおける学説・判例の状況につき、Stein/Jonas/Leipold, ZPO,§145 Rdnr. 43 f.; Baumbach/Lauterbach/Albers/Hartmann, ZPO, 50. Aufl. 1992, §145 4E, 261 2c; Peters, in Münchener Kommentar zur ZPO, §145 Rdnr. 29; BGHZ 57. 242 など（いずれ

も類推否定説）参照。しかし、有力な学者のなかにも、Bettermann, Rechtshängigkeit und Rechtsschutzform, 1949, S. 84 ff.（相殺の抗弁による自働債権についての訴訟係属を認める）を先駆とし、二重起訴の禁止の点でこれに従うA. Blomeyer, a.a.O., S. 310のほか、Rosenberg = Schwab, a.a.O., S. 639（抗弁先行型における別訴は二重起訴の禁止にふれるが、別訴先行型における相殺の抗弁は許される、と説く）など、異説がある。なお、ドイツに関しては、立法当時の状況をも含めて、河野・当事者行為一〇一頁以下に詳しい。なお、オーストリアの理論状況は、よく分からないが、代表的な概説書であるFasching, a.a.O., Rdnr. 1295, 1299は、明瞭に類推肯定説をとっている。

(53) 篠原勝美・法曹時報四二巻二号六六五頁。

(54) たとえば、名古屋高判昭和五〇年六月二六日判例時報七九五号五四頁は、民訴二三一条の類推適用をいうが、相殺の抗弁の自働債権につき先行する別訴において第一審・控訴審・上告審と勝敗が二転、三転しているという事案であり、相殺の抗弁について直ちに判断できなかった、という事情がある。また、札幌高判昭和五五年一二月一七日判例タイムズ四三七号一三三頁は、請求異議訴訟における異議事由のひとつとして提出された相殺の自働債権たる損害賠償請求権につき別訴の先行を理由に民訴二三一条の趣旨の類推をいうが、同時に、「のみならず、本件口頭弁論に現われた全証拠によっても、控訴人主張の損害は認められない」と判示しているのであり、その前に、他の異議事由（弁済）を採って請求異議を認容してもいる、という事案なのである。

(55) 菊井＝村松・全訂民事訴訟法Ⅱ一五七頁は、基本的には別訴先行型につき類推を肯定、抗弁先行型につき類推を否定しつつ、具体的には信義則的見地から肯否を判断すべく、類推を否定する場合でも双方の訴訟の連絡をはかる措置をとるべきだ、とする。流矢大士「二重起訴と相殺の抗弁」伊藤古稀・民事訴訟の理論と実践四六五頁以下は、別訴先行型につき類推を肯定し、抗弁先行型につき類推を否定するが、酒井一・民商法雑誌一〇七巻二号二五五頁以下は、逆に、別訴先行型につき類推を否定し、抗弁先行型につき類推を肯定する。

(56) 酒井・前掲（注55）二五七頁以下参照。

(57) 酒井・前掲（注55）二五八頁参照。

五　一部請求および不利益変更の禁止との関連

残された問題の所在を若干メンションしておこう。

(1)　まず、一部請求に関して。

金銭債権の一部請求訴訟の判決において相殺の抗弁を容認する場合、裁判所は、相殺により消滅した額を、訴求されていない部分を含めた訴求債権全額から控除すべきか、それとも、訴求された一部請求額から控除すべきか。

周知のように、交通事故（不法行為）の被害者が一部請求をした場合における過失相殺（民七二二条二項）について、いわゆる按分説と外側説の対立がある。[58] 裁判例・学説は分かれたが、現在では、いずれにおいても、ほぼ外側説に統一されているようである。[59] 同じ問題が、過失相殺だけでなく、本来の相殺の抗弁についても存在する。学説上は、この点を見逃してきた観があるが、最高裁平成六年一一月二二日判決民集四八巻七号一三五五頁は、ここにも外側説を導入した。この最高裁判決の出現を契機として、賛否の議論が出ている。[60] 私は、判旨の結論に賛成である（本書一一四頁以下）。

(2)　次に、不利益変更の禁止に関して。

控訴審における不利益変更禁止の原則（民訴三〇四条）の適用について、ある判決が控訴人に有利か不利かを考える場合、判決効（既判力）の範囲が基準となる。したがって、不利益変更の禁止は、一般に判決主文中の判断（民訴一一四条一項）に関し、判決理由中の判断には関しないのが原則だが、相殺の抗弁についての判決理由中の判断（同条二項）には既判力が生じるから、不利益変更の禁止が問題となる。

第一審判決が被告の予備的相殺の抗弁を認容して原告の請求を棄却した、とする。

被告だけが——訴求債権の成立を争い相殺の抗弁の認容を不服として——控訴し、原告が控訴も附帯控訴もしなかった場合において、控訴審が訴求債権の成立を否定するときは、第一審判決を取り消して改めて請求棄却の判決をしなければならない（通説）。

これと異り、原告だけが控訴し、被告が控訴も附帯控訴もしなかった場合において、控訴審が訴求債権の成立を否定するときは、どうすべきか。

控訴審が訴求債権の不成立を理由として請求を棄却するのでは、原告は反対債権の不存在の判断の既判力が得られないことになるので、不利益変更の禁止にふれることは明らかであるが、一部の論者は、さらに、不利益変更禁止の原則は同時に控訴審の審判の範囲を限定するものであり、控訴審の審判は訴求債権の存否に及ばないとし、控訴審は反対債権の成否だけを審理すべく、反対債権の成立が認められないときは、たとえ訴求債権の不成立が認められる場合でも、原判決を取り消して請求認容の判決をすべきだ、と説く[61]。しかし、多数説は、これを不当とし、原判決を維持して控訴棄却にとどめるべきだとする[62]。不利益変更禁止の原則は、控訴人が控訴をしたために第一審より不利益な裁判を受ける結果となってはならないという制約を加えるにすぎず、審判の範囲を画するものではない。この多数説の立場は、最高裁昭和六一年九月四日判決判例時報一二一五号四七頁によって、次のように明確に宣示された[63]。

「訴求債権が有効に成立したことを認めながら、被告の主張する相殺の抗弁を採用して原告の請求を棄却した第一審判決に対し、原告のみが控訴し被告が控訴も附帯控訴もしなかった場合において、控訴審が訴求債権の有効な成立を否定したときに、第一審判決を取り消して改めて請求棄却の判決をすることは、民訴法一九九条二項に徴すると、控訴した原告に不利益であることが明らかであるから、不利益変更の禁止の原則に違反して許されないものというべきであり、控訴審としては被告の主張した相殺の抗弁を採用した原判決を維持し、原告の控訴を棄却するにとどめなければならないものと解するのが相当である」。

なお、他にも、相殺の抗弁と不利益変更の禁止に関し新たな裁判例や学説が出ている。

六　反対相殺の再抗弁

(1)　多くの問題が争われてきた相殺の抗弁について、最近、またひとつの新しい問題が、ほかならぬ最高裁判例の出現という事態を迎えて浮上した。「反対相殺の再抗弁」の許否という問題が、それである。

被告側の相殺の抗弁に対して、原告の側から、訴求債権とは別の債権をもって被告の抗弁相殺の自働債権と相殺——これを「反対相殺」(Cegenaufrechnung) と呼ぶ(64)——する旨の主張（再抗弁）は、許されるか。

ひとつの設例を挙げておこう。売買代金請求訴訟の口頭弁論において、被告が弁済の抗弁を提出するとともに、「もし、原告の代金債権の存在を裁判所が認めるのであれば、被告は、原告に対して有する貸金債権をもって原告の売買代金債権と相殺する」と陳述した（相殺の抗弁）。これに対し、原告は、被告から金を借りた覚えはないと争いつつ、「もし、被告の貸金債権の存在を裁判所が認めるのであれば、原告は、被告に対して別に有する損害賠償債権をもって被告の貸金債権と相殺する」と陳述した（反対相殺の再抗弁）。裁判所は、どのように対応すべきであろうか。

わが国では、これまでに報告された先例はみられず、この問題を取り上げて論じた文献もなかった。わずかに私が、ドイツにおける議論の所在にふれながら、さしあたりの所見として、次のように説いていたにとどまる。反対相殺のうち、訴訟外反対相殺の再抗弁は許されるが、訴訟上反対相殺の再抗弁は審理の錯雑を招くときは許されない、と（中野「相殺の抗弁（上）」判例タイムズ八九一号五頁以下）。

図らずも、それから間もなく、最高裁平成一〇年四月三〇日判決民集五二巻三号九三〇頁が、この問題を正面から取り上げ、論拠を明確に示しつつ結論として被告の訴訟上相殺の抗弁に対する原告の訴訟上反対相殺の再抗弁は許されない旨を判示した。学説に先んじて最高裁が、それも原判決を破棄して、自らの判断を示したものであり、甚だ注目に値する。

最高裁平成一〇年四月三〇日判決の事案は、極端に圧縮すると、こうである。

Xは、Yに対し年余に亘って手形貸付けを繰り返してきたが、Yが倒産し、その振り出した三通の約束手形が不渡りとなった。手形①（額面一五〇万円）、手形②（額面一〇〇万円）、手形③（額面一〇〇万円）である。そこで、XとYの間で、手形①②の債務を旧債務として準消費貸借契約がなされた（準消費貸借金債権①②）。手形③は、そのままである。Xが準消費貸借金債権①一五〇万円および準消費貸借金債権②一〇〇万円の支払いを求めて訴えを提起したところ、Yは、Xの訴求債権の成立を争うとともに、口頭弁論期日において訴訟上相殺の抗弁を提出した。すなわち、手形①および②に至るそれぞれの約束手形の振出と決済の繰返しにおいて利息制限法の制限利率を超過する利息が天引きされたため、Yは、その超過額の合計一七〇万余円の不当利得金返還請求債権①および合計一一三万余円の不当利得金返還請求債権②を有し、それを自働債権として、それぞれ、Xの準消費貸借金債権①および②を受働債権として相殺する、というのである。

Yの訴訟上相殺の抗弁に対し、Xは、直ちに同じ口頭弁論期日において、反対相殺の再抗弁を提出した。Xは、手形③の約束手形金債権を自働債権とし、Y主張の不当利得金返還請求債権を受働債権として、そのうち発生の時期の早いものから順にX訴求の約束手形金に満つるまで対当額で相殺する、と主張したのである。

第一審判決は、Yの相殺によりXの準消費貸借金債権①②はいずれも消滅したものとして、Xの請求を棄却した。Xの反対相殺の再抗弁については、自働債権とされる手形③の約束手形金債権はYの相殺によりすでに消滅しており理由がないとして、斥けている。Xが控訴し、控訴審判決は、Xの反対相殺の再抗弁を容れて、Yの相殺の抗弁の自働債権につきXの反対相殺による一部消滅を認め、その結果として、Xの請求を一部認容した。Yが上告し、上告理由のなかで、Yは、相殺の抗弁の性質や既判力の点から、「原告が裁判において相殺の主張を再抗弁として提出することは訴訟法上許されない」と主張した。

最高裁は、控訴審判決につき、Yの敗訴部分を破棄し、次のように判示してXの控訴を棄却した。

「被告による訴訟上の相殺の抗弁に対し原告が訴訟上の相殺を再抗弁として主張することは、不適法として許されないと解するのが相当である。けだし、㈠訴訟外において相殺の意思表示がされた場合には、相殺の要件を満たしている限り、これにより確定的に相殺の効果が発生するから、これを再抗弁として主張することは妨げないが、訴訟上の相殺の意思表示は、相殺の意思表示がされたことにより確定的にその効果を生ずるものではなく、当該訴訟において裁判所により相殺の判断がされることを条件として実体法上の相殺の効果が生ずるものであるから、相殺の抗弁に対して更に相殺の再抗弁を主張することが許されるものとすると、仮定の上に仮定が積み重ねられて当事者間の法律関係を不安定にし、いたずらに審理の錯雑を招くことになって相当でなく、㈡原告が訴訟物である債権以外の債権を被告に対して有するのであれば、訴えの追加的変更により右債権を当該訴訟において請求するか、又は別訴を提起することにより右債権を行使することが可能であり、仮に、右債権について消滅時効が完成しているような場合であっても、訴訟外において右債権を自働債権として相殺の意思表示をした上で、これを訴訟において主張することができるから、右債権による訴訟上の相殺の再抗弁を許さないこととしても格別不都合はなく、㈢また、民訴法一一四条二項（旧民訴法一九九条二項）の規定は判決の理由中の判断に既判力を生じさせる唯一の例外を定めたものであることにかんがみると、同条項の適用範囲を無制限に拡大することは相当でないと解されるからである。」

これを本件についてみると、手形③の債権を自働債権として不当利得返還請求債権①②と相殺する再抗弁の主張は不適法であるから、不当利得返還請求債権①②全額を自働債権として相殺の効果が生じ、これにより準消費貸借金債権①②の全額が消滅すると解すべきであって、本件請求は理由がないというべきである。」

この判決の出現を契機として、わが国でも学説上の論議を生じており、(65) なお今後の展開が予想される。

(2)　反対相殺の再抗弁の許否という問題については、実体法からのアプローチと訴訟法からのアプローチがある。

(a)　実体法だけから考えると、およそ「反対相殺」というものは成立しない。

原告の訴求債権に対し被告がその反対債権をもって相殺したという場合、その相殺は、訴求債権と反対債権のいずれかが存在しなければ成立しないし、訴求債権と反対債権のいずれもが存在して相殺が成立したとしても、相殺によって双方が対当額において消滅しているわけなので、相殺の後に原告がさらに訴求債権とは別の債権をもって被告が相殺に用いた反対債権と相殺（反対相殺）することはありえないからである。

訴訟法から考えると、そうではない。

被告がその反対債権をもってする「相殺の抗弁」を口頭弁論において提出しても、判決が確定するまでは決着しない。裁判所がその判決において相殺の抗弁をとりあげるかどうか、また、とりあげてもその相殺の成立を認めるかどうかは分からないし、相殺の抗弁が無用に帰する場合もある。また、相殺の抗弁は、第一次的に他の防御方法を立てて、これに対して予備的（仮定的）に主張されているのが普通である。したがって、その「相殺の抗弁」が生きており、あるいは動きだす可能性があるかぎり、原告が被告の「相殺の抗弁」に対する防御として、訴求債権とは別の債権をもって被告が相殺に用いた反対債権と相殺する旨の「反対相殺の再抗弁」を提出することは可能なはずだと考えられるからである。

周知のとおり、訴訟上相殺じたいの本質がながく争われている。問題じたいに実体性の側面と訴訟法の側面があるので、反対相殺の再抗弁の許否についても、論者によって実体法からのアプローチと訴訟法からのアプローチとが交錯し、なんらかのかたちで組み合わされることになって、論議を生じている。

(b)　ドイツでは、実体法からのアプローチが有力である。

ドイツでは、留保判決の制度（ド民訴三〇二条）の制度があり、相殺の抗弁が提出されていても訴求債権に関する弁論が裁判に熟するときは、相殺に関する裁判を留保して、訴求債権の裁判をすることができ、この留保判決は、上訴および強制執行に関しては終局判決とみなされるが、留保された相殺に関して訴訟はなお係属する。また、相殺の抗弁において相殺の自働債権とされた被告の反対債権が訴求債権と法的な関連を有しないときは、裁判所は、訴えおよび相殺について弁論の分離を命ずることができ、この場合にも、留保判決の規定が準用される（ド民訴一四五条三項）。したがって、訴求債権とは別個に相殺の抗弁の当否を裁判することが制度上予定されているので、間接的にしか訴求債権と関連しない反対相殺については、訴訟法からのアプローチが当初から制約されている。また、ドイツにおいては、相殺充当につき相殺する側の受動債権の指定に対して相手方の異議が認められていること（ド民三九六条一項）、および、訴えの変更の要件が厳しく、被告の同意があるか、裁判所が相当と認める場合に制限していること（ド民訴二六三条）なども、反対相殺の再抗弁の適否の論議に絡む。[66]

このような、わが国と異なる事情はあるが、反対相殺をめぐるドイツの学説を瞥見しておきたい。近時に至って、訴訟法学者の間に反対相殺を認める見解が現われたが、これに対して反対相殺を否定する多くの見解が出ている。[67]

（i）　積極説としては、一九七六年のドイツ民事訴訟雑誌にブラウンが投じた論文「訴訟における原告の相殺」[68]が最初である。

彼は、いう。被告の予備的相殺があっても、その自働債権を原告がその給付によって弁済することを妨げないのと同じように、被告の予備的相殺は、原告がその〔反対〕相殺によって被告から反対債権をもぎとることを原告に拒むことはできない。被告の反対債権の消滅は、判決の確定前には確定しないのである。訴訟上相殺の本質について、今日では私法行為説（併存説）が通説となっているが、この説は、けっして、訴訟上相殺が民法上の相殺であるからといって、訴訟上相殺の実体上の効果が手続においてあらゆる場合に顧慮されなければならないとか、顧慮してよいという帰結を引き出すものではない。ドイツ連邦大審院も、被告がすでに訴求債権に対する防御として訴訟上相殺の自働債権とした同一の債権を被告が訴求する反訴について一部判決をすることを適法と認めているし、訴訟上相殺に用いた同一の債権について別訴を提起することも認めている。時機に後れたかどうかは相殺の実体的な効果には関係がないのに、相殺の抗弁を時機に後れた防御方法として却下できることに異論はない。被告が第一次的に消滅時効の抗弁を提出し予備的に相殺の抗弁を提出し、第一審で裁判所が時効を認めず相殺を認めて被告を勝たせた訴訟でも、その第二審で相殺の実体的効果に拘らず時効を認めることになんの支障があるわけもなく、その判断では、むしろ予備的相殺の実体的効果を顧慮することはできないのである。そして、このように、予備的相殺の実体的効果が訴訟上は顧慮しないでおかれなければならないとすれば、原告の訴訟上相殺についても、この相殺がすでに実体法的になんの効果ももちえないという理由付けをもって斥けることはできない。ある場合には予備的相殺の実体的帰結を考慮し、他の場合にはその実体的帰結を無視するということはできないはずである、と。

このブラウンの見解を、有力な学者のひとりであるパブロフスキーが支持した。(69)

(ii)　最近のドイツで現われる民事訴訟法の概説書や注釈書は、そのほとんどが、簡単ながら、原告の反対相殺の再抗弁を取り上げている。現在のところ、実体法的なアプローチに基づいて原告の反対相殺を認めない見解が多数を占めている。(70)

たとえば、ローゼンベルク＝ゴットワルトの民事訴訟法教科書では、「原告の反対相殺を適法とみるブラウンの見解は、有効な相殺があれば相殺に用いられた債権は相殺の意思表示とともに消滅すると定めたドイツ民法三八九条〔日民五〇六条〕と矛盾する」として、簡単に斥けている。(71)また、シュタイン＝ヨーナスの民事訴訟法大コンメンタールでは、ライポルトが、より詳しく次のように述べている。(72)「積極説の理由は、被告の相殺は予備的なものだからその実体法上の効果は差当りまだ生じていない（あるいは手続上顧慮できない）からだというにある。予備的相殺を停止条件付きの相殺とみなければならないとすれば、そうなるのかもしれない。しかし、これでは、予備的相殺というものは実体法的に条件付けられた、あるいはいずれにせよ浮動状態にある相殺なのだという観念が拡大されることになり、その拡大は、予備的地位の意味と目的からは正当でないように思われるし、予備的相殺の許容性を説明する理論構成から被告にとっての予期せぬ不利益を引き出すことになる。被告としては、原告がまだ被告の反対債権に対して作用を加えることができるという意味での浮動状態を導入しようとしたわけではない。被告が予備的地位によってめざしたのは、訴求債権が存在せずあるいはそれについていずれにせよまだ判断がなされていないのに反対債権を終局的に消費してしまう、ということを避けたいだけなのである。時効の中断に関しても、予備的地位にかかわらず相殺の効果は相殺におけるその提出の時点ですでに生じることが明らかである。相殺全体としては、だから、解除条件とみることによって利益状態に適う結論に達する。被告の予備的相殺の後になされた原告の反対相殺は、通常、訴訟上顧慮できない（in der Regel prozessual unbeachtlich）。すでに訴求債権が存在しないことが明らかになって顧慮されないか、それとも、被告の予備的相殺がその実体法上の効果に基づいて先順位で顧慮されるべきであるかのいずれかを出ないからである」と。

(c)　わが国では、訴訟法からのアプローチが先行した。

すでにみたとおり、学説の展開に先んじて、最高裁平成一〇年四月三〇日判決が反対相殺の再抗弁を「訴訟法上許されない」と断じたが、その理由として挙げるところは、審理の錯雑の回避、再抗弁不許による各別の不都合がないこと、および、判決理由中の判断に既判力が生ずる範囲の無制限な拡大を防ぐ必要という、いずれも手続的な理由である。これに従い、訴訟審理の実際という観点から判旨に賛成する見解が多く、同判決における訴訟政策的な考慮の前面化について賛否の意見がある。(73)

これに対して、松本博之は、前述したライポルトの所説と同じような実体法からのアプローチを試み、「相殺の抗弁提出後の訴訟外の反対相殺も、訴訟上の反対相殺も、ともに実体上の理由により不適法であり、顧慮されない（unbeachtlich）と解する」と説く。(74) これに対して、宇野聡は、結論的に、実体法的アプローチから反対相殺の再抗弁を適法とし、訴訟政策的な観点からも問題がないとするのではあるが、その適法説は、反対相殺の再抗弁をあえて不適法とする必要はないというにとどまり、意思表示先着順という現在の実体法理論のもとでは、原告の反対相殺の再抗弁は一般に主張じたい失当として証拠調べの対象ともならないが、不適法とすることはできず、反対相殺の再抗弁が理由ありとされる場合もなくはないとして、それが被告の訴訟上相殺の再抗弁よりも先行して主張される場合を挙げている(75)。

これらの所説によって種々の問題が明確に浮き出してきた。熟しないまま最高裁判決に先行してしまった私の旧見を再考しながら、以下に論点を検討してみたい。

(3)　相殺の抗弁については、訴訟上相殺の抗弁と訴訟外相殺の抗弁が区別され、問題は訴訟上相殺の抗弁に集中している。反対相殺の再抗弁についても同様である。

前記最高裁判決も、被告による「訴訟上相殺の抗弁」に対する原告の「訴訟上相殺の再抗弁」は許されないと判示して、「訴訟外相殺の再抗弁」と切り離し、「訴訟外相殺を再抗弁として主張することは妨げない」と明瞭に述べている。正当と思う。

被告の相殺の抗弁に対する原告の反対相殺が訴訟の開始前あるいは訴訟の期日外ですでになされたことを原告が主張する「訴訟外反対相殺の再抗弁」の場合には、すでに訴訟外でされた相殺の意思表示が相殺の実体的要件を満たしているかぎり、その相手方への到達により確定的に自働債権・受働債権の対当額における消滅が生じている。したがって、被告が相殺の抗弁で主張した反対債権は原告の相殺の意思表示によって消滅したこと——冒頭の設例でいえば、Yの貸金債権はXがその損害賠償権をもってした起訴前の相殺によりすでに消滅しているということ——を原告が再抗弁して主張するのは、当然に許されなければならない。すでに訴訟外で反対相殺の実体上の効果が確定的に生じた以上、その主張を不適法とする理由がないし（民訴一五七条一項による時機に後れた抗弁の却下がありうることは別論）、その主張を許さないと裁判は適正を欠くことになるからである(76)。

(4)　予備的相殺の性質論と相殺の効力解消論の区別を見る。

(a)　訴訟上相殺の抗弁（ないし再抗弁）における相殺の実体的効果は、いつ発生するのか。

訴訟上相殺の抗弁における相殺を私法行為とみる現在の通説に従うかぎり、ここでも、相殺の抗弁が口頭弁論で主張されて相殺の意思表示が相手方に到達したとみられる時点で相殺の実体的効果が確定的に生ずることになる。争点整理手続において相殺の抗弁が主張された場合でも、準備的口頭弁論ならば同じであり、弁論準備手続や書面による準備手続であっても、その場で相殺の意思表示が相手方に到達したとみられる以上、ただちに相殺の実体的効果が確定的に生じ、相殺の抗弁の口頭弁論への上程（民訴一七三条・一七七条）をまつまでもないことになる。

しかし、裁判例は、必ずしもそのようには考えていない。とくに、最高裁平成一〇年四月三〇日判決は、「訴訟上の相殺の意思表示は、相殺の意思表示がされたことにより確定的にその効果を生ずるものではなく、当該訴訟において裁判所により相殺の判断がされることを条件として実体法上の相殺の効果が生ずるものである」と判示し、明瞭に反対の見解をとっている。なぜ意思表示の到達時点で訴訟上の相殺の意思表示の効果が生じないことになるのかという理由は明らかに述べられていない。文理上は、まるで訴訟上相殺の法的性質につき訴訟行為説をとったようにみえ、あるいは、訴訟上相殺に私法行為・訴訟行為の両性を認める折衷説をとっているのかもしれない。[77]しかし、もし最高裁が現在の通説である私法行為説を否定するものでないとすれば、右の判示は、予備的相殺の法的性質について停止条件付き相殺説を採ったものとみるべきではなかろうか。当該事案における相殺の抗弁は、訴求債権の成立を争ったうえでの予備的相殺としてなされているからである。

そうすると、予備的相殺の法的性質をどうみるかが反対相殺をめぐる議論を分かつ核心となる。予備的相殺の抗弁においても相殺の実体的効果が直ちに生ずるとみれば、あとは、先に述べた実体法からのアプローチを貫いて反対相殺を否定することにならざるをえないからである。

(b)　予備的相殺の法的性質については、私見は、停止条件付き相殺と解するのを正当とする[78]。

訴訟上相殺の抗弁が争点整理手続なり口頭弁論で主張されたときに相殺の実体的効果が直ちに生ずるとみる新私法行為説の帰結は、予備的相殺の抗弁についても貫くことができるのだろうか。甚だ疑問に思う。

学説上は、予備的相殺の抗弁についても相殺の実体的効果が直ちに生ずるものと考え、そこから生ずる難点は「相殺の効力の解消」の問題（本書一二四頁以下参照）として処理すれば足りるとする見解が多数を占めているではないかと思う。権威的な概説書である兼子一・民事訴訟法体系（昭和二九年）が、「仮定的相殺の抗弁でも、私法上の相殺の意思表示に条件を付するものではなく、債務があれば相殺するというのは、当然なことで条件付の相殺ではない」と説き[79]、これが予備的相殺の抗弁の予備性を専ら相殺の効果を訴訟上主張する訴訟行為の面におく多数の見解を主導したとみられる[80]。この単純相殺説は、一見してまことに明快であるが、正当とは思えない。

被告の予備的相殺は、「債務があれば相殺する」というのではない。そうではなくて、被告は、第一次的には原告の訴求債権の成立を否認しあるいは弁済・免除等による消滅などを抗弁として主張しつつ、「この第一次的な防御にかかわらず裁判所が訴求債権の存在を肯定するならば」相殺する、というのである。「第一次的な防御にかかわらず裁判所が訴求債権の存在を肯定する」かどうかは、その訴訟における両当事者の主張・立証等の結果によるのであり、口頭弁論終結の時点における裁判所の自由な心証による事実認定や相手方による自白の成否によることであって、まさに将来の不確定な事実である。予備的相殺の抗弁における相殺は、これを私法行為とみるかぎり、このような将来の不確定な事実にかかる相殺であるから「停止条件付き相殺」であるといわなければならない。

予備的相殺につき実体的効果の即時発生を認める多数説は、「債権の存在」と裁判所の「債権存在の認定」とを区別しないという謬りを冒している。対立する債権を対当額で消滅させる相殺の実体法上の効果は、対立する債権が存在するときに生ずるのであり、対立する債権が存在することを裁判所が認定するときに生ずるのではない。これは、民法五〇五条一項が明規するところであり、裁判所の債権存在の認定は相殺の有効要件とはされていないのである。実体的な法律状態として相殺適状の対立債権が存在すれば、たとい訴訟のうえで裁判所が訴求債権の存在を否定しても、相殺の実体法上の効果として対立債権が消滅する。逆に、対立債権が存在しなければ、たとい訴訟のうえで裁判所が訴求債権の存在を認定しても、相殺の実体法上の効果は生じない。たとえば、被告が原告の訴求債権につき消滅時効を訴訟上援用し、裁判所が時効の完成を認めないことを慮って予備的相殺の抗弁を主張している場合を考えてみると、多数説では、裁判所が時効の完成を認めて請求を棄却しても、相殺の意思表示の到達によってすでに相殺の実体的効果が生じてしまっており、あとは、すでに生じた「相殺の効力の解消」の問題が残るだけである（後述(c)）。その解消が生ずるまでの間は、予備的相殺の意思表示の到達とともに訴求債権と反対債権とが相殺適状の始めに遡って消滅したものとして取り扱われなければならない。これは、実体法上の効果なのであるから、その訴訟の外においても（実例につき本書一〇四頁（注45）参照）、また、第三者に対する関係においても、そうなのである。この結果は、予備的相殺の抗弁を主張する被告の意思に合致しないばかりでなく、理論上の整合性を欠く。

予備的相殺がなされるのは、被告にとって、相殺が自己の反対債権を犠牲に供して訴求債権を消滅させるものであり、単純否認や弁済や免除に比べて自分に不利益であるから、なるべくならば相殺はしたくない。しかし、口頭弁論で主張しておかないと、いざというときに判決で取り上げてもらえないから、予備的相殺を主張し、相殺を取り上げるのは後回しにしてくれと裁判所にいっているのだ。民法上、単純な相殺では、その意思表示の相手方への到達と共に対立する両債権が対当額で消滅してしまうし（民五〇五条・五〇六条）、訴訟法上も、判決の理由中で相殺の抗弁が取り上げられ、被告の反対債権の存否が判断されて判決が確定すれば、存否いずれの判断にせよ、反対債権の不存在が既判力をもって確定されるから（民訴一一四条二項）、被告としては反対債権を喪失した結果となる。それを、できるだけ避けたいというのが、予備的相殺の本旨なのである。だからこそ、被告勝訴の判決があった場合でも、それが被告の予備的相殺の抗弁を理由ありとする勝訴であるなら、勝訴した被告に上訴の利益が認められるし、相殺の抗弁と二重起訴の禁止という問題（本書一〇四頁以下）も、予備的相殺の抗弁にかかわらずなお対立債権が存在することを前提に議論がなされている。

(c)　予備的相殺の法的性質の問題は、相殺の「実体的効果の発生」に関する。訴訟上相殺の抗弁が時機に後れたものとして却下されあるいは訴えの取下げや不適法却下があった場合における相殺の「相殺の効力の解消」の問題とは、区別して論じられなければならない[81]。

訴訟上相殺を私法行為とみれば、相殺の意思表示が相手方に到達したときに相殺の実体的効果が生ずるので、訴訟上相殺の抗弁が不適法あるいは無意義に帰した場合における「相殺の効力の解消」の問題が出てくる（本書一二五頁以下）。これは、訴訟上相殺の抗弁一般の問題であって、予備的相殺じたいの問題ではない。

(5)　次に問題となるのは、被告が抗弁の事由として主張する相殺――これを「抗弁相殺」とよぶことにしよう――と、これに対して原告が再抗弁の事由として主張する反対相殺との優劣である。

(a)　さきにみたライポルト説では、抗弁相殺に優位を認めている。

ライポルトは、予備的相殺を単純相殺とみ、それが訴訟上顧慮されないことを解除条件としているだけであって、相殺による対立債権の消滅という法律効果は、相殺の抗弁が提出された時点においてすでに生じていると説く。そうすると、裁判所としては、被告の相殺の抗弁について判断する場合、その判断は、反対債権は抗弁相殺がなされる前から存在しなかったとみるか、反対債権は存在したが抗弁相殺によって消滅したとみるか、そのいずれかを出ないわけであるから、そこで止まってしまう。だから、たとい原告が、「もし、裁判所がその反対債権の存在を認めるのであれば別の債権をもって反対相殺をする」との再抗弁を主張していても、裁判所が訴訟上これに立ち入ることは必要がなく、その意味で、判断ができないのである。反対相殺は、裁判所に取り上げられることなしに放置されることになる。ライポルトは、そうなるのが「通常」であるというが、例外については述べていない。

要するに、ライポルトが「反対相殺は、通常、訴訟上顧慮できない」というのは、予備的相殺が解除条件付きの相殺であることを前提として、裁判所の判断は抗弁相殺のところで止まってしまうから反対相殺には立ち入れない、という趣旨にほかならず、それ以上に出るものではない。けっして、反対相殺が不適法であるとか、反対相殺の再抗弁が不適法として却下されるべきであると説いているわけではないのである。

松本説は、概ねライポルトの見解と同旨と思われるけれども、違う点もある。松本説では、相殺の抗弁提出後の反対相殺は「実体上の理由により不適法であり、顧慮されない（unbeachtlich）と解する」といい「反対相殺は存在しない債権を受働債権とする相殺であるので、不適法であり、訴訟上顧慮されえない」といい、反対相殺は「相殺の抗弁に対する再抗弁たり得ないのであるから、再抗弁たり得ないものを再抗弁として提出しても訴訟上不適法で顧慮されないのである」という[82]。反対相殺の「実体上の理由による不適法」とか、「反対相殺」の不適法と「反対相殺の再抗弁」の不適法との混淆も気になるが、「不適法で訴訟上顧慮されえない」という文理は、全く理解に苦しむ[83]。宇野説でも、訴訟上の相殺の意思表示は停止条件付きでなく解除条件付き相殺の意思表示として理解すべきで、抗弁相殺と反対相殺の効果は相殺の意思表示の先後によって決まるとし、相殺の抗弁が先行すれば、相殺の実体法上の効果が生じて、反対相殺の再抗弁は実体的理由を喪失すると説きつつ、しかし原告の反対相殺の再抗弁が被告の相殺の抗弁に先行して主張される場合もあり、この場合には、被告の相殺の抗弁が主張されなければ主張じたい失当とされるけれども、後に被告の相殺の抗弁が主張されれば、逆に反対相殺の再抗弁が理由ありとされる可能性もあるから、反対相殺の再抗弁は「恒常的な空振りを理由として不適法とされるべきではない」として、かなり狭隘な適法説を採っている[84]。

(b)　予備的相殺を停止条件付き相殺とみるかぎり、相殺の抗弁を主張しただけでは、訴求債権と反対債権の対当額における消滅という相殺の実体法上の効果はまだ生じていないので、抗弁相殺と反対相殺の優劣が問題となる。

この点については、種々の考え方がありうる。①訴訟上の相殺は、抗弁、再抗弁の順序で効力を生ずるとする見解（抗弁相殺優先説）、②相殺上の相殺は、再抗弁、抗弁の順序で効力を生ずるとする見解（反対相殺優先説）、③訴訟上の相殺は、相殺の意思表示の到達が早いものから順に効力を生ずるとする見解（意思表示説）、④訴訟上の相殺は、相殺適状の早いものから順に効力を生ずるとする見解（相殺適状説）などである。[85]

私見は、反対相殺優先説である。

冒頭の設例に戻っていうと、こうである。被告の相殺の抗弁は、「もし、原告の代金債権の存在を裁判所が認めるのであれば、被告は、原告に対して有する貸金債権をもって原告の売買代金債権と相殺する」というのである。しかし、裁判所が原告の代金債権の存在を認定し、被告の貸金債権との相殺適状を判断して相殺の抗弁を容れようとすると、その判断を下す前に、必ず被告の貸金債権の存在を認定しなければならない。そして、裁判所が被告の貸金債権の存在を認定する場合には、原告の反対相殺の再抗弁がはたらく。原告は、「もし、被告の貸金債権の存在を裁判所が認めるのであれば、原告は、被告に対して別に有する損害賠償債権をもって被告の貸金債権と相殺する」と主張しているので、裁判所が被告の貸金債権の存在を認めれば、原告の反対相殺に付された停止条件が成就することになり、相殺適状と判断されれば反対相殺による被告の貸金債権の消滅が認められなければならない。要するに、抗弁相殺について判断しようとすれば、反対相殺についての判断が必要となるので、その意味で、反対相殺が抗弁相殺に優先するというのである。

これは、しかし、反対相殺の再抗弁が許されることを前提として、抗弁相殺と反対相殺との優劣をみたときに後者が優先するというだけであって、そのことから反対相殺の再抗弁が許されるという帰結を直接に導けるわけではない。なお、他の考慮を必要とする。

(5)　反対相殺の再抗弁の適否につき検討を重ね、結論として、やはり、反対相殺の再抗弁は原則として不適法である、と考える。

最高裁平成一〇年四月三〇日判決の判旨は、正当である。

(a)　予備的相殺なり反対相殺の法的性質から反対相殺の再抗弁の適否を決することができないとすれば、訴訟行為の一般的な要件から出なおすほかはない。

訴訟は、裁判所および両当事者の訴訟行為の連鎖であるため、手続の安定を確保する必要があり、訴訟行為は、一般に条件・期限に親しまない。とくに、期限については、当事者が訴訟行為に期限を付することを全く許さないが、条件については、訴訟行為の効力を将来の訴訟内の出来事に係らせるのであれば、手続の不安定が生じないので許される、と解されている。訴えの予備的併合や予備的主張・予備的抗弁、予備的反訴などが、その例である。しかし、それらの訴訟行為が条件付きであるのに許される理由が「手続の不安定が生じない」ということであるならば、一般的には許されるそれらの訴訟行為であっても、例外的に「手続の不安定が生ずる」ようなものは、やはり許されないというべきではないか。

反対相殺の再抗弁にあっては、厳密にいえば、条件が付されているのは私法行為たる反対相殺の意思表示であって再抗弁という訴訟行為ではない。しかし、訴訟外反対相殺の再抗弁は別として、ここで問題としている訴訟上反対相殺の再抗弁にあっては、この私法行為と訴訟行為が併存している。被告が相殺の抗弁を提出し、これに対して原告が反対相殺の再抗弁を提出することを許せば、手続の不安定を生ずる。冒頭の設例でいえば、被告の貸金債権をもってする相殺は、裁判所が原告の代金債権の存在を認めることを条件とするものであり、裁判所が原告の代金債権の不成立なり弁済等による消滅を認定するときは不要に帰するが、それは口頭弁論終結の段階にならないと判らないから、相殺の抗弁が提出されれば、被告の貸金債権についての審理をしなければならない。そこへ原告の反対相殺の再抗弁が提出されれば、同様に、原告の損害賠償債権についての審理を要するが、その審理も、裁判所が原告の代金債権の存在を認めない場合あるいは被告の貸金債権の存在を認めない場合には不要に帰する。しかも、この三つの債権は、別個の発生原因に基づくので、別個の審理・判断が必要であり、一個の訴訟物についての審理が、ともに実体的効果の発生が条件にかかる相殺の抗弁と反対相殺の再抗弁の重畳によって多重化する。

普通、このような錯雑を忍んで、相殺の抗弁のうえにさらに、二重の条件にかかる反対相殺の再抗弁を許さなければならない各別の事由があるとは思われない。最高裁平成一〇年四月三〇日判決がいうように、「仮定の上に仮定が積み重ねられて当事者間の法律関係を不安定にし、いたずらに審理の錯雑を招く」ことになり、反対相殺の再抗弁は、手続の不安定を生ずるがゆえに不適法というべきである。(86)

(b)　もうひとつの理由は、反対相殺の再抗弁の許容が訴訟物の、度を超えた肥大を招く点にある。

民事訴訟法は、訴えの変更を許す要件として「請求の基礎」の同一性を要求し（民訴一四三条一項）、反訴を許す要件として本訴請求ないしその防御方法と反訴請求との関連性を要求している（民訴一四六条一項）。いずれも、係属する訴訟に他の訴訟物が後からむやみに詰め込まれて審理が錯雑するのを制止する趣旨である。

相殺の抗弁は、「準訴」とか「未発展の反訴」といわれるように、訴求債権とは別個の反対債権を訴訟にもちこむので、実質的な審理対象はダブルになる。しかも、判決において相殺の抗弁の当否につき反対債権の存否を認定して判断すれば、判決の確定とともに、反対債権の不存在についても既判力を生ずる（民訴一一四条二項）。したがって、訴訟物である権利関係に対すると実質的に変わらない審理が反対債権についても行われなければならないのである。もし、そのうえに、なお反対相殺の再抗弁を許せば、どうなるか。ここには、訴えの変更における「請求の基礎」の要件も、反訴における「請求の関連性」の要件もない。したがって、原告の訴求債権とも被告の反対債権とも全く何の関係のない原告の別の債権が、原告の反対相殺の再抗弁の提出とともにその自働債権として訴訟にもちこまれ、審理されなければならない。しかも、おそらく、反対相殺の再抗弁の当否につき判決で自働債権の存否を認定して判断すれば、ここでも、自働債権の不存在につき既判力を認めることになるであろうから（民訴一一四条二項の適用ないし類推）、それだけの審理・判断が必要である。この結果は、耐えがたい。訴訟には、ここまでという明確な限界付けは不可能だけれども、手続の適正な規模というか、容量がある。[87]訴訟手続は、法律によって厳格に構成されており、あまり多くのものが雑多に詰め込まれると、審理が錯雑し、適正・迅速な裁判ができない。訴えの変更や反訴の要件規制（民訴一四三条一項・一四六条一項）は、これに対応する趣旨であろう。そうだとすれば、「請求の基礎の同一性」や「請求の関連性」の制限なしになされる反対相殺の再抗弁は、これらの規定の立法趣旨に反するものとして不適法であるといわなければならない。

(c)　しかし、例外的に反対相殺の再抗弁を許す余地はあるのではないか。もし、具体的な事案において反対相殺の再抗弁を認めても審理の錯雑を招くことがなく、反対相殺の再抗弁によらなければ原告が他に適切な救済を受けることができず、反対相殺の自働債権の不存在の判断に既判力を認めないと紛争の蒸返しを避けることができないというような場合が例外的にあるとすれば、相殺の再抗弁は許されなければならないであろう。たとえば、原告が金銭債権の全部を訴求せずにその一部の支払いをもとめる、いわゆる一部請求の訴えを提起した訴訟において、被告が相殺の抗弁を提出したのに対し、原告が訴訟物たる債権の残余部分をもってする反対相殺の再抗弁を提出するような場合が考えられる。

(d)　以上のような理由理由で反対相殺の再抗弁を許さないとするならば、その趣旨は反対相殺の再抗弁だけにとどまらないことを付言したい。

係属中の本訴に対して被告が予備的反訴を提起したのに対して原告がさらに予備的再反訴を提起したような場合などにも、同様の考慮が必要となる。前掲の最高裁平成一〇年四月三〇日判決の判旨は、当然に類推されるべきであろう。

(64)　「反対相殺」という用語については、松本博之「反対相殺の適否について」佐々木追悼・民事紛争の解決と手続一八三頁以下に従う。私自身は、「逆相殺」という表現を用いていたが（中野・私法判例リマークス一九号一三二頁以下）、同一の対立債権について双方から相殺の意思表示がなされることがあるうえ、すでに従前から銀行取引において預金者側から銀行に対してする相殺を「逆相殺」とよぶ慣用が定着していることを知ったので、この表現を避けて「反対相殺」とよぶことにした。

(65) 研究論文として、松本・前掲（注64）一八三頁、宇野聡「訴訟上の相殺の再抗弁に関する一考察」法と政治五一巻二号八二七頁以下があり、詳細な調査官解説として、長沢幸男・法曹時報五二巻六号一八六七頁以下がある。判例批評としては、酒井一・判例評論四七九号三六頁以下、加藤新太郎・NBL六六七号六九頁以下、田中宏治・阪大法学四八巻六号一五七一頁以下、本間靖規・ジュリスト平成一〇年重要判例解説一二九頁以下、佐藤陽一・判例タイムズ一〇〇五号二一六頁以下などがあり、いずれも、判旨の結論には概ね賛成であるが、理由付けについては一致しない。

(66) 酒井・前掲（注65）二三一頁以下が、これを指摘する。

(67) ドイツの学説・判例の状況については、宇野・前掲（65）八四四頁以下が詳しい。

(68) Braun, Die Aufrechnung des Klägers im Prozess, ZZP 89. Bd. S.93 ff. とくに、S.97 ff.

(69) Pawlowski, Die Gegenaufrechnung des Klägers im Prozeß, ZZP 104 Bd. S.249 ff. とくに、S.268 ff.

(70) 本文で次にのべるゴットワルトおよびライポルトのほか、Thomas/Putzo, ZPO, 21. Aufl. 1998, §145 Rdnr. 30; Baumbach/Lauterbach/Hartmann, ZPO, 53. Aufl. 1995, §145 Rdnr. 23 ほか多数。

(71) Rosenberg/Gottwald, Zivilprozessrecht, 15. Aufl. 1993, S.592 Fn.1. 同旨の Rosenberg/Schwab, Zivilprozessrecht, 14. Aufl. 1986, S.633 Fn.1 を受け継いでいる。

(72) Stein/Jonas/Leipold, ZPO 21. Aufl. 1994, §145 Rdnr. 28a.

(73) たとえば、加藤・前掲（注65）七一頁が、「本判決は訴訟運営の観点を考慮した規範を提示するもので、手続の円滑化に資することになり、実務的には歓迎すべき判例である」とするのに対し、本間・前掲（注65）一三〇頁は、「最高裁の結論自体はこれでいいとしても、これを引き出すにあたり、理論的に突き詰める努力を欠き、早々に政策的判断に走ってしまった感を禁じ得ない」という。

(74) 松本・前掲（注64）一九五頁以下。

(75) 宇野・前掲（注65）

(76) 松本・前掲（注65）一九五頁以下では、「訴訟上の反対相殺であれ、訴訟外の反対相殺であれいずれにせよ、反対相殺は存在しない債権を受動債権とする相殺であるので、不適法であり、訴訟上顧慮されえない」と説く。しかし、その文脈上は、相殺の抗弁の提出より後になされた訴訟外の反対相殺に限っての立言のようであり、相殺の抗弁の提出より前にその相殺の自働債権に対して原告が別の債権をもってした訴訟外相殺ならば、それを再抗弁として主張することを許さない趣旨ではあるまい。それならば、所説は、予備的相殺の抗弁における相殺がすでに解除条件付きで発効しているとみることの帰結として述べられているわけであり、この点は、本文で次に検討する。

(77) 訴訟行為説および折衷説については、中野・訴訟関係一〇〇頁以下参照。

(78) 中野・訴訟関係九六頁以下に述べたところであり、現在でも、私見は実質的に変わっていないであろう。ドイツでは、予備的相殺を停止条件付き相殺とみる説は少数にとどまるが、最近でも、Musielak, Die Aufrechnung des Beklagten im Zivilprozeß, JuS 34. Jg. 1994, S.818 ff. が精細に停止条件説の正当を論じているのが注目される。

(79) 兼子一・民事訴訟法体系二一二頁。

(80) 山木戸克己・民事訴訟理論の基礎的研究五六頁、松本博之＝上野泰男・民事訴訟法二一四頁〔松本〕など多数。

(81) 松本・前掲（注64）一九三頁以下では、反対相殺の適否の「問題の解決は、予備的相殺の抗弁の性質の理解と関わる」として、「予備的相殺は停止条件付き相殺なのか、それとも解除条件付き相殺と解されるべきか」と問い、停止条件説を排し、解除条件説の正当を力説している。しかし、同書がいうところの停止条件説（「裁判所が訴求債権の存在につき心証を得、かつ相殺の抗弁が訴訟上の理由から不顧慮とならないことを黙示的に停止条件として相殺の意思表示がなされているものと解する」見解）は、予備的相殺の抗弁における「相殺の実体的効果の発生」についての説なのである。これに対して、同書がいうところの解除条件説（「相殺の抗弁がたとえば時機に後れたものとして却下されること、もしくは、訴えが取り下げられ、または不適法として却下されるため、裁判所が相殺の抗弁について判決において判断しないことを解除条件として、相殺の意思表示がなされているものと見る」見解）は、「相殺の効力の解消」の問題についての説であって、予備的相殺であると否とをとわず、訴訟上相殺の抗弁一般に関する。両者は取り扱う問題を異にし、並列されるべきものではないのではないか。宇野・前掲（注65）八五六頁以下の所説でも、訴訟上相殺の抗弁について「条件付相殺という構成がとられるのは、訴えの却下や取下げなどの訴訟上の理由から相殺の抗弁について斟酌されなかった場合に、相殺の実体上の効力を残存させないようにするという必要性に基づいている」との認識が述べられ、松本説におけると同じような問題の混淆を見る。率直に疑念を述べて、解明を求めたい。

　私見は、停止条件説を採っているが、それは、「相殺の実体的効果の発生」についてであって、「相殺の効力の解消」については、私見も、解除条件説に属する。本書一二九頁以下参照。

(82) 松本・前掲（注64）一九五頁以下。

(83) 反対相殺不適法論に対する批判として、酒井・前掲（注65）三八頁参照。

ドイツの訴訟行為論では、取効行為（Erwirkungshandlung）における「適法・不適法」（zulässig/unzulässig）の評価に対するものとして、与効行為（Bewirkungshandlung）における「顧慮可・顧慮不可」（beachtlich/unbeachtlich）の評価を挙げる例がある。これは、与効行為（訴えの取下げ・訴訟告知など）については、取効行為（申立て・主張・挙証）のように裁判所なり裁判官の行為を求めるものでないため、適法性の判断から理由の有無の判断に進む必要がないからである。

(84)　宇野・前掲（注65）八六〇頁以下。

(85)　長沢・前掲（注65）一八八一頁以下参照。各説が詳しく検討されている。最高裁平成一〇年四月三〇日判決の原審におけるXの請求の一部認容は意思表示説によるものである。

(86)　最高裁平成一〇年四月三〇日判決の事案において、手形③の債権が請求の原因とされた準消費貸借契約の取り込まれず、訴訟上反対相殺の再抗弁において初めて浮上した事情は明らかでないが、手形③の債権による反対相殺が仮定的主張であっても再抗弁の事由として提出された以上、裁判所は、Xの準消費貸借金債権についての審理の途中から手形③の債権についても審理を開始しなければならず、無用に審理の錯雑を招いた感が濃い。本件では、反対相殺の再抗弁を却下されることによるXの不利益を顧みる実際上の必要は、とくに見当らないように思われる。

(87)　直接には多数当事者訴訟に関するが、田尾桃二「紛争の一回的一挙的解決ということについて」民事訴訟雑誌四〇号三七頁以下の所説が示唆に富む。

（判例タイムズ八九一号・八九三号、一九九六年）

5　一部請求論の展開

一　はじめに

まず、一部請求論の呼称について注意したい。最近、新たな論点が次々に浮上しており、従来の用語の使い方が適当でなくなっている。

もともと、「一部請求」というのは、数量的に可分な一個の請求権（とくに金銭債権）の数量的一部を訴求することを指す。したがって、むしろ、「一部訴求」という方が正確であり、分かり易い。「一部請求」という呼称は、訴訟上の請求の一部あるいは「訴訟の一部」（民訴二四三条二項・三項）と紛らわしく、必ずしも適当でないし、「請求」＝訴訟物と絡んで議論を不透明にしてきた嫌いもある。そのうえ、問題が提起された当初から現在に至るまで、核心的な論点は、「一部請求と残額請求」、すなわち、「原告が、可分債権に基づきその一部を訴求したのち、さらにその債権の残額を訴求することができるか」という問題であったところから、学説上、一部請求についての判決確定後の残額請求の訴えを認める見解を「一部請求肯定説」と呼び、認めない見解を「一部請求否定説」と呼んだりしている。しかし、これでは、「一部訴求肯定説」あるいは「一部訴求否定説」と受け取られかねない。

これは、慣用的表現だからといって済ませられる問題ではない。いうのは、最近、一部請求に関して若干の注目される最高裁判決が出現し、学説上の論点が拡大しているからである。一部請求論は、もはや「一部請求と残額請求」という問題の範囲にとどまるものではなくなり、それ以外に、一部請求をめぐる後述のような新たな問題が論ぜられるに至っている。[1] だから、なにから始めるか、となれば、「必ずや名を正さん乎」（論語・子路第一三）ということになる。一部請求の訴えは「一部訴求」と呼び、一部請求判決後の残額請求の訴えは「残部訴求」と呼び、両者に関連する議論を併せて「一部請求論」と呼ぶことにしたい。

本稿では、十分にできていないが、できるだけ一部訴求の問題と残部訴求の問題との区別に留意しながら、最近の一部請求論の展開をフォローしておきたい。

（1）「一部請求」という呼称の適否については、私の旧稿（「一部請求論について」染野古稀・民事訴訟法の現代的構築四五頁以下。中野・民事手続の現在問題八五頁以下に収録）でも取り上げ、むしろ、「分割訴求」というべきではないかと提案したが、論点の拡大によって、それも不十分をなってしまった。

二　一部訴求の許否

(1)　一部請求の訴えは、許されないのか。

この問いに対して、「一部請求の訴えは不適法であり却下されるべきである」と答えるような学説・裁判例は、全くない。

もちろん、一個の債権を細分した微少額を請求する訴えを提起しあるいは多数の細分請求の訴えを提起するようなことが訴権の濫用として許されず、不適法として却下されるべきことは古くから認められるとおりであり、実際にもその例がある。[2] しかし、学説上有力に主張されてきたいわゆる「一部請求否定説」というのは、これとは違って、じつは「分割訴求否定説」なのであり、とくに一部請求判決確定後の残部訴求を否定する見解をいうのである。

　一部請求と残額請求という問題を最初に提起した兼子一[3]にあっては、「特定債権の不特定の一部の訴求は、請求の趣旨の一定を欠くものとして不適法である」、との考えが表明されていた。それならば、訴えを不適法として却下すべきことになるはずだが、そうではなく、「一個の債権は、仮令分量的に可分な給付を目的とするものでも、其の一部が一定の標準で特定されぬ限りは、常に不可分に訴訟の目的となる」、と説かれる。つまり、「一部請求＝全部請求」と解釈して適法とされるのである。また、戦後における一部請求論争の嚆矢を放った三ケ月章[4]にあっても、一回的紛争解決をめざす訴訟物論との理念的対応を説き、アメリカの訴訟運営における潔癖な紛争分断拒否を称揚しながら、やはり、一部請求の訴えを不適法とせず、「厳密な意味での一部請求」、つまり、「単一の請求権をもっぱら機械的・数量的に分割して訴求する場合」は、全部の請求を潜在的な訴訟物として提示しつつ「給付判決を求める最上限を画するに止まる」、とされるのである。残部請求との関係で最も徹底した一部請求否定説だといわれる新堂幸司[5]の見解も、「原告は、(たとえば一〇〇〇万円の損害賠償債権のうち一〇〇万円の支払いを求めるというように) 数量的に可分な債権の一部のみを請求することができる」と割り切っており、請求部分についての特定標識の有無をも問題としない。ただ、一部請求後の残額請求は原則として許されないと説くにとどまる。そのほかにも、現在に至るまで、一部請求であるというだけの理由で訴えを不適法として却下せよと説く論者は、出ていない。

　なぜ、そうなのか。

　いうまでもなく、理論的には、請求の範囲を決めるのは原告であり、裁判所は申立ての範囲を超えて判決できないこと (処分権主義。民訴二四六条) が理由として十分である。もともと、訴求の対象となるのは私的自治に服する権利である。また、一部請求訴訟の継続中に請求が訴求債権の全部に拡張される可能性があり (民訴一四三条)、必要ならば請求の拡張がなされるであろう。また、一部請求訴訟があっても、そこでの訴訟上の和解や判決の確定によって当事者間の紛争が治まり、後で残部請求の訴えが提起されることさえなければ、別に目くじらを立てる必要がない。

要するに、一部請求の訴えは適法なのである。

(2)　しかし、訴えの適法性は別として、一部訴求というのは本当は許せないのだという見解は根強い。そして、その考えが残部訴求可否の立論を実質的に基礎づける役割をもたされているようなので、ここで触れておく必要があるだろう。

前述の兼子説・三ケ月説もそうであるが、最近の学説でも、訴訟費用や訴訟救助に関する議論の昂まりを背景に、たとえば、次のように説かれている。

山本和彦[6]によれば、一部請求の「問題は優れて訴訟費用に関わる論点であることを明示的に意識しながら論じていくことが必要」であり、「一部請求後の残額請求の実質的な許容性を論じるに際しては、訴訟費用（提訴手数料）制度との関係を検討することが必要不可欠」で、「そのような観点からは、一部請求は、原告の一方的判断に基づく提訴手数料負担の回避行為として、原則的には許容されないものと評価される」ところから、「一部請求後の残額請求を否定する立場を正当と」される。それを基礎として立論し、たとえば残部訴求の可否に関する既存の学説（後述五科(2)(a)～(c)）に対しても、前訴一部請求認容の場合に残部訴求を否定する説明に困難を来たす、という理由をもって批判するのである。

私としては、このような考え方には全く承服しかねる。その理由を以下に述べておきたい。

(a)　実務上の日常現象ともいえる一部請求を、いわば十把一絡げに「提訴手数料負担の回避行為」と決め付けることが、どうしてできるのか。

原告にとって、訴訟に要する費用の大部分は弁護士費用であり、裁判所に対する法定の提訴手数料は、概ね低額で、訴額に応じて累進するといっても、普通はあまり大して問題となるほどのものではない[7]。弁護士費用ならともかく、提訴手数料の負担軽減ということが、それほど一般的に一部請求のための決定的なインセンチブを与えるとは思えないのである。教授のいわれるように、一部請求の「提訴行為が本来の訴額に必要とされる手数料を支払うことなしに、それと同等ないし近似する裁判所の審判サービスを得ていることも事実」ではあるとしても、この事実は、一部請求が一般に提訴手数料負担の回避のためになされているとの推論を導く理由とならないし、提訴手数料は、その事件についての「裁判所の審判サービス」に要する現実の出費に見合う性質のものではない。

(b)　かりに、法律扶助制度が完璧に整備された場合、あるいは、提訴手数料の制度が廃止された場合でも、(8)やはり、一部請求の訴えは出てこよう。

提訴手数料に関係なく一部請求にとどめざるをえない場合や、全部請求を避ける正当な理由がある場合がありうる。

たとえば、前訴当時に債権の全額を精確に把握できない場合は、少なくない。交通事故の損害賠償請求の訴えを提起する場合に、生じた損害の全種類、全費目に亘って予めすべてを正確に把握することは至難であろう。残部訴求の可否に関して別扱いで論じられることが多い後発後遺症による損害についても、それを含めずに提起した損害賠償請求の訴えは、実体法上は一個である損害賠償債権の一部訴求にほかならないのである。

具体的な紛争において、立証の可否・難易を考慮して賠償を求める損害をセレクトする場合とか、当事者間では支払債務の存否の確定だけが主な問題で、それさえ決まれば支払金額については話合いが可能な場合なども、けっして少なくはないであろう。不法行為債権の時効が迫っている場合もあるし、不正競争法や知的財産権の訴訟において、当事者間では被告の行為が不正競争あるいは特許権等の侵害にあたるかどうかといった要点についての裁判所の判断だけが待たれていて、提訴する原告としては、請求金額を掲げない給付の訴えは許されないが、さりとて損害の全額の確定のために調査を重ねたり訴訟が延々と長期に亘って続くことは甚だ得策でないというような場合があり、それでも全部請求でなければ許されないと突っ張る理由はどこにもないであろう。

(c)　たとえ一部請求の訴えが提訴手数料負担の回避のためになされた場合であっても、これに対する対応は、提訴手数料ないし訴訟費用の制度の枠内にとどめるべきである。(9) 一部訴求は民事訴訟の大原則である処分権主義によって支えられており、処分権主義を不当に利用した一部訴求として容認できないというのであれば、その利用の不当をこそ鳴らすべきであって、請求が債権の一部に限定されていることを非難するのは当たらない。

(2)　一部訴求後の残部訴求を訴権の濫用と認め、訴えを不適法として却下した最近の例として、東京地判平成七年七月一四日判例時報一五四一号一二三頁がある。

事案は、「カッター装置付きテープホルダー」の考案につき実用新案権を有する原告が被告の製品により実用新案権を侵害されたとして実施料相当額の支払を請求する事件である。これまでに、内金請求あるいは一定の台数分についての一部請求に細分化して、過去一七年余りの間に、合計二六回（対象とする被告製品の製造販売期間が本件訴訟と同じものだけで一四回、その他に、被告製品の製造販売期間が本件と連続する別の期間であるものについて一二回）に亘って被告に対し訴えを提起しており、そのうち一件が前訴判決の既判力を理由に、また他の一件が消滅時効を理由に棄却された以外は、すべて、被告製品は原告の実用新案権を侵害しないという理由で、原告の請求が棄却されている。裁判所は、これらの事情を認定したうえで、「本件訴えは一部請求の名のもとにいたずらに同一の訴訟を蒸し返すものであり、これまで繰り返し理由がないとする裁判所の確定した判断を受けている請求と実質的に同じ請求をするものであって、被告の地位を不当に長く不安定な状態におき、ことさらに被告に応訴のための負担を強いることを意に介さず、民事訴訟制度を悪用したものであるとの評価は免れない。したがって本件訴えは、訴権の濫用にあたるものであって、訴えの利益を欠き不適法であり、しかもその点を補正することができないものであるといわざるを得ない」と判示し、訴えを不適法として却下した。

(3)　兼子一「確定判決後の残額請求——既判力の客観的範囲に関する一問題」同・民事法研究一巻四一七頁以下。

(4)　三ケ月章「一部請求判決の既判力論争の背景——訴訟理論における解釈論と政策論の分界について」同・民事訴訟法研究三巻一六七頁以下、同・民事訴訟法〔法律学講座双書・三版〕一一四頁以下。

(5)　信堂幸司・新民事訴訟法二九四頁以下。

(6)　山本和彦「一部請求」判例タイムズ九七四号四九頁・五六頁、同・法学教室二二六号一四六頁。

（7）たとえば、一〇〇〇万円の金銭債権について、そのうち二〇〇万円の一部請求の訴えを提起するという場合、提訴手数料（貼用印紙額）は、五七〇〇〇円が一五六〇〇円に減るにすぎない。これに対し、弁護士に支払う着手金は、日弁連の報酬標準額によると、五九〇〇〇〇円が一六〇〇〇〇円となる計算である。しかも、提訴手数料は、弁護士報酬と異り、勝訴すれば相手方当事者から償還を受けることができる。なお、提訴手数料が問題となる特殊の場合につき、論点Ⅰ五八頁以下および本書一〇頁以下参照。

（8）フランスでは、一九七七年一二月三〇日の法律第一四六八号により、裁判行為の無償化が実現している。その「裁判無料の原則」につき、江藤价泰「フランスにおける裁判救助制度」染野古稀・民事訴訟法の現代的構築六九頁以下参照。わが国における、提訴手数料全廃論として、小野木常「訴状等に印紙の貼用を必要とするか」民商法雑誌八二巻五号五八五頁以下がある。

（9）一部訴求であっても債権全額に見合う提訴手数料を負担させるとか、勝訴しても訴訟費用の全部を原告に負担させるなどの方法が考えられる。

三　一部訴求と二重起訴の禁止

（1）債権の一部を請求する訴えを提起し、その訴訟の係属中に残部を請求する訴えを提起することができるか。二重起訴の禁止（民訴一四二条）との関係で問題となる。

裁判例としては、ただひとつ、東京地裁昭和三七年二月二七日判決判例時報二九〇号二五頁がある。事案は、所有者が同じ占有者に対し、同一建物の不法占有を理由として、通常生ずべき損害として賃料相当の損害金の支払いを求める訴えを提起し、第一審で敗訴して控訴審係属中に、さらに別訴を提起して、第三者との特約に基づいて生じたという特別損害の賠償を請求したものである。裁判所は、「前訴も本訴も同一の当事者間において本件建物の不法占有を原因とする同じ一つの損害賠償請求権を訴訟物とする同一の事件であり」、二重起訴の禁止に違背するとして後訴を不適法却下した。(10)

学説上は、二重起訴の禁止の要件である事件の同一性を判断するのに、「当事者の同一性」と「訴訟物の同一性」を基準とするのが伝統的な見解であり、一部訴求と残部訴求とでは訴訟物が異るとすれば二重起訴の禁止に触れないことになる。しかし、一部訴求を適法とみる通説のもとでは全く意外と思われるのだが、一部請求訴訟の係属中に提起された残部請求の訴えを適法として両訴の並行を容認すべき旨を明言する学説は見当たらない。むしろ、逆に、両訴の並行を容認すべきでないとする立場を表明する学説が多い[11]。理由付けは必ずしも一致しないが、近時の学説は、厳密な意味での「訴訟物の同一性」にこだわらずに二重起訴（重複起訴）の成立範囲を広く認めるとともに、その効果としての後訴の却下を必然とせず、また、拡大された二重起訴の禁止によって排斥される後訴は反訴または訴えの変更の方法で提起すべきだとする[12]。

一部請求訴訟と残部請求訴訟との並行は認められるべきでない。この結論を導くのに、前述の兼子説・三ケ月説のように一部訴求の訴訟物を債権の全部とする構成をとる必要はない。当事者は同一であり、両訴の請求原因も同一であって、容易に請求を債権の全部に拡張することができ（民訴一四三条）、両訴について審理の重複と判断の矛盾の生ずる危険とは大きいというべく、当然に、二重起訴の禁止（民訴一四二条）の法意をこの場合に類推すべきである。一部請求の訴えが対象債権の一部であることを明示してなされたかどうかをとわない。一部請求訴訟の係属中に提起された残部請求の訴えは、二重起訴の禁止にふれ、不適法として却下すべきである。

(2)　一部訴求と二重起訴の禁止の関係は、相殺の抗弁とも関連する。

(a)　一部訴求との関連に立ち入る前に、同一の債権につき訴訟係属と相殺の抗弁が並行する一般の場合についての理論状況を、簡単に振り返っておきたい。

相殺の自働債権（被告の反対債権）が原告の訴求債権と並ぶ審理対象となり、その相殺前からのあるいは相殺による不存在の判断が判決の理由中でなされた場合には、既判力が生ずることになる。そのため、相殺の抗弁とその自働債権についての別訴が並行する場合について、相殺の自働債権についての両訴における審理の重複と既判力の抵触を避けるために、二重起訴の禁止（民訴一四二条）に準じた取扱いをすべきかどうかが争われてきた。

学説と裁判例は、現在もまだ、動きつつある。[13]

学説では、〔別訴先行型〕（すでに別訴において訴訟物となっている債権を自働債権として相殺の抗弁が提出された場合）のいずれについても、二重起訴の禁止の類推を否定する見解（類推否定説）が通説であったが、最近では、別訴先行型における相殺の抗弁についても、抗弁先行型における別訴についても、二重起訴の禁止を類推して不適法とする見解（類推肯定説）が増えている。

これに対し、裁判例では、別訴先行型と抗弁先行型を異別に扱う（折衷説）という傾向が顕著であったが、今後の動きは予測を許さない。別訴先行型における相殺の抗弁については、二重起訴の禁止を類推して不適法とする下級審裁判例が次々に現われ、最高裁も類推を肯定するに至ったが、まだ必ずしも安定していない（後述(c)参照）。これに対し、抗弁先行型における別訴については、二重起訴の禁止の類推を否定する下級審裁判例が続いていた。しかし、最近、別訴先行型についての最高裁判例の影響が及んで、類推を肯定する裁判例が出てきており、[14]最高裁の明確な見解が待たれている状況である。

(b)　一部請求訴訟と相殺の抗弁の関連においても、二重起訴の禁止（民訴一四二条）の類推の可否が問題となりうる。ごく最近まで、これを取り扱った学説も裁判例もなかったが、最高裁判決の出現によって問題が急に浮上した。

一部請求訴訟と相殺の抗弁の関連についても、二つの類型が区別される。

〔別訴先行型〕　すでに別訴において一部請求をしている債権の残部を自働債権として相殺の抗弁が提出された場合である。

〔抗弁先行型〕　すでに提出された相殺の抗弁の自働債権となっている債権のうち相殺をもって対抗した額を超える部分を訴訟物として別訴が提起された場合である。

この両型について、それぞれ、相殺の抗弁なり別訴が許されるのかどうかが問題となる。ここでも同一の債権

（自働債権）についての両訴における審理の重複と判断の矛盾の生ずる危険とは大きいということができるから、前述(1)の論理を推及すれば、右の別訴先行型・抗弁先行型のいずれにおいても二重起訴の禁止を類推すべきことになりそうである。しかし、問題は、訴訟係属とは異る相殺の抗弁の防御方法としての性質をどうみるかという点にかかっている。

最近、別訴先行型、つまり、別訴で一部請求中の債権の残部を自働債権とする相殺の抗弁につき、それを原則的に許容する最高裁判決が現われたことに注目したい。

最高裁平成一〇年六月三〇日判決民集五二巻四号一二二五頁がそれである。

事案は、共同相続人X・Y間の紛争である。Yは、Xの申し立てた違法仮処分により通常の取引価格よりも低額で持分売却を余儀なくされたと主張し、Xを相手どって、差額二億五二六〇万円の損害のうち四〇〇〇万円の賠償を求める訴えを提起した。これが、別訴である。対抗して、XがYに対し、Yの支払うべき相続税等を立て替えたとして、一二九六万円余の不当利得返還請求の訴えを提起したところ、Yは、一部請求中の損害賠償請求権のうち四〇〇〇万円を超える部分を自働債権とする相殺の抗弁を提出した。第一審判決は、この相殺の抗弁を容れてXの請求を棄却した。Xは控訴し、前記違法仮処分訴訟の弁護士費用二〇〇〇万円の損害賠償請求権を自働債権とする相殺の抗弁を追加したが、控訴審判決は、別訴で請求している債権を自働債権とする相殺の抗弁はいずれも許されないとの立場をとり、Xを勝たせた。最高裁は、次のように判示して原判決を破棄し、差し戻している。

「1　民訴法一四二条が係属中の事件について重複して訴えを提起することを禁じているのは、審理の重複による無駄を避けるとともに、同一の請求について異なる判決がされ、既判力の矛盾抵触が生ずることを防止する点にある。そうすると、自働債権の成立又は不成立の判断が相殺をもって対抗した額について既判力を有する相殺の抗弁についても、その趣旨を及ぼすべきことは当然であって、既に係属中の別訴において訴訟物となっている債権を自働債権として他の訴訟において相殺の抗弁を主張することが許されないことは、原審の判示するとおりである（前記平成三年一二月一七日第三小法廷判決参照）。

2　しかしながら、他面、一個の債権の一部であっても、そのことを明示して訴えが提起された場合には、訴訟物となるのは右債権のうち当該一部のみに限られ、その確定判決の既判力も右一部のみについて生じ、残部の債権に及ばないことは、当裁判所の判例とするところである（最高裁昭和三五年(オ)第三五九号同三七年八月一〇日第二小法廷判決・民集一六巻八号一七二〇頁参照）。この理は相殺の抗弁についても同様に当てはまるところであって、一個の債権の一部をもってする相殺の主張も、それ自体は当然に許容されるところである。

3　もっとも、一個の債権が訴訟上分割して行使された場合には、実質的な争点が共通であるため、ある程度審理の重複が生ずることは避け難く、応訴を強いられる被告や裁判所に少なからぬ負担をかける上、債権の一部と残部とで異なる判決がされ、事実上の判断の抵触が生ずる可能性もないではない。そうすると、右2のように一個の債権の一部について訴えの提起ないし相殺の主張を許容した場合に、その残部について、訴えを提起し、あるいは、これをもって他の債権との相殺を主張することができるかどうかについては、別途に検討を要するところであり、残部請求等が当然に許容されることになるものとはいえない。

しかし、こと相殺の抗弁に関しては、訴えの提起とは異なり、相手方の提訴を契機として防御の手段として提出されるものであり、相手方の訴求する債権と簡易迅速かつ確実な決済を図るという機能を有するものであるから、一個の債権の残部をもって他の債権との相殺を主張することは、債権の発生事由、一部請求がされるに至った経緯、その後の審理経過等にかんがみ、債権の分割行使による相殺の主張が訴訟上の権利の濫用に当たるなど特段の事情の存する場合を除いて、正当な防御権の行使として許容されるものと解すべきである。

したがって、一個の債権の一部についてのみ判決を求める旨を明示して訴えが提起された場合において、当該債権の残部を自働債権として他の訴訟において相殺の抗弁を主張することは、債権の分割行使をすることが訴訟上の権利の濫用に当たるなど特段の事情の存しない限り、許されるものと解するのが相当である。」

(c)　右の平成一〇年判決は、従来の最高裁判例を「継ぎ接ぎ」して結論を導いているが、みるからに危なっかしく、その「継ぎ接ぎ」に綻びが見える。

裁判長である園部逸夫裁判官のくどくどしい補足意見[15]がついているのも、おそらく、それを意識したためであろう。

早い話が、先行する別訴による明示の一部請求の残額を超えて相殺の抗弁を提出した場合、つまり、相殺をもって対抗した額が残額を超えて別訴による明示の一部請求額にくいこんでいるような相殺の抗弁に対しては、いったいどうせよというのであろうか。

平成一〇年判決は、判旨を理由づけるための先例として、最高裁平成三年一二月一七日判決民集四五巻九号一頁を挙げている。しかし、この先例よりも先に、別訴先行型の相殺の抗弁を不適法とした最初の例である最高裁昭和六三年三月一五日判決民集四二巻三号一七〇頁があり、そこでは、相殺の抗弁を不適法とするにつき、一般の類推肯定説の理由とされる（旧）民訴二三一条の法意（審理の重複と既判力の抵触の避止）だけでなく、当該事案の特質や受働債権の性質等にも言及していたのであり、「被告の利益ないし一種の訴訟上の信義則の見地をも考慮し、相殺不許の結論を導いたもの[16]」であった。ところが、平成三年判決は、この昭和六三年判決を引用しながらではあるが、これと異なり、（旧）民訴二三一条の法意だけから、端的に、「係属中の別訴において訴訟物となっている債権を自働債権として他の訴訟において相殺の抗弁を主張することは許されない」と判示したものなのである。

この平成三年判決の単純な割切りは、平成一〇年判決に至って再び崩れた。

ここでは、まず一般論として、別訴先行型の相殺の抗弁につき二重起訴の禁止の類推を、平成三年判決を援用しつつ肯定している。それにもかかわらず、判示事項を、別訴が明示の一部請求である場合における、当該債権

のである。

別訴が明示の一部請求である場合の残部による相殺の抗弁につき、原則として二重起訴の禁止の類推を否定した

の濫用に当たるなど特段の事情の存する場合を除いて、正当な防御権の行使として許される」という。先行する

請求がされるに至った経緯、その後の審理経過等にかんがみ、債権の分割行使による相殺の主張が訴訟上の権利

の残部を自働債権として他の訴訟において主張する相殺の抗弁の許否に限定したうえ、「債権の発生事由、一部

その理由として、平成一〇年判決は、明示の一部請求の訴えが提起された場合の訴訟物および既判力は当該一部のみに限られ残部の債権に及ばないことは「当裁判所の判例とするところ」であるとして、最高裁昭和三七年八月一〇日判決民集一六巻八号一七二〇頁を援き、この理は相殺の抗弁についても同様にあてはまる、という。しかし、これは、二重起訴の禁止の類推を否定する十分な理由とはならない。係属中の一部請求の訴えと残部請求の訴えとが並行する場合でさえ、訴訟物および既判力の範囲が相互に異別とされるにもかかわらず二重起訴の禁止の類推を否定できないことは、すでに述べた（前述(1)）。要するに、訴求債権が実体上同一である場合には、審理の重複と裁判所の判断の矛盾抵触のおそれとが生ずることは避けられないのであって、全部請求か一部請求・残部請求かによって区別することはできないはずなのである。

平成一〇年判決も、この点に気付いていて、第二の理由を追加している。それが、相殺の抗弁の特性である。すなわち、相殺の抗弁は、訴えの提起と異なり、「相手方の提訴を契機として防御の手段として提出されるものであり、相手方の訴求する債権と簡易迅速かつ確実な決済を図るという機能を有するものであるから」、というのである。この理由からすると、「別訴が明示の一部訴求である場合の残部による相殺の抗弁」という限定がどこからでてくるのか、全く分からない。別訴が全部請求である場合における同一債権を自働債権とする相殺の抗弁であっても、「相手方の提訴を契機として防御の手段として提出されるもの」であることに変わりはなく、「簡易迅速かつ確実な決済を図るという機能」においても全く変わらない。だから、別訴が全部請求あるいは黙示の

一部請求であったとしても、同一の債権を自働債権とする相殺の抗弁は、権利濫用に当たるなどの特段の事情の存しないかぎり、正当な防御権の行使として許されてよいことになるはずではないか。判旨の理由付けの「継ぎ接ぎ」に「綻び」があるというゆえんである。

(3)　議論が割れる根本的な原因は、相殺の抗弁が提出されても、かならず判決で取り上げられるものではなく、判決において既判力ある判断がなされるとも限らないのに、直ちに二重起訴の禁止をかぶせていこうとする性急な理論走りにある。

同一の債権である以上、審理の重複と裁判所の判断の矛盾抵触を避ける必要は、並行する別訴と相殺の抗弁のどちらが先に出てきたかによって決定的に変わることはないし、全部請求であろうと一部請求であろうと同じである。私は、別訴先行型と抗弁先行型をとわず、二重起訴の禁止について類推否定説を正当とし、取引社会における相殺の重要な機能は、訴訟でも十分に発揮させるべきであり、相殺の抗弁を提出する機会を安易に奪ってはならないと考える(17)。平成一〇年判決は、別訴が明示の一部請求である場合の残額による相殺の抗弁につき、従来の最高裁判例の枠を維持しつつ、二重起訴の禁止の類推を排除した点で注目すべく、評価すべきものをもつ。しかし、その理由付けは、いかにも落着きがわるい。将来に亘る判例の動向は予測のかぎりでないが、おそらくは、この判決が相殺の抗弁と二重起訴の禁止をめぐる最高裁判例の転回点に立つことになるのではあるまいか(18)。

(10)　ほかに、一部請求の前訴が係属中に残部請求の別訴が提起され、その後に前訴で請求を拡張して同じ残部を訴求したという事案につき、請求の拡張は二重起訴に該当するとして却下したもの（東京高決昭和二九年七月五日下民集五巻七号一〇四一頁）がある。残部請求の別訴が却下されずに他の裁判所に係属している以上、やむをえなかったといえよう。

(11)　新堂・新民事訴訟法一九五頁、兼子＝松浦＝新堂＝竹下・条解民事訴訟法八四六頁〔竹下守夫〕、上田徹一郎・民事訴訟法〔二版〕一四四頁、新堂＝福永編・注解民事訴訟法(5)二二一頁以下〔佐野裕志〕、山本弘「二重訴訟の範囲と効果」民事訴訟法の争点〔3版〕一二〇頁、高橋宏志・重点講義民事訴訟法〔新版〕八九頁以下、畑瑞穂・ジュリスト別冊・平成四年度重要判例解説一五四頁、酒井一・判例評論四八三号三三頁など参照。これに対し、右田堯雄・民事訴訟法〔改訂版〕一四四頁は、一部訴求

と残部訴求とで異別の代理人を選任したり後者を当事者が自ら追行するといった現実の事情もありうるから、両訴を二重起訴の禁止にふれるとするのは理論上問題だとする。しかし、そのような事情なら、一部訴求に限らず、すべての二重訴訟の場合に存在しうるであろう。

(12) 住吉博「重複訴訟禁止原則の再構成」法学新報七七巻四・五・六号九五頁以下（同・民事訴訟法論集一巻二五五頁以下に収録）が画期的文献である。一部請求訴訟係属中の残部訴求についても、二重起訴の禁止の適用を説いていた（同・一三四頁以下）。最近の理論状況ないし今後の動向については、とくに、三木浩一「重複訴訟論の再構築」法学研究六八巻一二号一一五頁以下、松本博之「重複起訴の成否」中野古稀・判例民事訴訟法の理論上三四七頁以下が参考となる。

(13) 詳細については、本書一五一頁以下を参照されたい。

(14) 大阪地判平成八年一月二六日判例時報一五七〇号八五頁、東京高判平成八年四月八日判例タイムズ九三七号二六二頁など。後者の評釈として、本間靖規・私法判例リマークス一六号一二七頁以下（類推否定説）参照。

(15) 園部補足意見は、二段に分かれる。第一は、別件の一部請求訴訟が、本件の判決の言渡しの日と同日、最高裁において上告棄却の判決が言い渡され、一部請求を棄却した判決が確定したので、残部を自働債権とする相殺の主張も不適法になった、とする。その理由は、一部請求訴訟で敗訴した原告が残部請求の訴えを提起することは、特段の事情がない限り、信義則に反して許されず（最判平成一〇年六月一二日民集五二巻四号一一四七頁）、本件では特段の事情がない、というにある。第二は、この種事案の実務上の取扱いにつき、適切な司法行政上の措置を講じて関連事件の円滑な割替えがされるよう配慮すべきである、とする。いずれも、異例の説示であり、本件判決の理論的当否には関係がない。

(16) 篠原勝美・法曹時報四二巻二号六六五頁（調査官解説）。なお、昭和六三年三月一五日判決の理解につき、菊井維大＝村松俊夫・全訂民事訴訟法Ⅱ一五六頁以下（一種の訴訟法上の信義則の見地から（旧）民訴二三一条の「類推適用」を認めたものだとする）参照。

(17) 中野・本書一五一頁以下。

(18) 最近の学説にも、変化がみられる。とくに、三木・前掲（注12）一八四頁以下、同「重複訴訟の禁止」鈴木（重）＝上田編・基本問題セミナー民事訴訟法一〇六頁以下は、相殺の抗弁と重複訴訟との関係における一方の「訴訟経済と判決の矛盾の防止」と他方の「債務名義の取得と相殺の担保的機能」の間の利益考量を展開して、最高裁平成三年一二月一七日判決などの裁判例および一部の学説を批判したうえ、「もともと相殺の抗弁はひとつの防御方法にすぎないにもかかわらず、これに既判力が生じるという側面のみが過剰に強調されてきたきらいがある」とし、「そもそも、債権の二重行使の危険を民訴一九九条二項〔新一一四条二項〕が既判力で防止している以上、安んじて防御方法としての側面が十分保障されるように解釈論を展開するのが筋ではあるまいか」と述べているのが、注目される。なお、松本博之＝上野泰男・民事訴訟報二一四頁以下参照。最高裁平成一〇年六月一二日判決の評釈のなかでも、たとえば、高橋宏志・私法判例リマークス一九号一三一頁は、昭和六三年判決や平成三年判決などにおいて判例が相殺の担保的効力よりも二重審理の不経済を重視していたこととの整合性に問題があるとし、「実質論としては、むしろ、先行判例を改めるべきではあるまいか」と述べている。なお、越山和広・法学教室二一九号一二九頁、上野泰男・ジュリスト平成一〇年重要判例解説一二四頁、酒井・前掲（注11）一三三頁以下、坂田宏・民商法雑誌一二一巻一号六七頁以下など参照。

四　一部請求訴訟における過失相殺および相殺の取扱

(1)　金銭債権の一部訴求に対して提出された相殺の抗弁が容認される場合において、相殺により消滅した額を、請求額にかかわらず訴求債権の全額から控除すべきか、それとも、当該訴訟における一部請求の額から控除すべきか。

周知のように、不法行為訴訟における過失相殺（民七二二条二項）に関して、これと同様の問題が論じられてきた。

不法行為の被害者が損害賠償債権の一部を請求した訴訟の判決における過失相殺の仕方については、いわゆる案分説と外側説の対立があり、そのほかに内側説も考えられる。

案分説は、訴求された一部請求額について過失相殺をする考え方である。過失相殺を一部請求額と残額のそれぞれについて行うことになるので、案分説とよぶ。外側説は、当該訴訟において認定された実損害額について過失相殺をし、その残余を、訴求された一部請求額の範囲内で認容する考え方である。過失相殺分を、訴求されていない残部の額から充当していくので、外側説とよぶ。内側説は、当該訴訟において認定された実損害額について過失相殺をし、それを一部請求額から控除する考え方である。過失相殺分を、訴求された一部請求額の内から充当するので、内側説とよぶ。[19]

この問題について、裁判例および学説のうえで顕著な見解の対立があった。そのなかで、最高裁昭和四八年四月五日判決民集二七巻三号四一九頁は、同一の身体傷害による財産上・精神上の損害の賠償請求における訴訟物一個説を打ち出した著名な判決であるが、次のように判示して、明瞭に外側説を採って、案分説を却け、判例上の決着をつけている。「一個の損害賠償請求権のうちの一部が訴訟上請求されている場合に、過失相殺をするにあたっては、損害の全額から過失割合による減額をし、その残額が請求額をこえないときは右残額を認容し、残額が請求額をこえるときは請求の全額を認容することができるものと解すべきで」、「このように解することが一部請求をする当事者の通常の意思にもそうものというべ」く、「所論のように、請求額を基礎とし、これから過失割合による減額をした残額のみを認容すべきものと解するのは、相当でない」と。学説も、多くこれに賛成し、過失相殺論は、現在では外側説にほぼ統一されているようである。[20]

金銭債権の一部請求訴訟において被告から相殺の抗弁が提出されることは、実務上しばしば起きると思われるが、その場合の取扱について過失相殺の場合と同じ問題があることを指摘した文献は、ほとんど皆無であったといってよい。[21]

そのような状況のもとで、問題を初めて正面から採り上げ、過失相殺についての外側説の考え方を、一部請求と相殺の抗弁の関係に推及したのが、最高裁平成六年一一月二二日判決民集四八巻七号一三五五頁であった。[22]そこでは、次のように判示している。

「特定の金銭債権のうちの一部が訴訟上請求されているいわゆる一部請求の事件において、被告から相殺の抗弁が提出されてそれが理由がある場合には、まず、当該債権の総額を確定し、その額から自働債権の額を控除した残存額を算定した上、原告の請求に係る一部請求の額が残存額の範囲内であるときはそのまま認容し、残存額を超えるときはその残存額の限度でこれを認容すべきである。けだし、一部請求は、特定の金銭債権について、その数量的な一部を少なくともその範囲においては請求権が現存するとして請求するものであるので、右債権の総額が何らかの理由で減少している場合に、債権の総額からではなく、一部請求の額から減少額の全額又は債権総額に対する一部請求の額の割合で案分した額を控除して認容額を決することは、一部請求を認める趣旨に反するからである」。

(2)　もともと、損害賠償請求に対する過失相殺の主張と、一部請求に対する相殺の抗弁とは、理論上、別個の問題であって、必ずしも両者を同様に考える必要はない。過失相殺は、一個の損害賠償債権についての公平の理念に基づく減額事由にとどまるのに対し、相殺の抗弁は、訴求債権とは別個の反対債権をもってする相殺を主張する権利抗弁であって、性質が異なるからである。しかし、数量的に可分な債権についての一部訴求と、全体としてのその債権の減殺事由との関係をどのように処理するかという点では、問題が共通している。そのかぎりで、両者を平行して考察する必要がある。

もし、過失相殺についての外側説の考え方を相殺の抗弁に推及すると、反対債権の額によっては、訴訟上の一部請求に対抗して提出された相殺の抗弁が、外側ですでに使い果され、訴求されていない請求権部分についてのみ相殺の効果を認められて訴訟上の抗弁としての機能を果さない、という結果にもなりそうである。その意味では、むしろ内側説あるいは案分説の方が理論的に筋が通るようにみえる。これに対し、右の最高裁判決は、内側説・案分説を排する理由を、「一部請求は、特定の金銭債権について、その数量的な一部を少なくともその範囲においては請求権が現存するとして請求するものであるので、」「一部請求の額から減少額の全額又は債権総額に対する一部請求の割合で案分した額を控除して認容額を決することは、一部請求を認める趣旨に反する」と述べているが、理由付けについては、必ずしも十分な納得が得られていない[23]。

梅本吉彦や松本博之は、内側説をとる[24]。一部請求をする趣旨は多様で一義的に判断できないとし、むしろ、攻撃防御の本来の対象は一部請求分でなければならないので、内側説の考えが妥当し、判旨のとる立場は攻撃防御の対立構造になじまないと批判し、あるいは、不訴求部分から優先的に相殺がなされ被告の防御方法が骨抜きにされるのは実質的な相殺権の剝奪であり、内側説に立って原告に請求の拡張を促す方が審理の範囲に応じた確定判決の既判力を確保できる、と主張する。また、木川統一郎[25]らは、さらに強く、次のように主張する。一部請求の訴え提起により、原告の債権は訴求部分の債権と不訴求部分の債権とに分割され、それらは、二個の独立かつ相互に依存しない債権とみなければならない。訴求された債権は訴訟係属による時効中断を生じるが、訴求されなかった債権は然らず、また、既判力・執行力は訴求された債権に限定され訴求されなかった債権に及ばないからであり、判旨が統一的に債権が一個存在するかのように考えて総額からの相殺を審理判断せよと判示したのは遺憾である。また、どの債権と相殺するかは相殺者たる被告に指定権があり、被告の反対債権による訴訟上相殺の抗弁における相殺の意思表示は当然に訴求部分の債権を受働債権とするものである、と。

ここでは、かつて一部請求可否の議論のなかで争われた、訴求される金銭債権のその一部につき法律上区分できるなんらかの標識を要するか否かという問題[26]が、再びむっくりと頭をもたげてきた観がある。たしかに、単一の金銭債権の、履行期・付担保・利息などによる区分のない任意の一部だけについての既判力の発生、時効中断(民一四七条一号)、時効期間の伸長(民一七四条ノ二)などが生じてよいのかといった点は、わが国では未だ十分に解明されていないのである。

しかし、訴訟の対象と範囲が訴えを提起する当事者(原告)の処分に委ねられる処分権主義の建前は、訴求範囲の決定と実体権の処分とを切り離して観念する。一部請求は、数量的に可分な債権の任意の一部を訴求し、その一部について訴訟上の審理・判決を求めているのであって、訴訟の帰趨にかかわらず、実体法上の債権としての単一性は動かない。それが、わが国では一般の理解であり、一部請求をめぐる議論の前提となっている。「一部請求の訴え提起は債権を二分する」という木川説は、いかにそれが「ドイツの通説・判例」だといわれても、直ちに追随するわけにはいかない。

また、問題は相殺だけにとどまるものでなく、一部請求訴訟において被告が訴求額に達しない一部弁済等の債権消滅事由を主張する場合についても、共通の解決が求められなければならないのである。

(3)　一部請求訴訟における相殺の取扱についても、やはり、外側説を正当とすべきものと考える。

一部請求の趣旨が、数量的に可分な債権のうち訴求した一部につき既判力ある確定を導き債務名義を取得するにあるならば、外側説によるのでないと、訴求額をカバーする程度の被告の防御によって一部請求は挫折してしまう。外側説によれば、被告が弁済・相殺等の抗弁を提出して原告の一部請求の（少なくとも一部の）棄却に達するためには、被告の主張する弁済額・相殺額等を控除した残額が一部請求額を下回るのでなければならない。そうすることによって、初めて、訴訟は原告の訴求した一部の債権が実体的に存在するかどうかの既判力による確定あるいは債務名義の創出に至りうるわけであり、その限りで紛争の解決に至りうる。

かえって、外側説によらない場合には、一部請求訴訟において被告が弁済・相殺等の抗弁を提出した場合には、原告は、これに応じて請求を拡張しなければならないことになるし、請求を拡張しないまま被告の抗弁が認められて一部請求が棄却された場合には、原告としては、一部請求をした意味を失うわけで、その残額請求訴訟の提起を必要とすることにもなろうから、全体としての紛争の解決には適当でない(27)。

原告の任意の一部請求に対してその債権の残部を超える防御を強いられる場合における被告の応訴負担を考慮しなければならないのはいうまでもないが、そのような未必的な事態発生の可能性よりも、訴訟の結果をあらかじめ明確に見込めないまま一部請求訴訟の提起・追行の手続負担をあえて撰ばざるをえなかった原告の立場を重くみたい。また、提起された一部請求訴訟の紛争解決効果の点でも、外側説が優っている。

一部請求に対する相殺につき外側説をとった最高裁平成六年一一月二二日判決の判旨は、一部請求と過失相殺についての前記最高裁昭和四八年四月五日判決だけでなく、それに先行した、「一定金額を超える債務が存在しない旨の確認請求は、当該債権額からその一定金額を控除した残債権額についての不存在確認を求めるものである」と判示する最高裁昭和四〇年九月一七日判決民集一九巻六号一五三三頁とも共通する考えを基礎とするものであり、判例法として一貫するものということができる。

(4)　ところで、外側説に立って訴求債権の全額から反対債権の額を控除した残額が一部請求の額を超える場合、反対債権についての裁判所の判断の既判力は、どの範囲で生じるのであろうか。

判決理由中の判断には既判力を生じないのが原則（民訴一一四条一項）であるが、法定の例外として、「相殺のために主張した請求の成立又は不成立の判断」は、「相殺をもって対抗した額について、既判力を有する」（同条二項）。そこでいう「相殺をもって対抗した額」というのは、「被告が相殺の自働債権として主張した額」をいうのか、それとも「裁判所が相殺について判断した額」をいうのであろうか。

この点は、被告の主張する額の一部について相殺の抗弁が容れられた場合に問題となるが、わが国の従来の文献では、必ずしも明確に述べられていない。

民事訴訟法一一四条二項がここで既判力を認めた趣旨は、被告が原告の請求を排斥するのに用いたその同じ反対債権を、被告が後日（原告の債権は別の理由で不存在であったことを主張して）二重に利用することを妨止するにあるのだから、既判力は、公平上、げんに相殺のために用いられた額を限度とする。既判力が生ずるのは、いずれにせよ、原告の請求の当否を決するにつき被告の反対債権の存否を実質的に判断する必要があった場合に限られる（通説）。これは一部請求訴訟の判決でも同じでなければならない。反対債権の存在が認められず原告の一部請求が認容された場合でも、一部請求部分に対し相殺をもって対抗した額を超える部分の反対債権については、既判力は働かない。同様に、相殺の抗弁が認容されて原告の一部請求が棄却された場合、反対債権についての既判力は、一部請求部分に対し相殺をもって対抗した額に限られ、たとい判決理由中でそれを超える額の反対債権の存在が肯定されても、その点に既判力は生じない。被告が相殺をもって対抗した反対債権につき、裁判所がその額の一部の成立を認めて、その限度で相殺の抗弁を認容し原告の請求の一部を棄却した場合には、一部請求部分に対し相殺をもって対抗した額につき、相殺が認められなかった部分は反対債権の当初からの不成立あるいはその後の消滅を理由として、また、相殺が認められた部分は相殺による消滅を理由として、ともに、口頭弁論終結の当時における不存在が既判力をもって確定されることになるのである。

要するに、一部請求についての判決の既判力が当該債権の訴求部分についてだけ生ずると解する以上、一部請求に対する相殺の抗弁についての既判力も、その一部請求部分に対し相殺をもって対抗した反対債権の額を限度として生ずると解すべきである。(28)

(19) たとえば、被害者が実損害一〇〇〇万円のうち六〇〇万円を請求したが五〇パーセントの過失相殺がされるべき場合において、案分説をとると三〇〇万円を認容することになり、外側説をとると、過失相殺による減額分五〇〇万円をまず残額四〇〇万円に充てて残った一〇〇万円を一部請求額から控除して五〇〇万円を認容することになるが、内側説では、減額分を一部請求額から控除することになるので、一〇〇万円しか認容されないことになる。詳細につき、並木茂「過失相殺に関する訴訟上の諸問題」新・実務民事訴訟講座四巻一七八頁以下（上の設例も、これによる）参照。

(20) 木川統一郎＝島本吉規「一部請求の訴えにおける過失相殺の取扱について」判例タイムズ九〇六号四〇頁以下が詳しい。ドイツの判例・学説をも紹介し、結論として外側説を採っている。

倉田卓次・交通事故賠償の諸相二六四頁は、昭和四九年一月の時点で、実務はすでに外側説によって統一されており、関心はむしろ、一部弁済があったときに、その額の控除を過失相殺後にするのか前にするのか、という別の問題に集中している、という。

(21) ただひとつ、奥山興悦「債権の残額請求と弁済の抗弁」判例タイムズ二二一号四一頁以下（本井＝賀集編・民事実務ノート3巻一九九頁以下に収録）が一部請求に対する弁済の抗弁とともに相殺の抗弁をも取り上げている。そこでは、訴訟係属中の弁済が訴求部分に充当されるとの所論を相殺の抗弁に推及し、相殺の意思表示が訴訟係属前になされたときは案分説によるべく、訴訟係属後になされたときは内側説によるべきであると論じていた（同四七頁）。なお、兼子＝松浦＝新堂＝竹下・条解民事訴訟法五三七頁以下〔竹下守夫〕が、一部請求訴訟における過失相殺につき外側説を採るとともに、弁済の抗弁が理由ありとされる場合についても、「裁判所としては、まず損害全額を認定し、その額から弁済額を差し引いて、残額が請求額を超えるときは請求額を、超えないときはこの残額を認容すべきである」として、外側説を採っている。

(22) 事案は、こうである。注文者Xは、請負人Yとの間で、X所有の家屋の増改築工事ならびに店舗建物の新築工事について請負契約を結んだが、工事は中断し、Xは、工事の瑕疵による履行不能および履行遅滞を理由に、請負契約を解除したうえ、Yを相手取って損害賠償請求の訴えを提起した。Xの請求は、①解体工事費用一〇九万一〇〇円、②賃料相当損害金五九八万五〇〇〇円、③支払済みの請負代金二五〇万円、合計九五七万五一〇〇円の損害を生じたと主張するものであったが、一部請求として、その内容三七六万三〇〇〇円を支払えとの判決を求めている。これに対し、Yは、Xの主張を争うとともに、仮定抗弁として、第一審の口頭弁論期日において、仮にXにYに対する損害賠償請求権があるときはYの未収工事代金一九四万六八五〇円をもって対当額で相殺する旨の意思表示をした［相殺の抗弁1］。第一審判決は、Xの履行不能を理由とする契約解除の主張を容れ、損害①③についてはX主張のとおりの額、損害②については四二万円、合わせて四〇一万一〇〇円を認定したが、Yの［相殺の抗弁1］については、家屋増改築の完成部分の工事代金請求分九六万五〇〇〇円の限度で理由があるとし、Yに三〇四万五一〇〇円の支払いを命じた。

Yだけが控訴。控訴審において、Yは、新たに別の相殺の抗弁を提出する。すなわち、Yは、Xから本件建物と同一の敷地上に店舗併用住宅建築の注文を受け、基礎工事等に着手したのちXの都合で一方的に中止させられ損害を被ったと主張し、控訴審の口頭弁論期日において、Yの損害賠償請求権合計四八六万円を自働債権としてXに対する本件損害賠償債務と対当額で相殺する旨の意思表示をした［相殺の抗弁2］。控訴審判決は、概ね第一審判決の判断を是認したが、X主張の損害②については第一審判決を上回る一二六万円を認め、Xの損害額を合計四八五万一〇〇円と認定したうえ、Yに［相殺の抗弁2］については六一万円の限度で理由があるとし、結局、Xの請求は四八五万一〇〇円の損害額から［相殺の抗弁1］の九六万五〇〇〇円と［相殺の抗弁2］の六一万円を控除した残額三二七万一〇〇円の限度で認容すべきものと判断した。そして、「右の結論は原判決の認容金額を超えるものではあるけれども、民訴法三八五条により原判決を控訴人に不利益に変更することは許されない」として、控訴を棄却した。

Yは、さらに上告して、次のように主張した。Yは、原審における新たな主張として相殺の抗弁を主張しているのに、原判決がXの損害につき第一審判決の三〇四万五一〇〇円の損害額を八四万円増額しているのは、旧民訴法一九九条二項（既判力の客観的範囲）および同三八五条（不利益変更の禁止）の違反である、と。この上告を棄却したのが、最高裁平成六年一一月二二日判決である。

(23) 本件の判例評釈として、中野・民商法雑誌一一三巻六号九二一頁以下のほか、山本克己・法学教室一七六頁三六頁以下、梅本吉彦・ジュリスト一〇六八号（重要判例解説）一二一頁以下、木川統一郎＝北川友子・判例タイムズ八九〇号二二頁以下、戸根住夫・私法判例リマークス一二〇頁以下がある。いずれも、この点を批判しないし疑問視する。

(24)　梅本・前掲（注23）一二二頁以下、松本博之「反対相殺の適否について」佐々木追悼・民事紛争の解決と手続二〇四頁以下。

(25)　木川・北川・前掲（注23）二四頁以下。戸根・前掲（注23）一二三頁も、被告が相殺を充当すべき債務を指定する権利を有することを根拠に、外側説が妥当するのは、相殺の意思表示が訴えの提起前にされたときに限られるとし、相殺の意思表示が訴えの提起後になされ、その抗弁が提出されたときは、まず訴求債権部分への相殺充当を認めるべきである、と説く。

(26)　とくに、兼子一・民事法研究一巻三九一頁以下、三ケ月章・民事訴訟法（法律学全集）一〇八頁、井上治典「確定判決後の残額請求」民事訴訟法の争点〔旧版〕一八〇頁以下、三ケ月＝中野＝竹下編・新版・民事訴訟法演習1一三一頁以下〔佐上善和〕、中野・前掲（注1）四八頁以下など参照。

(27)　同旨、水上敏・法曹時報四九巻三号八一四頁以下（前記最判平成六年一一月二二日の調査官解説）、とくに八一九頁以下。

(28)　Münchener Kommentar zur ZPO Bd. 1, 1992, §322 Rdnr. 185 〔Gottwald〕は、明確に同旨を述べている。

相殺につき外側説をとることを前提として、ひとつの具体例により説明しよう。たとえば、原告が被告に対して有すると主張する債権一〇〇〇万円のうち六〇〇万円の一部請求の訴えをしたのに対して、被告が原告に対する六〇〇万円の反対債権をもってする相殺の抗弁を提

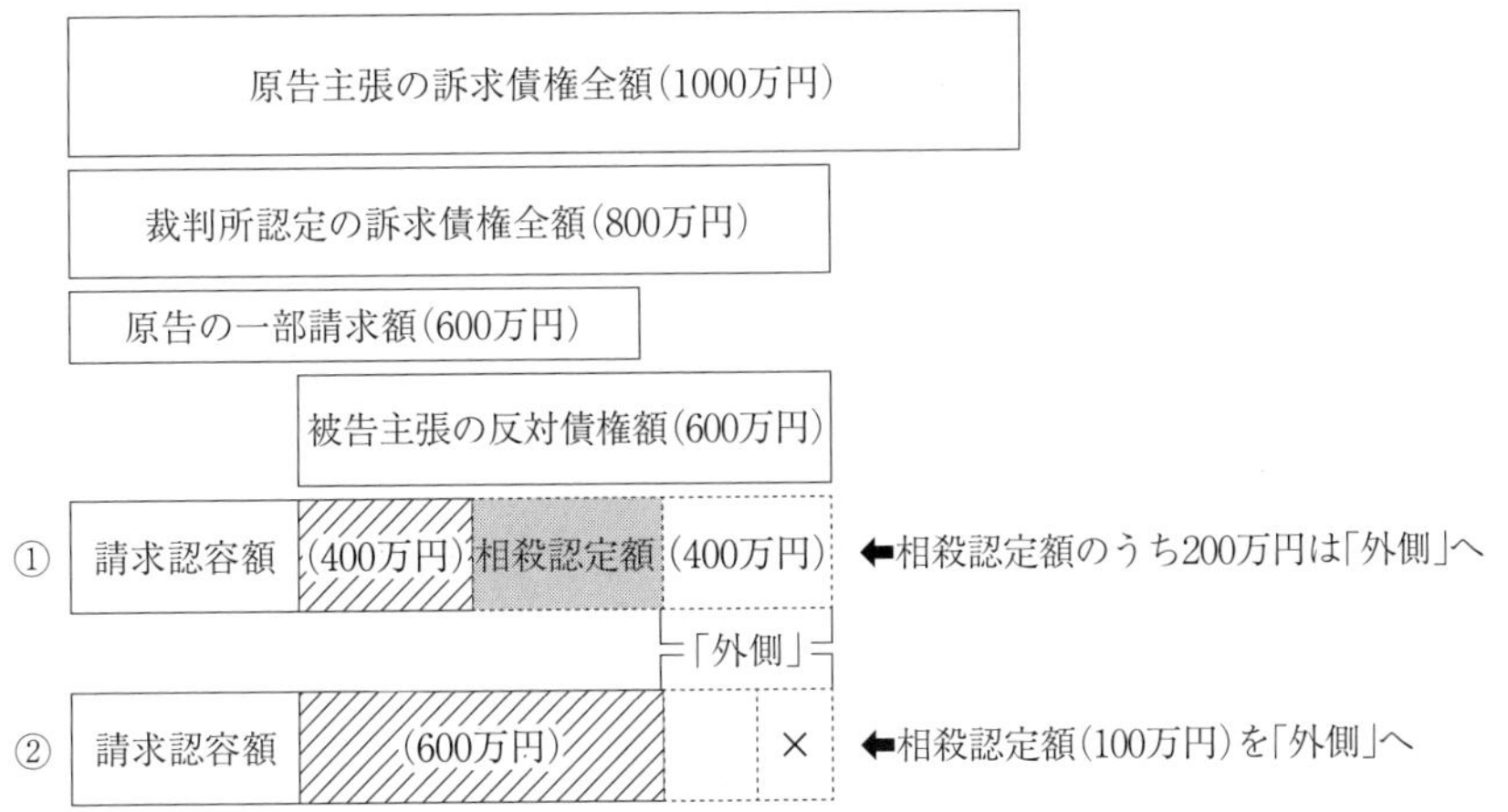

反対債権についての既判力は、▨（もとからの「不存在」の判断）▒（相殺による「不存在」の判断）の部分について生ずる。

出した場合、裁判所が訴求債権の債権全額を八〇〇万円と認定し、①反対債権の債権額を四〇〇万円と認定して相殺を認めて被告に四〇〇万円の支払を命ずる判決が確定したとすれば、反対債権についての既判力はどうか。また、②反対債権の債権額を一〇〇万円と認定して相殺にかかわらず被告に六〇〇万円の支払を命ずる判決が確定したとすれば、反対債権についての既判力はどうか。整理すると、下図のようになる（設例および図の作成は、概ね、水上・前掲（注27）八二四頁以下の記述に負う）。

前期最高裁平成六年一一月二二日判決の事案（前掲・注22）では、原告の請求は総額九五七万五一〇〇円の債権の一部たる三七六万三〇〇〇円であり、被告が主張した反対債権の額は、［相殺の抗弁1］において一九四万六八五〇円、［相殺の抗弁2］において四八六万円であった。これに対し、裁判所（控訴審）が原告の訴求債権の成立を認めたのは総額四八五万一〇〇円であるが、被告の反対債権による相殺を認めた額は、［相殺の抗弁1］につき九六万五〇〇〇円、［相殺の抗弁2］につき六一万円であり、それらを差し引いて請求認容額は、三二七万五一〇〇円となった。しかし、不利益変更禁止の原則が適用され、控訴棄却となったのであるから、訴訟物につき既判力ある確定に至るのは、第一審の原告一部勝訴判決であり、その確定とともに、訴求債権については、第一審判決の請求認容額三〇四万五一〇〇円の限度で債権存在の既判力（および請求棄却額七一万七九〇〇円の限度で債権不存在の既判力）が生じ、また、その判決理由中で判断された［相殺の抗弁1］の反対債権については、相殺をもって対抗した額一九四万六八五〇円から一部請求の「外側」に消えた二四万七一〇〇円（第一審判決の訴求債権認定額四〇一万一〇〇〇円と一部請求額三七六万三〇〇〇円の差額）を差し引いた一六九万九七五〇円の限度で、それぞれ、既判力が生ずる。控訴審において提出された［相殺の抗弁2］は、結局、既判力を生ずる第一審判決の判断には関係がないわけであるから、その反対債権六一万円の成立を認めた控訴審判決の判断には、既判力は生じない。

五　一部請求判決確定後の残部訴求

(1)　「一部請求と残額請求」、つまり、一部請求訴訟の本案判決が確定した後に再訴して残部を請求できるかどうか。これが、従来の一部請求論の核心である。

周知のように、わが国で一部請求論が浮上したのは昭和三〇年代の訴訟物論争を契機とする。そのため、一部請求論争と訴訟物論争との間の理念的な対応が説かれてきたし、訴訟物論争が終わった現在でも、民訴法の教科書・概説書等には一部請求を訴訟物と関連させて位置付けているものが少なくない。しかし、一部請求論は、単一・同一の可分債権の数量的一部訴求を扱うのであるから、複数の請求権によって理由づけることのできる訴訟上請求の単複異同を問題とする訴訟物論争とは、理論上、直接の関係がない。

一部請求訴訟の本案判決が確定した後の残部訴求が許されるかどうかという論点が訴訟物論と結びついたのは、「訴訟物＝既判力対象」という伝統的な図式のゆえである。後訴における残部請求を肯定するためには前訴の訴訟物を数量的に区分された一部とみることを必須と考え、逆に、後訴における残部請求を否定するためには前訴の訴訟物を請求権全体とみることを必須と考えたのであった。しかし、訴訟物概念にいわゆる「四つの試金石」、すなわち、訴えの併合・変更、二重起訴の禁止、さらに既判力を通じての統一的な判定基準を求める努力が挫折し、それぞれの問題に即した相対的把握の必要が認識されるようになった現在、一部請求論についても、当初の論争を離れた新たな展開がみられる。

(2)　学説の動向

学説の分化は、止めどがなく、たやすく見通しのきかない状況になっており、なお今後の細分化を避けがたい。議論が分かれる核心は、「一部請求訴訟の本案判決が確定した後の残部訴求をチェックする規準として何を採るか」という点にかかっている。この視点から現在の学説を強いて分類すると、次の四説を区別することができる。

(a)　訴訟物＝既判力説

一部請求訴訟の訴訟物をまず措定し、これについての判決の既判力を規準として残部訴求の可否を決する見解である。

「訴訟物は当該債権の全部であるから既判力は残部訴求に及ぶ」とし、あるいは反対に、「訴訟物は当該債権の一部に限られるから、既判力に妨げられずに残部訴求ができる」とするのがその原型である。

たとえば、三ケ月章[29]は、単一の請求権を法律上区分しうる何らかの標識なしに数量的に分割して訴求する場合には全部の請求が「潜在的な訴訟物」となっており、「既判力は勝訴・敗訴の場合を通じて常にその全額に及び、原告側としては勝訴すればむしろ前訴判決の既判力を利用しつつ残額を請求しうる反面に、もし原告が敗訴した場合には、その判決の既判力が全額に及ぶことの故に改めて他の部分を請求しようとしても前訴の既判力にふれて却下されることは免れない」とする。これに対し、木川統一郎[30]は、処分権主義（民訴旧一八六条、現二四六条）および既判力の客観的範囲（民訴旧一九九条一項、現一一四条一項）の規定を根拠に、一部請求の訴訟物および既判力はその一部に限られるのを当然とし、一部請求の明示の有無に関係なく、裁判所が判決の主文で判断することが許されないような残部を訴訟物に含めるのは誤りであり、既判力を残部に及ぼすのは判決理由中の判断に既判力を認めるという大きな誤りを犯している、と説いた。

最近の学説においても、訴訟物＝既判力説は生きている。しかし、内容的には複雑な衡量を折り込もうとしている点において従前のそれとは異なる。

伊藤眞[31]によれば、一部請求判決の残部請求に対する効果につき判断が分かれるのは「一部請求の訴訟物をどのように構成するかによる」のであり、一部請求訴訟では、「特定の規準があるかどうか、または一部であることが明示されているかどうかを問わず、常に債権全体が訴訟物となり、既判力の客観的範囲もそれを規準として決定される」。その理由として、「数額は、金銭債権特定のために不可欠の要素であり、全体の債権とは別に、一部の金額のみを目的とする債権が存在するものではな」く、原告が請求の趣旨で一部のみの給付を求めていても、訴訟外の権利行使とは目的を異にする訴訟においては、「訴訟物は、請求の趣旨および原因を総合して権利関係として特定されるのであるから」、訴訟物はその一部を含む債権全体となる。「したがって、一部請求について棄却判決が確定したときには、債権全部の不存在が確定され、残部請求は既判力によって遮断される。また、一部請求認容判決が確定したときにも、債権全部の存在が既判力によって確定されるが、それが残額請求についてどのような効果を及ぼすかは、一部であることが明示されているかどうかによって異なる」と説く。しかし、後遺症に基づく損害賠償請求権については、「同一不法行為にもとづくものではあるが、別個の被侵害利益によるものとして、実体法上別の権利であるから、前訴の訴訟物とは別の訴訟物となり、何ら前訴判決による訴訟法上の制限または効果を受けるものではない」、とされている。

松本博之[32]は、伊藤説とは反対に、一部請求訴訟の訴訟物は原告の提示する請求額によって特定個別化される、との立場をとる。そのうえで、残部訴求の可否については、公然の一部請求と隠れた一部請求、請求認容判決と請求棄却判決とを区別して、次のように論じている。

すなわち、隠れた一部請求において原告が勝訴した場合、判決の既判力は訴訟物たる一部に限定され、残額請求に及ばず、残額請求の提起が許されるのに対して、原告が請求棄却判決を受けた場合には、既判力は残額請求に及び、後訴は不適法となる。その理由は、「一部請求訴訟において請求された額以上に請求権が存在するとの後訴請求は、前訴確定判決の、請求原因のレヴェルにおいて請求を否定する判断と矛盾関係にある請求であるから、既判力が及ぶ」のである。公然の一部請求において原告が全部または一部、請求棄却の確定判決を受けた場合にも、裁判所は「請求権の全体について審理判断をしなければ一部請求を全部または一部棄却する判断をすることはできないから」、「残額請求は確定判決における確定と『正反対のもの』を請求する訴訟と評価でき」、前訴棄却判決の既判力は残額請求に及ぶと解される。公然の一部請求において原告が勝訴した場合、判決の既判力は訴訟物たる一部に限定され、残額請求に及ばない。棄却判決の既判力が残額請求の「請求原因」に及ぶとする見解もあるが、「被告が一部請求に賭けた利益はまさに一部請求額に限られるのであるから、残額請求の請求原因に一部請求者に有利に既判力を及ぼすことは行き過ぎであろう」、とする。

私見によれば、訴訟物＝既判力説に共通する弱みは、前訴一部請求確定判決の主文が残部請求についての裁判所の判断を含まない点にある。残部請求は訴訟物に含まれず既判力も及ばないから、という理由だけで残部訴求を肯定すれば、残部訴求に全く歯止めがかからず、一部請求判決確定後の残部訴求の可否という問題じたいを否定することになる。反対に、残部請求についての判決主文の判断がなくても残部請求に既判力が及ぶのだというためには、判決理由中の判断についての既判力をなんらかの範囲で肯定し、あるいは、矛盾関係に働く既判力の遮断効の内容を見直すという困難な作業が必要となる。伊藤説は、原告による判決要求の範囲が捨象されている点や一部請求の「明示」の取扱などに疑問があり、松本説についても、なお既判力の遮断効に関する立ち入った検討を留保したい。

(b)　手続保障説

前訴で債権全部の請求ができたかどうか、あるいは全部の請求をすべきであったかどうかを規準として残部訴求の可否を決する見解である。

新堂幸司[33]は、「訴訟物＝既判力説」を排して、一部請求の許否は「深く紛争解決の一回性の要請と、当事者の分割訴求につき有するであろう便宜との比較衡量から個別的に判断されるきわめて政策的な問題である」とし、次のように説く。第一に原告の申立ての趣旨を尊重しなければならないが、他面、一回の訴訟で全部解決できるはずの紛争が原告の恣意によって数回の訴訟を要することにするのは、複次応訴を強いられる被告にとって不公平であり、裁判所としても、既判力が原告の恣意によって限定された一部にしか及ばないというのでは、費やした労力に比べて紛争解決の実効性に乏しいから、数量的に可分な債権の一部請求については、一部請求後の残額請求を原則として許すべきでなく、残部訴求は、前訴の既判力によって妨げられる。契約上の債権と不法行為に基づく損害賠償債権とで区別する理由はなく、請求部分を他から区別できる標識があるか否かにも関わらないが、前訴で請求しようにも請求しえなかった後遺症に基づく賠償請求などは、前訴で「一部」と明示していなくても、第二の訴訟を許すべきである、と。

新堂説に対しては、いわゆる「手続保障の第三の波」に属する学者がこれを評価するとともに批判を加えている。

まず、井上正三[34]が、新堂説によると一部請求の前訴で残部の存否・範囲につき何らの審理・判断が行われなかった場合でも前訴確定判決による残部遮断が出てくると批判し、手続保障の具体化、つまり、「確定判決後の残額請求の許否を前訴手続過程における具体的な残部主張の必要性と可能性の有無に係らしめ、既判力の発生根拠および作用要件についても、これに対応した具体化が要請される」、と説いた。一部請求訴訟で原告が勝訴した場合に勝訴後残部を遮断されるのは、前訴で残部を主張・立証する具体的な必要があった場合でなければならないが、一部請求訴訟で原告が敗訴した場合は、原告は訴求部分を得るために残部をも含めて主張・立証する必要に迫られ、それでも敗訴したのだから残額請求も遮断される、というのである。これに続いて、吉村徳重[35]は、明確に、「特定の債権の分割訴求は、まず、原告に分割訴求の正当な利益が認められる場合であって、さらに、前訴における請求の態様や審判の経過によって相手方に生ずべき解決済みとの信頼の利益をそこなわないかぎりにおいて、肯定される」のであり、「残部の失権効を正当化するためには、単に主張の権能や機会があるだけでは十分ではなく、さらに、主張の必要性――少なくとも主張がまさに期待されていた事情がなければならない」、と説いた。井上治典[36]も、従来の錯雑した議論を整理したうえで今後の動向につき、次のように述べている。「残額請求の許否を考えるについては、手続権保障がどの程度与えられどのような自己責任を負うかを具体的実質的に考慮していくことになり、紛争態様や前訴の手続経過を離れて一般的・画一的には決しえないことになる。これは、伝統的な既判力論の枠組みを一歩踏み出して、既判力の作用とはいかなる後訴との関係でどのような申立や主張を排斥して失権させるべきかの問題にほかならないことを自覚したうえで、既判力の失権効（遮断効）を具体的実質的に考えていくことにほかならない[37]」と。

私見によれば、新堂説が前訴で出せた限りで残部訴求を遮断し、前訴で出すべきであったかどうかを考慮しないとすれば、これに対する第三波説の批判は正当であろう。しかし、第三波説の理論は、ここでも、キメばかりが細かくなりすぎて目鼻立ちが見えない。残部訴求を受けた裁判所が、前訴一部請求の手続経過を仔細に検討しなければ残部訴求の許否を決しえないというのでは、実際上、その煩に耐えないであろう。[38]

(c)　信義則説

前訴一部請求判決の既判力を請求＝判決のあった当該一部についてのみ認めつつ、残部請求の後訴を場合により信義則の適用によって排除しようとする見解である。

そのうち、竹下守夫[39]は、前訴一部請求が（全部または一部）棄却された場合と（全部）認容された場合とを分かつ。

まず、(イ)一部請求が棄却された場合については、①一部を残部と切り離して審理の対象とすることができない場合には、紛争決着についての被告の信頼・期待的利益の保護の合理的必要があり、原告に対しては債権全体についての手続権保障の充足があるので、残部請求にも前訴判決理由中の判断の拘束力が及び、残額存在の主張による別訴はできないが、②一部を残部と切り離して審理の対象とすることができ、残部の審理に立ち入らずに請求棄却の判決がされた場合には、「一個の紛争に対して判決がなされたとの事実」を基礎とする信頼・期待が被告に生ずるときを除いて、残額について判決理由中の判断の拘束力を認める根拠がない。(ロ)一部請求が認容された場合については、①明示の一部請求の場合には、残額請求を許容すべく、②原告が残額請求を留保していることが明らかでなかった場合には、原則として、「信義則に基礎をおく、訴訟物の枠をこえる失権効の一種」として原告は残額請求につき失権すると解すべく、例外的に、事件の具体的事情により原告が前訴で全部請求をしなかったことに特別の正当の事由があることを原告が証明すれば、残額請求を認めるべきであるほか、③後遺症・後発損害の賠償を求める後訴は、前訴での一部請求明示の有無にかかわらず可能である、と説く。

私（中野）は、一部請求判決確定後の残部訴求の肯否を、信義則の発現としての禁反言の法理の適用に委ねるべきものとした。[40]

禁反言の法理(41)が適用されるのは、①当事者が訴訟手続外(前訴・別訴を含む)でした先行行為と矛盾する訴訟上の行為をすること(行為矛盾)、②その先行行為を相手方が信頼して自己の法的地位を決めたこと(相手方の信頼)、③先行行為に矛盾する行為の効力をそのまま認めたのでは、先行行為を信頼した相手方の利益を不当に害する結果となること(相手方の不利益)、④当事者間の衡平上、矛盾行為を許す場合に先行行為を信頼した相手方に生ずる不利益が、矛盾行為を排斥した場合に行為者自身に生ずる不利益との比較において、より保護に値すると認められること、⑤当該権利関係が実体的真実に即して規整されることをとくに必要とする性質のものでないこと、を要件とするほか、信義則が当事者間の衡平の確保のために働く場合であるから、禁反言の斟酌には当事者の援用を必要とする。

この禁反言の法理に即して一部請求判決確定後の残部訴求をみれば、次のような結論に至る。①前訴で原告が一個の債権の数量的な一部についてのみ判決を求める旨を「明示」した場合、あるいは、前訴は一部請求であることが前訴請求の客観的内容もしくは後訴請求の客観的内容(後遺症・後発損害の賠償請求など)により明瞭である場合には、一部訴求と残部訴求に行為矛盾はなく、残部請求の後訴を許容できる。前訴が債権の法律上区分しうる標識を示して特定した一部請求である場合も、同様である。②前訴の一部請求が「明示」または「特定」の一部請求でなかった場合でも、それだけでは残部請求の後訴を不適法とするに足らないが、「明示」・「特定」がなかったために被告が全部請求と信じて訴訟上の対応を決しており、複次応訴の煩を避けるための手段(残部債務不存在確認の反訴など)に出ることを被告に期待できなかったときは、被告の複次応訴による不利益を原告の残部請求が封ぜられる不利益よりも重くみて、残部請求の後訴を却下すべきである。③同じように、前訴の一部請求が「明示」または「特定」の一部請求であった場合でも、例外的に、前訴で債権の全体としての存否が争われ、当該紛争の具体的内容や前訴における訴訟追行の経過に基づき、被告が紛争は前訴判決により全面的に決着をみたものと信じており、原告に残部請求の後訴を認めて被告に複次応訴を強いることが不当に原告を利すると認められるときは、禁反言の法理により残額請求の後訴を棄却すべきである。

信義則説の危険は、場当たりの理論となることである。(42) 一般に説かれるように、信義則は、「具体化を要する規準」であり、具体的場合のそれぞれに対し常にあらためてなされる価値判断のなかに個別的解決が見いだされなければならない。そのために、学説・判例が、類型的な一定の諸場合につき、それぞれに信義則適用の結果を提示して、一応の客観的な補助規準の確保に努める必要がある。一部請求判決確定後の残部訴求という問題では、請求の範囲を決定するについての原告の利益と被告の複次応訴の煩とを妥当に調整しなければならず、訴訟物や既判力による固定的な尺度で割り切ることができない。おそらく、信義則の適用を必要とする類型的な場面のひとつであろう。後掲(3)(b)の最高裁平成一〇年六月一二日判決にも、信義則説の反映をみることができる。

(d)　失権効説

分割訴求の禁止を理由として残部訴求を遮断する見解である。

最近、小松良正(43)は、アメリカの民事訴訟における請求(訴訟原因)分割禁止の原則を精しく検討し、これに示唆を得て、次のような「必要的請求併合のルール」を提示した。

「被告を重複する訴訟から保護し、また社会的に一つの紛争を単一の訴訟において解決するという必要から、原告は、単一の契約または不法行為から生じた被告に対するこれら数個の請求を併合して訴えなければならない」。「原告がこれらの請求の一つのみに基づいて訴えを提起し確定判決を得たとした場合、既判力はもっぱらこの請求の部分についてのみ生ずるのであり、前訴において併合されなかった残部請求に基づく後訴は、前訴での請求不併合に対する帰責性を前提とした信義則上の失権的作用により遮断される」。また、これらの請求の一つのみについて訴えを提起する場合、「原告は、必要的併合のルールに基づき残部に関する請求を追加的に併合しなければならない」(必要的追加的変更)のであり、これらの請求のそれぞれについて同時に別個の訴えを提起することは重複訴訟として禁止され」るが、「この必要的請求併合のルールに基づく併合義務は、既判力に基づくものではなく信義則上の義務としての性格を有するから、原則として当事者の援用がある場合にのみこれを考慮すれば足りる」。

小松説において「必要的請求併合のルール」に基づき残額に基づく後訴が遮断されるのは、「原告に請求不併合に対する帰責性が存在し、かつ被告を重複した訴訟から保護する必要性のある場合」である。分割につき正当な理由がないにもかかわらず単純に単一の契約または不法行為から生じた一個の請求権を分割しまたは数個の関連性を有する請求権の一つのみを訴えるような場合を広く含む。しかし、次のような場合には、後訴は遮断されない。①原告の請求不併合に対する帰責性は存在するが、被告を重複した訴訟から保護する必要のない場合（被告が必要的併合のルールを放棄しあるいは援用をしないような場合）、②被告を重複した訴訟から保護する必要はあるが、原告の請求不併合に帰責性が存在しない場合（後遺症を理由とする後訴、訴訟結果の予測が立たないための試験訴訟など）、③被告を重複する訴訟から保護する必要が存在せず、かつ原告の請求不併合に対する帰責性も存在しない場合（原告の一部訴求が被告自身の詐欺的行為によるものであった場合など）、が例外とされる。

一部訴求後の残額訴求を許さないという立場に立つ山本和彦(44)は、右の小松説への支持を表明しつつ、残部訴求を遮断する根拠につき実定法規の類推適用を説く。

すなわち、「既判力は判示された一部請求部分のみに生じることを前提とすると、訴訟物＝既判力という伝統的定式を維持する限り、明示の有無にかかわりなく、一部請求部分のみが訴訟物と考えられるが、一部請求と残部請求の各部分については併合強制の要請が妥当するため、人事訴訟手続法九条による婚姻無効・取消・離婚訴訟の併合強制（なお、同法二六条・三二条三項による準用）や民事執行法三四条二項・三五条三項の執行文付与異議・請求異議訴訟等の併合強制のような実定法の規律を一部請求後の残額請求に類推適用する基盤があるものと解されよう。したがって、請求全部を同時提訴することを怠った当事者が後訴で残額を請求してきた場合には、前訴一部請求の認容・棄却の結果に関係なく、右の請求失権効に基づき、残額請求の訴えは却下されるべきである」、と説く。

このような失権効説は、一部請求と残額請求の二重起訴の禁止の問題と一部請求判決確定後の残部訴求の問題を同じ理論によって処理できるメリットをもつ。

私見によれば、小松説は、実質において信義則説に近い。いうところの請求併合義務は「信義則上の義務としての性格」を有し、この併合義務に基づき当事者の援用のもとに「前訴での請求不併合に対する帰責性を前提とした信義則上の失権的作用」により残部訴求を遮断する、というのである。しかし、単一の契約または不法行為に基づく単一の請求権の分割訴求を原則として禁止し、関連性を有する数個の請求権の併合訴求を要求する点では、信義則説と異なる。処分権主義に大きく切り込みをかけているのであり、そこが問題であろう。理論の具体的適用の結果は概ね妥当と思われるにもかかわらず、たやすくは同調できないと考える。また、山本説が説く諸法条の類推適用も、無理ではないか。人事訴訟手続法九条および民事執行法三四条二項・三五条三項による失権は、いずれも、アクチオ法的に訴権ないし訴訟原因が並立・競合する場合であり、そのなかで、あるいは同一の身分関係に関する諸種の事件を一つの審理手続に集中させて全面的安定を図り（前者）、あるいは、同一の執行正本につき諸種の原因に基づく救済訴訟を一つの審理手続に集中させて執行遷延を防ぐ（後者）、という趣旨である。[45] 一つの請求権についての分割訴求の禁止に類推するには遠いといわなければならない。

(e)　なお、少なからぬ学者が、前訴が「明示の一部請求」ならば残部訴求を可とし「黙示の一部請求」ならば不可とする判例理論（後述(3)(a)）をそのまま容認しているほか、[46] 訴訟を「契約型訴訟」と「不法行為型訴訟」に分けたうえ後者に限って判例理論を認める見解もある。[47] これらについては、判例理論について後述する私見を参照されたい。

(3)　判例の動向

判例理論には、最近、新たな展開がみられる。

(a)　従来の判例理論は、一般に、前訴が「明示の一部請求」ならば残部訴求を許し「黙示の一部請求」ならば残部訴求を許さない趣旨と理解されている。(48)

しかし、個別の最高裁判例のうえでは、必ずしもそこまで綺麗にまとまってはおらず、「明示」「黙示」で区別する理由も明確に示されてこなかった。(49)

判例理論を固めたとされるのは、次の三つの最高裁判決であるが、それぞれの判旨を見直してみたい。

①　最高裁昭和三二年六月七日判決民集一一巻六号九四八頁（ダイヤ入り帯留め事件）

これは、結果的には残部訴求を遮断したことになるが、前訴では一部請求であることさえ意識されていなかった事案である。被告二名に金銭債務の履行を請求した前訴で連帯債務と主張しなかったため分割債務としての勝訴判決を得た原告が、後訴で連帯債務と主張して残額請求をしたのを、最高裁は、許さなかった。その理由も、「前訴請求をもって本訴の訴訟物たる四五万円の連帯債務の一部請求と解することはできない。のみならず……被上告人等〔原告〕先代は、前訴において、上告人等〔被告〕に対する前記四五万円の請求を訴訟物の全部として訴求したものであることをうかがうに難くないから、その請求の全部につき勝訴の確定判決をえた後において、今さら右請求が訴訟物の一部の請求にすぎなかった旨を主張することは、とうてい許されない」、と説示している。要するに、表面上は既判力の双面性について判示したとみられる裁判例なのである。

②　最高裁昭和三七年八月一〇日判決民集一六巻八号一七二〇頁

これこそ、正真正銘、残部訴求の可否についてのリーディング・ケイスであり、その判旨は、多くの下級審裁判例において踏襲され、前述（四(1)）の最高裁平成六年一一月二二日判決民集四八巻七号一三五五頁でも引用されている。

この昭和三七年判決の事案は、前訴で寄託物不法処分の「損害金三〇万円の内金一〇万円」を請求し八万円認容の確定判決を得た原告が、再訴して二〇万円の残額請求をした事例につき、後訴を不適法として却下する旨の第一審判決を取り消した控訴審判決を維持したものである。

しかし、判決の理由は、「一個の債権の数量的な一部についてのみ判決を求める旨を明示して訴が提起された場合は、訴訟物となるのは右債権の一部の存否のみであって、全部の存否ではなく、従って右一部の請求についての確定判決の既判力は残部の請求に及ばない」というに尽きる。右の引用文だけの、文字どおりの三行判決なのである。訴訟物＝既判力説に類するかたちであるが、一部請求の「明示」と「黙示」とで訴訟物を区別する趣旨なのかどうか、区別するとすればその理由はどうか、といったことを窺わせる明確な判示はない。

③　最高裁昭和四二年七月一八日民集二一巻六号一五五九頁

これは、②判決の判決理由をほとんど引写しで引用してはいるが、事案は、②判決の事案とは異なり、同一不法行為による損害のうち、前訴確定判決の基準時後の後遺症による後発損害の賠償を請求したものである。

判決の理由でも、次のように判示している。すなわち、前訴における原告の請求は、前訴の最終口頭弁論期日までに支出された治療費を損害として主張しその賠償を求めるものであったのに対し、本件訴訟における原告の請求は、前訴の口頭弁論期日後に再手術を受けることを余儀なくされたと主張し、それに要した費用を損害としてその賠償を請求するものであり、「前訴と本件訴訟とはそれぞれ訴訟物を異にするから、前訴の確定判決の既判力は本件訴訟に及ばない」、とした。つまり、後遺症・後発損害についての判決例であって、前訴当時には、まだ発生していなかった損害の賠償請求の事案であり、債権としては同一の損害賠償請求権であるとしても、前訴において一部請求であることを明示しようにも明示することはできなかった場合なのである。

このように、三つの判決を並べてみると、「一部請求と残額請求」という問題についての最高裁の判例理論は、前訴が「明示の一部請求」か「黙示の一部請求」かによって残部訴求の可否を決するというような明確なかたちでは統一的に把握できないことが分かる。

むしろ、①②③の判旨を統合するとすれば、「被告に複次応訴の負担をかけるのが不当と認められる場合には、残部訴求を許さない」ということになろう。三判決は、その趣旨を、それぞれの具体的事案につき、①判決は「既判力の双面性」により、②判決は一部請求が「明示」されたか否かにより、③判決は「訴訟物の異同」として、表現したとみられる。

(b)　最近、従来の裁判例とは趣きを異にする最高裁判決が現われ、注目を惹く。

最高裁平成一〇年六月一二日判決民集五二巻四号一一四七頁がそれである。

事案を見よう。Yは大規模な宅地開発を計画し、そのための土地買収等の業務をXに委託したさい、X・Y間で、この業務委託契約の報酬の一部として、Yが土地を宅地造成して販売するときには造成された宅地の一割をXに販売または斡旋させる旨の合意をした。しかし、その後、Yが宅地造成を行わず、土地を他に売却し、Xに対する業務委託契約を解除したため、Xは、Yに対し、報酬金等一部請求の訴えを提起した(前訴)。Xは、主位的請求として商法五一二条に基づく報酬請求権を、予備的請求として右合意に基づく報酬請求権を主張して、それぞれ、一二億円の報酬請求権のうち一億円の支払いを求めたが、Xの各請求を全部棄却する判決が確定した。ところが、前訴判決確定後にXは本訴を提起し、今度は、主位的請求として、合意に基づく報酬請求権のうち一部訴求した一億円を除く残額二億九八三〇万円の支払を求め、予備的請求の一として、商法五一二条に基づく報酬請求権のうち一部訴求した一億円を除く二億九八三〇万円の支払いを求め、さらに、予備的請求の二として、不当利得返還請求権に基づいて報酬相当額二億六七三〇万円の支払いを求めた。これが本件である。

第一審はXの各訴えを却下したが、控訴審では、Xの各訴えが前訴の蒸し返しであるとはいえないとして、第一審判決を取り消して差し戻す旨の判決をした。Yより上告。上告理由のなかでは、最近の学説にも詳しく触れている点が注目される。

最高裁は、次のように判示して、原判決を破棄し、Xの控訴を棄却した。

「一個の金銭債権の数量的一部請求は、当該債権が存在しその額は一定額を下回らないことを主張して右額の限度でこれを請求するものであり、債権の特定の一部を請求するものではないから、このような請求の当否を判断するためには、おのずから債権の全部について審理判断することが必要になる。すなわち、裁判所は、当該債権の全部について当事者の主張する発生、消滅の原因事実の存否を判断し、債権の一部の消滅が認められるときは債権の総額からこれを控除して口頭弁論終結時における債権の現存額を確定し（最高裁平成二年(オ)第一一四六号同六年一一月二二日第三小法廷判決・民集四八巻七号一三五五頁参照）、現存額が一部請求の額以上であるときは右請求を認容し、現存額が請求額に満たないときは現存額の限度でこれを認容し、債権が全く現存しないときは右請求を棄却するのであって、当事者双方の主張立証の範囲、程度も、通常は債権の全部が請求されている場合と変わるところはない。数量的一部請求を全部又は一部棄却する旨の判決は、このように債権の全部について行われた審理の結果に基づいて、当該債権が全く現存しないか又は一部として請求された額に満たない額しか現存しないとの判断を示すものであって、言い換えれば、後に残部として請求し得る部分が存在しないとの判断を示すものにほかならない。したがって、右判決が確定した後に原告が残部請求の訴えを提起することは、実質的には前訴で認められなかった請求及び主張を蒸し返すものであり、前訴の確定判決によって当該債権の全部について紛争が解決されたとの被告の合理的期待に反し、被告に二重の応訴の負担を強いるものというべきである。以上の点に照らすと、金銭債権の数量的一部請求訴訟で敗訴した原告が残部請求の訴えを提起することは、特段の事情がない限り、信義則に反して許されないと解するのが相当である。」

ここには、明らかに学説上の信義則説ないし手続保障説への接近がみられ、従来の判例理論からの乖離があることは否定できない。

とくに、本判決は、明示の一部請求を棄却する判決が確定した後の残部請求の訴えを不適法として却下すべきものとした最初の最高裁判決なのであり、その意味で大いに注目される。その理由として、本判決は、一部請求を全部または一部棄却する判決は後に残部として請求しうる部分が存在しないとの判断を示すものにほかならない、と述べて判決効の内容に立ち入るかの姿勢を見せてはいるが、「訴訟物」とか「既判力」という民事訴訟法の伝統的な理論に触れるかたちとなることを用心深く避けている。前訴の「訴訟物」をどうみるのか、あるいは、前訴判決の既判力によって後訴のどういう主張が遮断されるとみるべきかといった点についての見解は、全く本判決から読み取ることができないのである。かえって、歴然として判決理由の中核をなすのは、当事者間の衡平であり、信義則的考慮である。当事者間の前訴で債権の全部について主張立証が行われたが債権の一部でさえ認められなかったのに、原告が再び残部請求の訴えを提起して前訴で認められなかった請求および主張を蒸し返すのは、紛争解決についての被告の合理的期待に反し、被告に二重の応訴の負担を強いるものだとして、信義則違反と断じているのである(50)。

(c)　しかし、ここで判例の実質的変更があったというのは、おそらく、正しくないであろう。むしろ、右の平成一〇年判決は、従来の最高裁判例の延長線上に位置づけられるべきである。

リーディング・ケイスである前記昭和三七年判決についても、前訴で一部請求であることが「明示」されていたか否かによって残部訴求の可否を区別することがどうしてできるのかどうかという点は、当初から疑問とされてきた。一部請求であることの「明示」の有無によって訴訟物が異なるとか、既判力の客観的範囲が動くというための理論的な理由づけは、きわめて困難なのである。前訴で訴訟物とされているのが請求権の一部であるにすぎず、一部請求であることが「明示」されていたかどうかが訴訟物の要素となるわけではないし、明示の一部請求であることが判決主文において判断されるわけでもないからである。

他面において、前記昭和四二年判決の事案がそうであるように、実際上も、前訴で一部請求であることの「明示」ができない場合も少なくなく、その「明示」がなかった点だけをとらえて常に残部訴求を既判力に服させて再訴を遮断するのは必ずしも当をえない。

したがって、前訴における一部請求の「明示」を残部訴求の前提とする判例理論の基礎をなすものは、原告に対して、全部訴求まで進まず一部訴求にとどめる実際的必要への対応を図るとともに、被告に対して、複次応訴の煩を予見しそれを避けるために残部債務不存在確認の訴えまたは反訴を提起する機会を保障する、という考慮にあったとみなければならない。

もし、前述(a)のとおり、従来の最高裁の裁判例を統一的にみて、「被告に複次応訴の負担をかけるのが不当と認められる場合には、残部訴求を許さない」というのが判例理論の基調であるとすれば、平成一〇年六月一二日判決も、軌を一にするものであり、同じ趣旨の新しい一つの具体化を示したものにほかならない。ここでは、前訴が「明示の一部請求」であったため、前記昭和三七年判決の判旨をそのまま移せば残部訴求は遮断されないはずのケイスであった。しかし、一部請求の「明示」があるにもかかわらず紛争の蒸返しによる被告の二重応訴の負担を容認できない事実であったために、残部訴求を許さず、その手段として信義則の枠組みを利用したのである。しかし、そのために、従来の判例で用いられた「既判力の双面性」「一部請求の明示」「訴訟物の異同」のような道具概念が捨て去られたと解すべきではないであろう。(51)

私としては、やはり、信義則説により、「被告に複次応訴の負担をかけるのが不当」であるかどうかの規準を統一的・総括的に「信義則」に求める方が理論的の一貫するのではないかと考えるが、なお、今後の判例理論の展開に注目したい。

(29)　三ケ月章・民事訴訟法一一四頁以下。

(30)　木川統一郎「一部請求後の残額請求」同・民事訴訟法重要問題講義中三〇六頁以下。そもそも一部請求論争発生の端緒となった伊東乾「一部請求」同・民事訴訟法研究五二二頁以下は、明示の一部請求の訴訟物は債権の当該一部でありその確定判決の既判力は残額請求に及ばないとする後述昭和三七年八月一〇日の最高裁判決に対する賛成評釈であるが、「確定された十万円が或債権の一部だということは、十万円の部分債権にとってはそれ自体のあり方とは没交渉な消息で、その性格でもなければ属性でもない」とし、原告の申立ても一部か全部かを明らかにする必要がなく、裁判についても金額だけが問題なので、「訴訟上は実は言葉の意味通りの『一部請求の問題』はない」のだ、といい切っている。

(31) 伊藤眞・民事訴訟法一七七頁以下。
(32) 松本博之＝上野桊男・民事訴訟法三六五頁以下。
(33) 新堂幸司「既判力と訴訟物」同・訴訟物と争点効(上)一五八頁以下、同・新民事訴訟法二九四頁以下・五八七頁。なお、最近、高橋・前掲（注11）一〇一頁（同・重点講義民事訴訟法九四頁以下）が、「前訴手続過程で原告は裁判所の判断を知る機会を十分に持っているのであり、再訴を許すのは被告・裁判所の利益を考えると、原告を保護しすぎるという判断も十分に成り立つ」し、「前訴の中での請求の拡張は、原告にとって一挙手一投足に近いのであり否定説でよい」として、新堂説に賛成している。鈴木＝青山編・注釈民事訴訟法(4)一〇七頁〔青山善充＝長谷部由紀子〕、遠藤＝文字編・講説民事訴訟法一七〇頁以下〔文字浩〕なども、ほぼ同旨か。
(34) 井上正三「『一部請求』の許否をめぐる利益考量と理論構成」法学教室〈第二期〉8号七九頁以下、とくに八二頁以下。
(35) 吉村徳重「一部請求」竹下＝谷口編・民事訴訟法を学ぶ〔2版〕九七頁以下、とくに一〇三頁。
(36) 井上治典「確定判決後の残額請求」ジュリスト別冊・民事訴訟法の争点一八〇頁以下、とくに一八三頁。なお、同「後遺症と裁判上の救済」ジュリスト五四八号三一六頁以下。
(37) 手続保障説としては、以上の所説のほか、なお、上田徹一郎の実体関係的手続保障説があり、客観的に原告（債務者）・被告（債務者）の「実体法によって定められた法的地位にふさわしい訴訟上の手続保障要求（実体関係的手続保障）の充足の有無」を基準として残額請求の可否を判断すべきだとする。上田徹一郎「一部請求」林屋＝小島編・民事訴訟法ゼミナール二〇八頁以下、同・民事訴訟法〔第二版〕一八九頁以下。理論の詳細は、同・判決効の範囲二八六頁以下、とくに三一〇頁以下に展開されている。
(38) 手続保障説に対する批判として、佐上善和「一部請求と残額請求」三ケ月＝中野＝竹下編・新版・民事訴訟法演習(1)一三九頁以下、（とくに新堂説に対し）吉野正三郎・民事訴訟法のアポリア二五頁以下参照。
(39) 兼子＝松浦＝新堂＝竹下・条解民事訴訟法六一一頁以下〔竹下守夫〕。
(40) 中野・前掲（注1）六四頁以下（現在問題一〇六頁以下）。
(41) 中野「民事訴訟における禁反言」過失の推認一七七頁以下に詳論した。
(42) 信義則説に対する批判として、井上治典・私法判例リマークス一九号一二六頁は、「場合分けをしたり、要件化すれば、本来のうまみはなくなってしまうというのが信義則であり」、あくまで「既判力という一刀流で、遮断の本質に迫る理論を考究しつづけるのが、姿勢として正道」であろう、という。これに対し、山本弘「一部請求」鈴木（重）＝上田編・基本問題セミナー民事訴訟法一三三頁以下は、一部請求後の残額請求後訴を既判力により規律するのは困難で、暗示一部請求後の残額請求不許の結論を「既判力によって導くことはできず、被告に対する信義則違反ないし禁反言に求める外ない」、としている。

(43)　小松良正「一部請求理論の再構成――必要的併合の理論による解決――」中村古稀民事訴訟法学の新たな展開一三五頁以下、とくに一七四頁以下。

(44)　山本和彦・前掲（注6）五五頁以下。

(45)　人事訴訟手続法九条の立法趣旨については、岡垣＝吉村編・注解人事訴訟手続法一二二頁以下〔井上治典〕が、また、民事執行法三四条二項・三五条三項の立法趣旨については、竹下＝鈴木編・民事執行法の基本構造一二〇頁以下〔鈴木正裕〕が詳しい。

(46)　江藤价泰「一部請求と残額請求」ジュリスト増刊・民事訴訟法の争点〔新版〕一八九頁、林屋礼二・民事訴訟法概要六六頁、上原俊夫＝池田辰夫＝山本和彦・民事訴訟法〔2版〕一九五頁〔池田辰夫〕、小林秀之・プロブレム・メソッド新民事訴訟法九一頁以下、吉永＝奈良編・判例に学ぶ新民事訴訟法二〇九頁以下〔吉永順作〕など。

(47)　納谷広美「一部請求と残額請求」ジュリスト増刊・民事訴訟法の争点〔3版〕一四七頁、同・民事訴訟法三三五頁以下。

(48)　明示の一部請求か隠れた一部請求かによって既判力を区別する考え方は、ドイツの連邦大審院の判例のとるところでもあり、その詳細は中野・前掲（注1）五八頁以下に紹介した。

(49)　学説との対応における各個の裁判例の位置付けについては、民事訴訟法判例百選Ⅱ三二八頁以下〔佐上善和〕・三二〇頁以下〔山本弘〕参照。なお、判例理論における一部請求の「明示」の要求の理解につき、上田徹一郎・判決効の範囲二九〇頁・三〇六頁・三一四頁参照。

(50)　詳しくいえば、本文に引用した判決理由は、直接には、前訴で一部請求棄却判決のあった同じ各報酬請求権についての残部請求（Xの主位的請求および予備的請求の一）についての説示である。これに対し、Xの予備的請求の二は、不当利得返還請求であり、前訴の各請求とは訴訟物を異にする。しかし、最高裁は、ここでも、「Yに対して本件業務委託契約に基づく報酬請求権を有することを前提として報酬相当額の金員の支払を求める点において変わりはなく、報酬請求権の発生原因として主張する事実関係はほぼ同一であって、前訴及び本訴の訴訟経過に照らすと、実質的には敗訴に終った前訴の請求及び主張の蒸し返しに当たることが明らかである」として、予備的請求の二に係る訴えの提起も信義則に反して許されない、と判示したのである。

このような信義則の前面化に対して、井上治典・私法判例リマークス一九号一二六頁は、「本判決は、訴訟物概念の機能失墜に拍車をかけるとともに、実は『訴訟物の範囲について既判力が及ぶ』という伝統的通念をも無力化させる契機をもつと言える」と評し・前掲（注42）に掲げた批判を加えている。なお、本件の判例評釈として、酒井一・判例評論四八三号三〇頁以下、上野泰男・ジュリスト一一五七号一二二頁以下、奈良次郎・法の支配一一三号九〇頁以下、山本和彦・民商法雑誌一二〇巻六号一三七頁以下など参照。

（51）最判平成一〇年六月一二日の調査官解説（山本郁夫・法曹時報五二巻一〇号三一三六頁以下、とくに三一五二頁）も、次のように述べている。「本判決の考え方は、既判力を根拠として残部請求を制限する見解と全く相容れないものとはいえない。最高裁としては、従来の判例理論と矛盾抵触のない最も無難な理由付けとして信義則を採用したものであり、一部請求をめぐる理論的な問題（訴訟物、既判力等）については、なお今後の学説の議論の発展を見守ろうとしたものとも考えられる」と。

六　結び

一部請求論には、まだ少なからぬ問題が残っているようである。

一部請求の訴えの提起による消滅時効中断の範囲の問題がある。判例理論は、数量的な一部についてのみ判決を求める旨を明示した場合には、消滅時効中断の効力はその一部の範囲においてのみ生じ、残部に及ぼす（最高裁昭和三四年二月二〇日民集一三巻二号二〇九頁の多数意見）、その旨の明示がない場合には、債権の同一性の範囲においてその全部に及ぶ（最高裁昭和四五年七月二四日民集二四巻七号一一七七頁）、とするが、学者の意見は分かれており、残部訴求についての前記平成一〇年六月一二日判決の出現もあって、なお検討の余地がある。[52]

また、上訴との関係では、一部請求訴訟の第一審において請求認容の判決を得た原告が残部請求を追加するために控訴できるか、という問題も、かねてから控訴の利益をめぐる重要な論点の一つとなっている。[53]

これまで残部請求の肯否に傾斜していた一部請求論が議論の局面を拡大しつつある現在、より広い視野において関連する諸問題の再検討を試みることが必要と思われる。

（52）岡本坦・注釈民法(5)八六頁以下、石田穣・民法と民事訴訟法の交錯一七四頁以下、西尾信一「時効中断が生じる債権の範囲」手形研究四七五号一六〇頁など参照。

(53)　先駆として、つとに、小室直人・上訴制度の研究三五頁、同「一部請求と上訴」山本戸還暦・実体法と手続法の交錯下二八一頁以下が、一部請求につき例外的に実体的不服説をとるべきことを説いた。現在の理論状況につき、上野泰男「上訴の利益」新・実務民事訴訟講座3巻二三三頁以下、とくに二三九頁以下、井上治典「従来の『控訴の利益論』批判」判例タイムズ五六五号一八頁以下、鈴木(正)＝鈴木(重)編・注釈民事訴訟法(8)二九頁以下〔鈴木重勝〕、高橋宏志「控訴について(一)」法学教室一五八号八五頁以下、名古屋高金沢支判平成元年一月三〇日判例時報一三〇八号一二五頁など参照。

(判例タイムズ一〇〇六号・一〇〇八号、一九九九年)

6　訴訟承継と訴訟上の請求

一　「訴訟承継」とは、何の承継なのか

ことばの響きに眩惑されるというか、気持ち良く使っている用語でも、考えてみると意味がよく分からない場合がある。「訴訟承継」も、そのひとつである。いったいなにが承継されるというのであろうか。

訴訟承継——これは、兼子一博士のデビュー論文であり該博・緻密な論証と新鮮な構想をもって学界を席捲した「訴訟承継論」（昭和六年）が提示して以来、今日まで、われわれの共有財産となっている重要な概念であるが、現在用いられている教科書や概説書の類をみると、「訴訟承継とは、……」というかたちで確固たる定義づけをしているものがほとんどないのに驚く。(1) 多くは、制度の趣旨あるいは内容を先に述べたうえ、そのようなものとして訴訟承継をするのである。(2)

兼子博士自身は、右の論文の冒頭に、「訴訟承継の概念」として、「訴訟の進行中に於て訴訟の関与者たる当事者の訴訟上の地位が全部的又は一部的に第三者に移転し、爾後第三者が在来の当事者に代り又は之と並んで訴訟に関与するに至る現象を指す」としていた。(3) このような定義を踏襲しないのは、どうしてなのだろう。よくは分からないが、二つの理由が考えられる。ひとつは、「訴訟上の地位」の移転という表現の不明確であり、他のひとつは、訴訟承継に属する現象の多様性である。

訴訟承継の理論は、支配的であった訴訟法律関係の形式的把握からの脱却をめざし、訴訟の対象としての紛争を中心とする訴訟状態の実質的・発展的理解の提示と推進によって、通説となった。兼子博士の「訴訟承継論」において、承継される「訴訟上の地位」といわれるものは、訴訟法律関係説に対立する訴訟状態説――これも同論文が民事訴訟法学に初めてもちこんだものである――のいう意味の訴訟状態なのである。(4) これを受けて、訴訟状態説の退潮をみた現在でも、学説は、一般に次のように説明している。訴訟承継は、訴訟係属中の紛争主体の変動を訴訟手続に反映させて、新当事者に旧当事者の形成してきた訴訟状態をそのまま承継させる制度である、と。この説明は、確かに、正しい。しかし、それで十分といえるだろうか。

訴訟が、全体としてひとつの、裁判所・当事者間の法律関係であることも、動かしがたい認識である。(5) この訴訟法律関係の主体である当事者が入れ替って別人になる当然承継の場合と、従前の当事者間の訴訟法律関係が依然として存続する参加承継・引受承継の場合とを並列し、そこから訴訟状態の承継という最大公約数をひき出すだけでは、当然承継に属する諸場合なり参加承継・引受承継の場合に即しての正確な理解を阻むことにならないであろうか。兼子博士は、当事者の死亡等による当然承継でも、やはり、争いの利益の相続人等への移転により訴訟の対象たる紛争が、そのままでは当該訴訟内では解決されえないために生じるのであって、他の訴訟承継の場合となんらその本質において異なるものでない、と説く。(6) しかし、制度の本質はともかく、当事者の交替を捨象してよいのか。訴訟当事者の確定について、訴状の表示を基準とする表示説の立場が支配的なのは、当事者がだれであるかによって決まる問題（当事者の能力・除斥・二重起訴・判決効の範囲など）が極めて多いためである。当事者が入れ替るかどうかは、かなりの面で、問題の所在なり様相を異にするのが当然である。参加承継や引受承継の場合には、最近の理論の進展の結果、要件も拡張され、紛争の主体たる地位の承継にも多様なものがあり、従前からの当事者の訴訟法律関係も存続しているところに入っていくのであるから、従前の当事者の形成してきた訴訟状態を必ず全面的に承継するとは限らない。

訴訟承継に属するとされる諸場合について、なにが承継されるのかを、もっと精しく検討する必要があろう。

（1） わずかに、斎藤・民事訴訟法概論五〇一頁が目につく程度である。
（2） 三ケ月・民事訴訟法二七三頁、新堂・民事訴訟法五二七頁以下、大学双書・民事訴訟法五六四頁以下〔松浦馨〕、上田・民事訴訟法五六四頁以下など。なお、上北武男「当事者の交替」講座民事訴訟3巻二九九頁以下参照。
（3） 兼子一・民事法研究一巻八頁。
（4） 兼子・前掲（注3）三三頁以下・四一頁以下。
（5） 中野貞一郎・訴訟関係と訴訟行為一頁以下、三ケ月・民事訴訟法一七三頁以下参照。
（6） 兼子・前掲（注3）七三頁以下。

二　当然承継における当事者の地位の承継

(1)　当然承継の場合には、承継人は訴訟法律関係を承継する。

訴えの提起により、原告・被告・裁判所間に三面的な法律関係が成立し、訴訟の終了に至るまで発展し存続する。当然承継が起こるのは、従来の当事者がもはやこの訴訟法律関係の主体として当事者の地位にとどまりえない場合である。当事者の死亡（民訴二〇八条）、合併による消滅（民訴二〇九条）、信託受託者の任務終了（民訴二一一条）、資格当事者・選定当事者の資格喪失（民訴二一二条）、破産宣告・破産解止（民訴二一三条・二一四条）のいずれの場合でも異ならない。承継原因が発生すると同時に、被承継人たる従来の当事者は、当事者でなくなり、承継人が当事者になる。その時点より後では、だれが当事者なのかということが問題になれば、それがどのような問題であっても、承継人が当事者だということで処理しなければならない。

ここでは、形式的意義における当事者が交替するのであり、従来の原告Xが原告でなくなってX'が新たに原告となり、あるいは、従来の被告Yが被告でなくなってY'が新たに被告となる。それと共に従来の原告Xあるいは被告Yが相手方との間で行ってきた訴訟追行によって形成されてきた「生成中の既判力」としての訴訟状態も、X'またはY'によって当然に受け継がれるが、訴訟法律関係の承継が論理上それに先行するのである。なまの紛争を眼中において、紛争の主体たる地位の承継というのも、承継原因を説明するにとどまって、承継じたいを説明していない。承継の前後で紛争の性質が変わる場合もある。通常の給付訴訟が破産債権者全員に判決効の及ぶ破産債権確定訴訟や破産財団のための取戻訴訟になったりするのは（破六九条・二四〇条二項・二四六条・二五〇条）、その例である。

(2)　当然承継は、訴訟法律関係の承継である。この訴訟承継に伴う手続追行の承継のための訴訟手続の中断・受継とは区別を要する。

訴訟手続の中断・受継は、訴訟承継なしに生じる場合もあるが（民訴二一〇条）、訴訟手続の中断・受継が生じる場合の多くは、訴訟当事者の死亡その他、当然承継によるものである（民訴二〇九条・二一一条・二一二条・二一四条・二一五条）。しかし、被承継人に訴訟代理人がいて、その権限が存続している間は、訴訟手続の中断・受継はない（民訴二一三条。その適用範囲に民訴二一四条・二一五条の場合を含まないことに注意）。また、訴訟係属後の当事者選定により選定された当事者が、当然に訴訟より脱退する他の当事者の訴訟上の地位を承継するのも（民訴四七条二項）、一種の当然承継であるが、ここでは、訴訟手続の中断・受継はない。

要するに、手続承継のために訴訟手続の中断・受継が必要となるのは、新たな手続追行者が訴訟手続に登場するのを待たなければならない場合である。当事者が同じままで訴訟承継がないときでも、訴訟手続の新追行者の登場を待つ必要があれば、訴訟手続の中断・受継が生じる。逆に、訴訟承継があって当事者が交替したときでも、訴訟手続を追行する者がすでに手続に登場していて直ぐにバトンタッチができるならば、訴訟手続の中断・受継は生じないのである。

(3)　当事者が訴訟係属中に死亡すると、もはや訴訟法律関係の主体であり続けることができない。しかし、当事者の死亡がつねに訴訟承継を生じるとは限らない。離婚訴訟中に夫婦の一方が死亡した場合のように、当事者の死亡により訴訟が二当事者対立構造を失う場合には、訴訟は、なんらの裁判を要せず、当然に終了する。(7)

普通には、訴訟物たる権利関係を相続等によってだれかが実体的に承継するので、その権利関係をめぐる二当事者の対立が維持され、それを反映して新当事者による訴訟承継が認められる。訴訟物たる権利関係を死亡当事者から実体的に承継した者が、訴訟上も、当事者の死亡と同時に、死亡当事者の訴訟上の地位を当然に受け継いで、新当事者になるのである。

奇妙なことに、民訴法の条文には、その旨の明瞭な規定を欠く。訴訟承継にはふれずに、いきなり、「当事者カ死亡シタルトキハ訴訟手続ハ中断ス」（民訴二〇八条一項本文）という、手続承継の規定が出てくる。これは、当事者の死亡により権利関係の実体的承継が起こる通常の場合に即して、この場合には訴訟承継を認めることを前提としているのであり、立法技術としては、この規定の前提として、当事者の死亡により訴訟当事者の地位の承継が生ずる旨の明文をおくべきところを、当然として省略したのである。(8)従って、この規定は、次のように解釈しなければならない。すなわち、当事者が死亡した場合には、訴訟物たる権利関係を実体上承継した者が死亡当事者の訴訟上の地位を承継する。しかし、新当事者は必ずしも直ちに訴訟手続を追行できる状態にはないから（死亡の確知、相続の承認・放棄など）、訴訟手続をストップして、新当事者が訴訟の係属を知り、訴訟手続に登場してくるのを待ってやる、という趣旨なのである。

当事者の死亡により当事者の地位の承継が起こったがゆえに、その結果として新当事者の追行開始を待つ必要が生じたから、そのために訴訟手続が中断するのであり、中断した訴訟手続の受継によってはじめて訴訟当事者の地位の承継が生ずるわけではない。参加承継・引受承継（民訴七三条・七四条）がそれじたいで訴訟承継を生じさせる形成的行為であるのと異なり、当然承継における手続の受継は、手続追行のみの受継であって、その基礎となる訴訟当事者の地位の承継に対しては確認的意味をもつにとどまる点がはっきり違うのである。

(7)　この場合、判決で訴えを却下する必要はない。必要がないだけでなく、判決しようにも訴訟そのものが消えてしまっているから、およそ判決の余地はないのだが、実務では、事件処理のために裁判所が訴訟終了宣言（「本件訴訟は、平成○年○月○日原告が死亡したことにより終了した」）をする。

裁判例に現れた具体的事案としては、夫婦間の離婚訴訟・婚姻無効確認訴訟における夫または妻の死亡、養親子間の離縁訴訟・養子縁組取消訴訟における当事者の死亡、父が提起した認知無効訴訟における父の死亡、親子関係不存在確認訴訟における原告の死亡などがある（注釈民事訴訟法(2)二四五頁以下〔池田辰夫〕参照）。

問題となるのは、訴訟物が一身専属的な性質のものである訴訟の当事者の死亡である。裁判例では、労働者の提起した労働契約上の地位確認訴訟につき労働者の死亡による当然終了を認め（最判平成元年九月二二日判例時報一三五六号一四五頁）、あるいは、生活保護申請却下処分取消訴訟等につき原告たる被保護者の死亡による当然終了を認めている（最判昭和六三年四月一九日判例タイムズ六六九号一一九頁）。しかし、有限会社の社員の提起した会社解散・社員総会決議取消請求等の訴訟につき、下級審が原告の死亡による当然終了を認めたのに、最高裁大法廷は、会社解散請求権・社員総会決議取消請求権・同無効確認請求権も相続の対象となり、訴訟上も相続人が原告の地位を承継したとして、破棄差戻しの判決をした（最大判昭和四五年七月一五日民集二四巻七号八〇四頁）。この判決には、これらの共益権は譲渡性も相続性もない一身専属的な権利であるとして訴訟の当然終了を認めた松田二郎裁判官らの少数意見が付いている。この事例が最も明瞭に示すとおり、訴訟物たる権利が一身専属的かどうかの判断は、必ずしも明確ではない。むしろ、訴訟関係を承継させるべき場合にあたるかどうかを、当事者の訴訟上の利益の保護や訴訟経済というような実質的考慮により決すべきである。とくに、青山善充・続民事訴訟法判例百選一五三頁、新堂幸司・民事訴訟法判例百選〔二版〕九九頁、注釈民事訴訟法(2)二四六頁以下〔池田辰夫〕参照。

(8)　民訴二〇八条の母法であるドイツ民訴法二三九条も同様であるが、かねて、「手続中断の理論と当事者の地位の承継の理論との混淆である」との立法論的批判を受けている。中野貞一郎・民商法雑誌四〇巻四号六五二頁参照。

三　当然承継と訴訟上の請求

(1)　訴訟上の請求は、特定の原告の、特定の被告に対する、特定の権利主張である。原告なり被告が変われば、訴訟上の請求も変わる。およそ訴訟承継が生じて新旧当事者が交替するからには、訴訟手続の中断・受継があろうとなかろうと、訴訟上の請求としての権利主張は、つねに、その主体だけでなく中身も当然に変更をみる。訴訟関係の承継と共に、同時に、訴えの自動的変更が生じるのである。

学説は、必ずしもこの点を十分に把握していなかった。一般には漠然と、当事者が死亡した場合でも、訴訟上の請求は同一性を保って存続し、ただ、その訴訟物についての訴訟追行権を有する者が交替するにすぎない、と考えてきた。しかし、原告死亡の場合であれば、旧原告の訴訟上の請求は旧原告のもっていた権利の主張であったのに対して、新原告の訴訟上の請求は、新原告が相続によって取得した権利の主張なのである。被告死亡の場合でも、旧被告に対する訴訟上の請求は旧被告に対する権利の主張であったが、新被告に対するそれは、新被告が相続した義務についての権利主張に他ならない。その意味で、近時になって八木良一判事が明確に論証され[9]一般の承認を得つつあるように、当事者の死亡による訴訟承継（当然承継）も、実質的には訴訟内の新訴提起の一場面ともいえるのであり、従前の訴訟が、死亡原告の承継人から従前の被告に対する新請求、あるいは、死亡被告の承継人に対する従前の原告の新請求、についての審理に移行するのである。

このことは、次のような例を考えてみれば、明瞭となろう。たとえば、Xが、Yに金一〇〇〇万円を貸し付け、Yを被告として貸金返還請求の訴えを提起したが、訴訟係属中にXが死亡し、妻Aと子B・Cが相続して訴訟承継が生じた、とする。

大審院以来の判例の立場では、Xの死亡と同時に（遺産分割をまたずして）、Yに対するXの一〇〇〇万円の貸金債権のうち、Aが五〇〇万円の債権を、BとCがそれぞれ二五〇万円の債権を、それぞれ相続する。訴訟上は、これを反映して、当然承継により、従来のX→Yのα請求（一〇〇〇万円）は切り替えられ、A→Yのβ請求（五〇〇万円）、B→Yのγ請求（二五〇万円）およびC→Yのδ請求（二五〇万円）という三つの請求を含む共同訴訟となる。β・γ・δの各請求は、α請求とは当事者と請求原因（消費貸借プラス債権相続）が違うので、それぞれが別個の請求であるが、Xの死亡による当事者の交替と同時に、A・B・CがYを被告としてそれらの相続した部分の債権につき新たに訴えを提起したのと同様の請求の変更が当然に生ずるわけである。[10]

もし、わが民事訴訟法が当事者の死亡による訴訟承継を認めず、民訴二〇八条のような規定がなかったと仮定してみるがよい。Xの死亡により、Xの当事者能力は否定され、Xの提起した訴えは却下されることになるから、新たにA・B・Cがそれぞれの相続した部分の債権について訴えを提起しなければ、判決は得られない。それでは、従前の訴訟手続は無駄になって、手続の反復が甚だ不経済であるばかりでなく、従前の訴訟状態を覆して不利な状態にあった一方当事者を不当に利する。そこで、従前の訴訟状態の上に新当事者の新請求を乗せて審理を続けることとし、相続人に関する新訴の提起を省略したのである。その意味で、「当然承継とは、承継人が相手方に対し、あるいは相手方が承継人に対し、当然に新訴を提起することを予想し、それを擬制した制度[11]」だといってよい。

(2)　当事者の死亡にかかわらず訴訟代理人がいるために中断しない場合（民訴二一三条）における訴訟代理人の地位については、いくつかの考え方があるが、その訴訟代理人は当然に死亡当事者の承継人たる新当事者の代理人になる、とするのが通説・判例の立場であり、受継の手続をとらなくても、判決には承継人を当事者として表示し、訴訟代理人を承継人の訴訟代理人として表示できる。[12]

問題は、真の承継人が事後的に判明した場合である。たとえば、上記の例で、Xの訴訟代理人RがXの死亡後はA・B・Cの指示を受けて手続追行に当たってきたが、後に、じつはα債権はXの特定遺贈によりXの死亡と同時にMに属し、対抗要件も備わっていることが判明した、とする。Rのもとでなされた判決や訴えの取下げ等は、Mに対する関係でも、効力を有するものであろうか。

Rの訴訟行為は、実際上、A・B・Cの訴訟代理人としてβ・γ・δの各請求についてなされてきたわけで、MのYに対するε請求（一〇〇〇万円）についてはなされておらず、Mの手続権が保障されなかったのである。

Rのもとでなされた判決や訴えの取下げの効力をMに及ぼすことはできない。Yに対するA・B・Cの各請求とMの請求は別個であるから、A・B・Cの各請求に対する判決前にMに対する特定遺贈がYによって主張・証明されたら、裁判所は、β・γ・δの各請求につき相続による権利取得がないことを理由に棄却すべきで、当事者適格の欠缺を理由に訴えを却下すべきではない。代理行為は、顕名でなければならないし（民九九条）、代理の基礎に本人との意思的連絡を要するのが原則でなければならないから、訴訟代理人があるために手続の中断・受継がない場合でも、訴訟代理人は、本人の顕名が可能となった時点で、自己が代理する本人の名を手続に導入すべく、顕名されなかった真の承継人に対する関係では、他人が訴訟代理人あるいは受訴裁判所によって本人と顕名された時点において、訴訟代理人が存在しないのと同視できる状態となり、訴訟手続が中断すると解すべきである。すなわち、訴訟代理人Rが訴訟手続の上でA・B・Cを本人と顕名することになった時点で、MのYに対するε請求について訴訟手続が中断し、MまたはYからの受継をまって審理を進めなければならない(13)。

（9）　八木良一「当事者の死亡による当然承継」民事訴訟雑誌三一号三二頁以下。本稿も、この論文に負うところが多い。本文の設例も、これによる。

（10）　もし、Xが第一審で勝訴し、Yが控訴して、事件が控訴審に係属中にXが死亡した場合であれば、控訴裁判所が第一審判決を正当とするときでも、判決主文では控訴を棄却するだけでは足らず、「原判決主文を、『YはAに対して金五〇〇万円、Bに対して金二五〇万円、Cに対して金二五〇万円を、それぞれ支払え』と変更する」との主文を掲げなければならない。八木・前掲（注9）四四頁参照。

（11）　八木・前掲（注9）四四頁。同時に、法律が、承継人や相手方の意思をつねに無視して、当然に新訴提起を擬制し、旧当事者の訴訟状態上の地位を無理に引き継がせることは、いかなる場合でも合理性を有するといえるのか、という鋭い疑問を投げ、検討を加えている。

（12）　同旨、最判昭和三三年九月一九日民集一二巻一三号二〇六二頁、大学双書・民事訴訟法講義一三〇頁注12〔石川明〕・五六六頁〔松浦馨〕など。

（13）　問題の詳細な検討として、八木・前掲（注9）四九頁以下、新堂幸司ほか・演習民事訴訟法（法学教室選書）2巻一一四頁以下〔霜島甲一〕参照。

四　参加承継・引受承継において承継されるもの

(1)　参加承継・引受承継は、訴訟法律関係の承継ではなく、訴訟状態の承継だけがある。参加承継・引受承継における承継人は、訴えの提起によって成立した従前の当事者間の訴訟法律関係を受け継ぐのではなく、訴訟法律関係を拡張し、自己が提起した新請求あるいは自己に対して提起された新請求に関する訴訟を追行するのであり、その訴訟追行について、従前の当事者間で被承継人の行ってきた手続追行の結果（それまでの主張・立証等の訴訟活動によって形成されてきた、勝訴の見込みと敗訴のおそれが交錯する浮動的な状態としての訴訟状態）に拘束されるにすぎない。

当時承継の場合と異なり、参加承継・引受承継の場合には、承継参加・訴訟引受にかかわらず、従前の当事者間の訴訟関係は継続する。その後の手続では、被承継人たる旧当事者が消え旧請求の変化した新請求のみが審理されるというわけではなく、従前からの当事者間の旧請求と承継人に関する新請求とが併合審理されるのである。その後の手続において前主（被承継人）が訴訟から脱退（民訴七三条・七四条三項・七二条）するかどうか、また脱退できるかどうかは未定で、承継を疑う相手方が前主の脱退に同意しない場合もありうるし、その同意をえて脱退しても、判決が脱退当事者に効力を及ぼすかぎりでは、旧請求は潜在的に訴訟物たることをやめないのである。

また、当然承継の場合と異なり、承継人の請求あるいは承継人に対する請求は、権利者または義務者の首のすげ替えにとどまるものではない。訴訟物たる実体法上の権利義務につき、債権の一部譲渡や重畳的債務引受が行われた場合には旧請求と新請求の並列は明らかだが、債権の全部譲渡あるいは交替的債務引受が行われた場合のように、権利義務が実体的な同一性を保って全面的に移転したときでも、承継人のまたは承継人に対する請求は旧当事者間の請求とは主体の違う理論的に別個の存在であり、被承継人がまだ当事者として訴訟に残っているのであるから、債権譲渡等の存否や効力をめぐって、承継人と被承継人との間に実質的な利害の対立が存しうる。まして、いわゆる派生的権利関係の設定の場合、たとえば建物収去土地明渡請求訴訟の被告からその建物を賃借する者が現われたとか、所有権登記の抹消登記手続請求訴訟の被告から抵当権の設定を受けた者がその登記を経たというようなときには、ここでも参加承継・引受承継を認めることに現在では異論がなさそうだが、(14)承継人に関する新請求は、従来の当事者間の旧請求とは、主体のみならず内容をも異にするから、係争中の権利関係に噛みこんでしまったからといって、新請求について承継人のための手続保障の要求を無視し、旧請求についての「生成中の既判力」を承継人に関する新請求に押しつけることが当然に容認される関係にはないのである。

(2)　民訴法七三条は、訴訟の係属中にその訴訟の目的たる権利の全部または一部を譲り受けたことを主張する者が民訴七一条（独立当事者参加）の規定により訴訟参加することを定めている。解釈上、権利承継の場合に限定することなく、義務承継の場合をふくめ、さらには係争目的物件の取得等をふくめて、ひろく紛争の主体たる地位を承継した者の側から積極的に係属訴訟に承継参加することを認めたものと解するについて、今日では異論がない。また、民訴七四条は、訴訟の係属中に第三者がその訴訟の目的たる「債務」を承継したときは、裁判所は当事者の申立てに因りその第三者に訴訟を引き受けさせることができると規定するが、条文の表現にこだわるべきでなく、敗色の濃い当事者から権利の承継をした者がいるというような場合に、相手方がこれを訴訟に引き入れるための手段がなければならないとし、承継したのが権利か義務か、あるいは係争目的物件の取得等かを問わないことは、現在の通説・判例である。(15)しかし、このように民訴七三条・七四条を申立承継の一般規定としたことに伴う手続構造の解明がどこまで十分にできているのであろうか。(16)

とくに、民訴七三条が参加承継申立ての方式を独立当事者参加と同じと規定したことは、立法の当初から、制度の差異を無視したものと批判されてきた。独立当事者参加の場合と同じ方式によるとなると、承継参加申立人は、従来の当事者の双方――または少なくとも従来の当事者の一方――に対する自己の請求を定立しなければならない。しかし、同じ申立方式によったからとて、そのまま独立当事者参加になってしまうわけではない。どこが違うのか。従来の学説・判例は、次のように説いてきた。民訴七三条の場合は訴訟承継だから、独立当事者参加の場合と違って、承継参加人は被承継人の従来の訴訟追行の結果に全面的に拘束されるのだ、と。

この見解を首唱した兼子一博士のきれいな説明を[17]、少し長いがそのまま引用しておきたい。すなわち、民訴七一条による参加といっても、「訴訟物の譲渡の承継人が参加する場合は、前当事者の利益を承継し争の主体となりし故であって、他の場合の如く独立の利益に基くものでなく、随って在来の訴訟状態をその儘承認しなければならぬのである。彼の承継せる利益は要するに生成中の既判力の付着せるものなのである。故に一般の場合AB間の訴訟にCが本条の参加を為した場合に作られるのは互に牽制し合ふA・B・Cの三点を有する三角形的訴訟であるに対して、訴訟物譲渡の場合においてはC（Aの承継人）が底辺A、B線上へ落ちた奇形的な場合であって、形式は三面訴訟でも実質は直線的訴訟となるのである。三面訴訟の場合には第六二条の準用により三当事者は相互に牽制的関与を為すを得るのであるが、此の場合には承継人は在来の当事者の関与によって作り上げられた訴訟状態を承認しなければならぬ故に、其の儘之が準用を認めるを得ない。即ち在来の訴訟状態はAB間、CB間の訴訟に於て共通となり、第六二条は承継後の将来の状態に就てのみ之を認むべきである。蓋し其の後にあっては承継人は独立して争ひ得るからである。私は此の根拠を第七三条の趣旨に求めたいと思ふ。本条は特に訴訟の係属中の権利の譲受人の参加した場合恰も参加人が最初から訴訟の当事者であった如くに、時効中断、期間遵守等の効力の遡及を認めているのであるが、之争が既に問題とされてから後其の主体たる地位を承継した為に訴訟係属の私法的効果についても之を承継したるが如く見たのであって、訴訟承継の存在を承認しているのである。故にかかる利益を承継する反面に其の不利益の承継をも伴ふのが当然であり、承継人は前者と同一の訴訟

四　参加承継・引受承継において承継されるもの

設例1

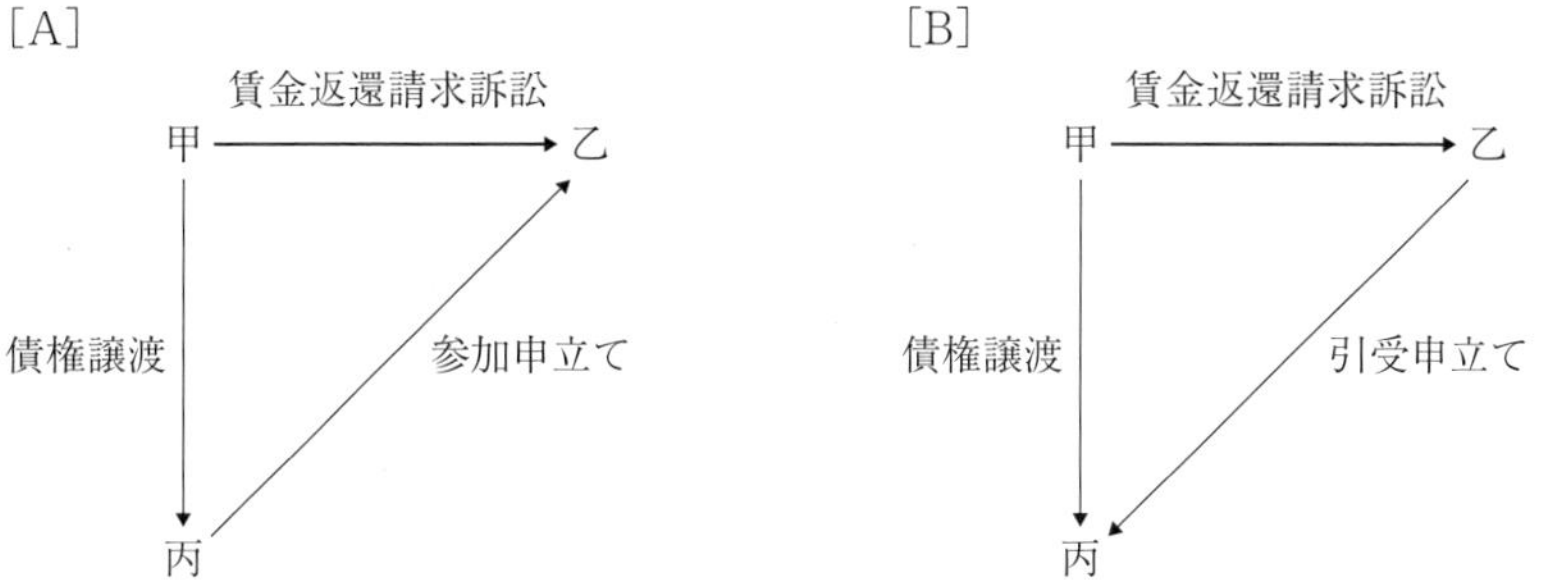

設例2

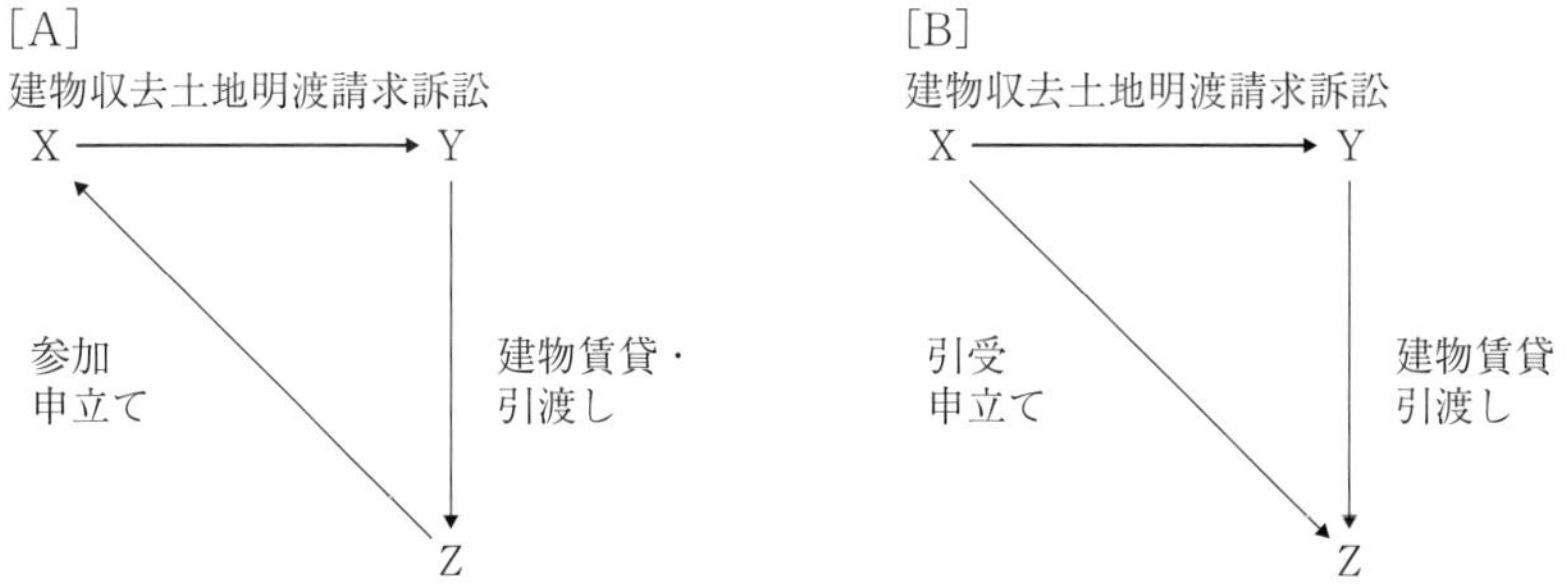

状態に其の地位を見出すのである」、と。引受承継についても、「同様に取り扱わなければ権衡を失する」とされるのである。

しかし、この三角形の頂点に立つ参加承継人が底辺の線上に落ちた直線的三面訴訟という比喩的説明は、きれいすぎはしないか。少なくとも、債権の一部譲渡や重畳的債務引受の場合、あるいは派生的権利関係の発生等の場合には、この比喩は当たらない。譲渡等の効力につき被承継人と承継人との間に争いがある場合にも、同様である。また、民訴七三条による時効中断等の効力の遡及は、実体法が参加人の提訴に付する私法上の付随的効果にすぎず、とても、訴訟状態上の不利益の承継を認める「根拠」となりうるものではないであろう。

(3)　承継人は、従前からの当事者の訴訟上の地位を受け継ぐ。それまでの弁論・証拠調べ・裁判（手続上の決定・命令だけでなく中間判決や前審の終局判決なども含まれる）は、承継人と相手方との間でも効力を有する。したがって、前主の自白に反する主張は承継人もできないし、承継直後の主張でも時機に後れた攻撃防御方法として却下されうることになる。このような訴訟状態の全面的承継を認める点に訴訟承継制度の眼目がある。

しかし、承継される訴訟状態は、無制限ではない。とくに、次の二点に注意する必要がある。

(a) ひとつは、承継原因の発生と承継人の参加・引受との間の時間的なズレである。たとえば、［設例1A・B］において、甲・乙間の貸金請求訴訟の係属中に甲が丙にその貸金債権を譲渡した後、丙の承継参加または引受決定の発効までの間に、甲が乙主張の弁済の事実を自白した場合、丙は、もはや乙の弁済を争うことができないのか。また、［設例2A・B］において、X・Y間の建物収去土地明渡請求訴訟の係属中にZがその建物を賃借して住み込んだ後、Zの承継参加または引受決定の発効までの間に、YがXの土地所有権取得を認めた場合、ZはYの自白に拘束されるのか。

この結果を嫌って、兼子博士は、承継原因の発生と同時に訴訟の進行が承継人の関係では相対的に中断と同様の状態になるとの解釈論[18]を立てられたのであったが、賛成がない。この考えでは、博士自身も認めるとおり、従来の当事者間で訴訟が終了した後でも、承継原因発生の時点に遡っての訴訟再開を承継人が求めうることになって、耐えがたいからである。しかし、承継原因の発生（たとえば債権譲渡）によって実体的な利害のなくなった被承継人の投げやりな訴訟追行の結果を全面的に承継人におしつけるのは、明らかに当をえない（ことに引受承継の場合にその感が濃い）。解釈としては、承継原因の発生後、承継人の参加・引受までの間に被承継人と相手方との間でなされた訴訟行為の結果は、承継人は当然にはこれに拘束されず、承継人に関する請求については承継人による援用をまって訴訟資料となるものと解すべきである[19]。

(b) 他のひとつは、紛争に対する承継人と被承継人との対応の差異である。訴訟物たる権利関係あるいは紛争の主体たる地位を承継したといっても、紛争に対する対応が承継人と被承継人とで異なる場合には、被承継人と相手方との間に形成された訴訟状態の承継人に対する全面的拘束を認めることが訴訟承継制度の趣旨を逸脱することがありうる。たとえば、馴合的な訴訟が行われてきたことを知らずに係争物の譲渡を受けた者、あるいは、建物収去土地明渡請求訴訟の係属中にその建物に対する抵当権実行のための競売により建物を買い受けて所有者となった者——建物所有者の地位と抵当権者の地位とを承継している——などの参加承継・引受承継にあっては、これらの者の独自の攻撃防御方法の提出を許すべきであろう。(20)

(4)　承継後の手続構造については、一般に、参加承継では、民訴七三条が同七一条の規定を挙げており同六二条も準用されることになるため合一確定訴訟だとし、引受承継では、民訴六二条の準用が規定されていないため通常共同訴訟であると解されている。これに対し、この区別には合理的な理由がなく、参加継承の場合でも、承継人と被承継人の間で実質的な利害対立がない通常の場合には、民訴六二条の準用をしないのが紛争の実体に合するし、引受承継の場合でも、承継人と被承継人の間に実質的な利害対立があるならば民訴六二条の準用ありと解すべきだ、とする見解もある。(21)

確かに、民訴七三条・七四条の条文構成上の差異に拘らず要件の面で参加承継と引受承継の統一的理解を図ってきたのに、効果の面で条文構成の差異から民訴六二条の準用の有無を区別するのは、筋が通らない。さりとて、参加承継・引受承継のあった当初には必ずしも判定できない実質的な利害対立の有無により区別するのも、当をえないであろう。個別の場合に補助的な考慮が必要となるかもしれないが、一般には、紛争上の同じ地位の承継人と被承継人が同一訴訟手続の主体として関与している点を重くみて、参加承継と引受承継をとわず、ともに民訴六二条の準用により合一確定を期すべきものと解したい。

(14)　詳細につき、井上正三「参加承継と引受承継」中田＝三ケ月編・民事訴訟法演習Ⅰ九六頁以下参照。

(15)　単独の異説（兼子・前掲（注3）一頁以下）として登場したものがそのまま反論なしに通説となり、判例（最判昭和三二年九月一七日民集一一巻九号一五四〇頁）ともなり、条文の立法的修正をまつばかりとなった希有な例のひとつである。

(16)　民訴七四条については、井上治典「訴訟引受けについての手続上の問題点」吉川追悼・手続法の理論と実践下巻一〇七頁以下（同・多数当事者の理論六三頁以下）による問題点の指摘と解明が貴重である。
(17)　兼子・前掲（注3）一四一頁以下。
(18)　兼子・前掲（注3）一四八頁以下。
(19)　福永有利「参加承継と引受承継」三ケ月ほか編・新版・民事訴訟法演習2四九頁、注釈民事訴訟法(2)二五三頁〔池田〕など参照。承継があったことを知らずに訴訟を追行し判決に至る相手方の保護のための理論的方策は別論である。この点につき、新堂幸司「訴訟承継主義の限界とその対策」書研所報二三号一頁以下（同・訴訟物と争点効(下)七七頁以下）参照。
(20)　上北・前掲（注2）三二〇頁以下、注釈民事訴訟法(2)二五一頁以下・二五八頁〔池田辰夫〕参照。池田教授が、「旧手続の利用の可否と旧手続の効果承継の切断」、「訴訟承継＝従前の手続形成結果への前面拘束という伝統的図式」からの離脱、効果論からの要件論の再考の必要を説くのは、重要な指摘であり、賛意を表したい。
(21)　井上治典・前掲（注16）吉川追悼一一三頁以下（同・多数当事者の訴訟六八頁以下）、注釈民事訴訟法(2)二五二頁・二六四頁以下〔池田辰夫〕。私も、旧稿（判例タイムズ八〇四号一一頁）ではこれに賛成した。

五　参加承継における訴訟上の請求

承継参加は、独立当事者参加と同じ方式によることになっている（民訴七三条）ので、参加申立人は、参加申出のさい、自己の請求を定立することになる。

(1)　承継参加申立人の請求は、従来の当事者の双方に対してそれぞれ定立しなければならないか。本来の独立当事者参加についても争われるが、最近では、つねに双方を相手方としければならないとする最高裁判例の立場に反対する見解が有力である。(22) 訴訟承継は、従来の訴訟状態を承継人に受け継がせるのを眼目とするのであるから、承継人と被承継人との間に承継について争いがない通常の場合には、承継人たる参加申立人に被承継人に対するなんらかの請求を無理に立てさせる意味はなく、立てても確認の利益なしとして不適法却下をみることになる。片面的な承継参加申立ても許されると解すべきである。

(2)　被承継人の相手方に対する承継人の請求は、被承継人の従来の請求（被告側承継の場合にはその反対申立て）と内容的に異なるとき（たとえば、［設例2A］におけるZの承継参加申立ての場合）はもちろん、たとえ被承継人の従来の請求と内容的に同一であっても（たとえば、［設例1A］における丙の承継参加の申出の場合）、当事者が異なれば理論上請求は別個であるし、相手方の手続保障のためにも、明確な提示が必要である。

(22)　とくに、井上治典「独立当事者参加」新・実務民事訴訟講座3巻五一頁以下（同・多数当事者の理論三六頁以下）参照。私は、本来の独立当事者参加の場合（詐害妨止参加および権利主張参加）と承継参加の場合は訴訟加入の趣旨が異なり、前者については当事者の一方のみを相手方とする参加を不適法とする最大判昭和四二年九月二七日民集二一巻七号一九二五頁の立場を正当と考えるが（中野・民商法雑誌三三巻五号七六二頁以下）、後者から前者への移行は可能であり、当事者の一方に対する請求の追加が必要ともなりうると解する。ここでは、これ以上に立ち入ることができない。

六　引受承継における訴訟上の請求

(1)　原告側の引受承継人の請求あるいは被告側の引受承継人に対する請求は、だれが、どのようにして、提示することになるのか。[23]

(a)　各個の学説や裁判例がこの点をどう考えているのかは、必ずしも判然としないが、考え方としては、次の三つを挙げることができる。

①　請求共通説

引受承継により従来の当事者間の請求と共通の請求が引受承継人と相手方の間に当然に受け継がれる、とする。[24]

②　請求提示説

引受申立人が引受申立てのさいに相手方（承継人）に対する自己の請求を提示する、とみる。たとえば、山木戸教授は、「訴訟引受を申し立てた当事者と引受人との間の請求は、引受人が訴訟の当事者たる地位につく時に定立されていることを要する」とし、引受申立てが被告によってなされる場合でも、引受をさせられる者（引受人）に請求の定立を強制する根拠はなく、「申立人を積極的当事者としてその者に引受人に対する請求（多くは消極的請求となろう）を定立せしめなければならない（この場合は、被告による追加的共同訴訟になる）」のであって、訴訟引受申立書には「引受人に対する請求の趣旨および原因」を記載することを要する、とされる[25]。新堂教授も、引受申立てには「引受人に対する請求が含まれている」とし、たとえば、建物収去土地明渡請求中の建物譲受人に対しては旧請求と同趣旨だが、建物賃借人に対しては退去請求を定立することになり、また、被告が訴訟物たる債権の譲受人に対して引受けを申し立てる場合には「債務不存在確認請求の申立てが包含されていると解すべきであろう（引受人たる債権の譲受人は、給付判決を欲するならばその旨の反訴を申し立てるべきである）」と説く[26]。

③　責任分離説

引受申立ての権限・責任（引込責任）の問題と誰がいかなる法的要求について決着をつけるべきかの責任（請求提示責任）とを分けて考え、引受申立てには必ずしも請求提示を要せず、引受が認められて承継人が前主の訴訟上の地位を引き継いだときに、申立当事者か承継人かが必要に応じ（請求定立書によって）請求を提示すれば足りる、とする。井上治典教授の提唱にかかる[27]。

請求共通説をとると、［設例1B］ならば、乙の申立てによる、丙に対する引受決定の発効により、甲の乙に対する従来の貸金返還請求が、丙・乙間に受け継がれ、［設例2B］ならば、Xの申立てによる、Zに対する引受決定の発効により、XのYに対する従来の建物収去土地明渡請求が建物退去土地明渡請求の限度でX・Z間に受け継がれることになる。これに対し、請求提示説（のうち山木戸説）によると、引受申立てのなかで、［設例1B］では乙が丙に対する債務不存在確認請求を、［設例2B］ではXがZに対する建物退去土地明渡請求を、それぞれ定立することになる。責任分離説では、必ずしも引受申立てにおける請求定立を要せず、引受決定の発効後に、［設例1B］では乙または丙が、［設例2B］ではXが、必要に応じて提示することになろう。

(b)　私見は、請求提示説を正当とする。ただ、原告側の承継があって被告が引受承継の申立てをした場合については、引受決定の発効により原告側承継人の被告に対する請求が法律上擬制されると考えたい。

請求共通説は、専ら「紛争」と「訴訟状態」に着眼した立論であり、当事者の加入によって審理・判決の対象となる権利主張としての請求が変わることを看過している。とくに、派生的権利関係の発生に基づく訴訟承継（たとえば［設例2B］）の場合には、旧当事者間の請求と承継人に関する請求とは内容的にも異なるのであり、承継人に関する請求が明瞭に提示されることは、相手方の手続保障のためにも必要といわなければならない。

責任分離説は、卓抜な着想であるが、にわかに賛成できない。係属中の訴訟への加入を認めて当事者の地位を与える以上、その当事者との関係における訴訟上の請求が定立されなければならず、その者に関する請求のない当事者という観念は背理である。ところが、責任分離説では、原告側の承継人が被告の引受申立てに基づく引受決定により当事者となった場合に、その段階では請求のない当事者が生ずるし、また、請求提示責任を負う者（［設例1B］でいえば乙または丙）が、その請求を提示しようとしない場合に、引受決定を取り消して引受申立てを却下するのかどうか、といった困難な問題が生ずる。

請求提示説では、引受申立人が明確に請求を提示するので、右のような疑念はなく、基本的に賛成したい。ただ、原告側の承継につき被告が訴訟引受の申立てをする場合の請求提示に関しては、従来の請求提示説の立場は必ずしも明瞭でなく、所論も分かれている。私は、この場合、被告に原告側承継人に関する請求をみずから定立せよというのは無理ではなかろうかと思う。たとえば、所有権確認訴訟における原告側の係争物譲渡で被告が引受申立てをした場合、承継人に対して被告が訴訟物の異なる被告あるいは第三者の所有権の確認請求を定立すべきだというのは、必ずしも従来の被告の受動的立場と一致しないし、また、被告が承継人の所有権の不存在確認請求をするのでは、訴えの利益がないとして却下を免れない。それに、この説では、引受後の審理で承継はなかったことが判明した場合に、引受申立人の「承継人」に対する請求が「認容」されることになるのも、甚だ奇妙である。

むしろ、原告側の承継の場合における被告の訴訟引受の申立ては、従来の原告の請求に承継原因をプラスして成立するような承継人の請求[28]が引受決定の発効と同時に法律上の擬制によって定立されるのだとみるべきではなかろうか。所有権確認訴訟における原告側の係争物譲渡の場合、従来の原告がその所有権主張を理由づけるために主張してきた事実に譲渡の事実をプラスすれば出てくる譲受人の所有権につき、被告側の申立てによる引受決定により、譲受人の所有権確認請求が定立される。［設例1B］でいえば、甲がその賃金返済請求につき主張してきた事実に甲から丙への債権譲渡をプラスすれば丙の乙に対する貸金返還請求を理由づけることができるから、この債権譲渡を契機とする乙の引受申立てが引受決定を通して丙の乙に対する右のような請求の定立を導く。このように考えることによって、被告が引受承継のイニシアティブをとったにも拘らず被告の受動的地位を維持できる。また、ここに、法律上の擬制をもちだすことも、当事者の死亡による当然承継の場合に相続人等に関する新訴提起の擬制があること（前述三(1)参照）を考え合わせるならば、納得されるであろう。実務で原告側承継人に請求の趣旨の訂正書を出させるのは、たんに請求を明確にするための確認的意味をもつにとどまると解すべきである。

(2)　関連する問題を、ひとつだけ取り上げておこう。

引受けを申し立てられた者（被申立人）につき裁判所が承継ありとして引受決定をしたが、その後の訴訟審理によって、じつは承継がなかったということが判明した場合、裁判所は、どうすべきか。

問題の考え方としては、①承継資格（承継人としての適格）がないとして終局判決で引受人のまたはこれに対する訴えを却下すべしとする説と、②引受人に関する請求を理由なしとして棄却すべしとする説とが対立しているが、その後に、③引受決定を取り消して引受申立てを却下すべしとする説もありうる。最近の学説は、請求棄

7 請求異議訴訟の法的性質

一 はじめに

いわゆる執行関係訴訟（請求異議の訴え、第三者異議の訴え、執行文付与の訴え、執行文付与に対する異議の訴え、執行判決を求める訴え、配当異議の訴えなど）の法的性質については、周知のように、学説上久しきにわたって争われ、見解の統一をみている局面は、未だひとつもない。ただ、注目される最近の傾向としては、これまでのように各種の執行関係訴訟につきできるだけ統一的に形成訴訟説なら形成訴訟、確認訴訟説なら確認訴訟という単一の種類をもって割り切って行くのではなく[1]、それぞれの訴えに即して個別的に理論構成をはかろうとする動きがみられる反面、全体としての執行関係訴訟を特殊型訴訟として、一般の訴類型へのはめこみを拒否する説も[2]、有力に主張されるに至っている。論議は概ね請求異議の訴えおよび第三者異議の訴えの性質論に集中しているが[3]、伝統的な形成訴訟説は、兼子博士らの確認訴訟説とならんで、未だに——ドイツにおけるほど支配的ではないにしても——やはり根強い勢力をもっている[4]。そればかりか、民事執行法（昭和五四年法律四号）では、基本的に旧法と異ならない執行関係訴訟の新たな実定規整にさいし[5]、旧法におけるよりも形成訴訟説に傾いているとする見方が、ほかならぬ立案担当者によって表明されており[6]、たしかに、新旧両法条の表現を比較すると、その観は覆うべくもない[7]。このように、執行関係訴訟の法的性質をめぐる理論状況は、いっそう混迷の度を加えつつあり、なんらかの整理を必要とする。以下には、とくに請求異議訴訟と第三者異議訴訟とにつき最近の諸家の見解を紹介するとともに、それらに教えられながら、すでに別の機会に訴訟物を論じた請求異議の訴えに関しその法的性質についての自己の旧見[8]に反省と補正を加え、今後の理論の進展にいささかでも寄与できれば、と思う。

（1）　形成訴訟説を貫く例として、松岡義正・強制執行要論上巻五六八頁・五七七頁・六三三頁・六七七頁、中巻一二八六頁（ただし執行判決を求める訴えだけは給付訴訟とみる、上巻四七二頁）、加藤正治・強制執行法要論五二頁・七八頁・一一一頁・一二三頁・一三二頁・一三四頁、Hellwig-Oertmann, System des Deutschen Zivilprozeßrechts, II, 1912, S. 187, 194, 205, 277, 403（ただし、執行文付与の訴えだけは確認訴訟とみる、S. 203 f.）; Stein-Jonas-Münzberg, ZPO, 19. Aufl., 1968-1975, § 722 I 1, § 731 I 3, § 767 I 1, § 768 I, § 771 I 1 c, § 878 III. 確認訴訟説で一貫している例として、兼子一・増補強制執行法五九頁以下・七九頁・八二頁・九五頁以下・一一四頁以下・一二〇頁・一二五頁、山木戸克己・強制執行法講義〔改訂版〕三七頁・四五頁・五四頁・五五頁・五九頁・一一五頁。

（2）　後述の救済訴訟説（三三六頁以下）および命令訴訟説（三四一頁以下）。

（3）　ドイツでは、現在でも、通説・判例は形成訴訟説である。すでに挙げたStein-Jonas-Münzbergのほか、vgl. BGHZ 22, 54; 55, 255; 58, 207; Rosenberg, Lehrbuch des deutschen Zivilprozessrechts, 9. Aufl., 1961, S. 969, 979; Baumbach-Lauterbach-Albers-Hartmann, ZPO, 35. Aufl., 1977, § 767 1 A, vor § 771 1 A; Schönke-Baur, Zwangsvollstreckungs-, Konkurs- und Vergleichsrecht, 10. Aufl., 1978, S. 205（ただし、第三者異議の訴えについては給付訴訟説への接近を示す、S. 214）; Mohrbutter, Handbuch des gesamten Vollstreckungs- und Insolvenzrechts, 2. Aufl., 1974, S. 118, 135; Lent-Jauernig, Zwangsvollstreckungs- und Konkursrecht, 14. Aufl., 1977, S. 43, 46; Baumann, Zwangsvollstreckung, 1975, S. 219, 227; Gerhardt, Vollstreckungsrecht, 1974, S. 225 f., 234, u. a.

（4）　請求異議の訴えにつき、菊井維大・強制執行法（総論）二一九頁、中野・強制執行・破産の研究一八頁以下、齋藤秀夫編・強制執行法講義七一頁〔齋藤秀夫〕、岩野徹ほか編・注解強制執行法(1)四〇四頁〔吉井直昭〕、東京高判昭和三九年一二月一八日東高民時報一五巻一二号二五五頁、横浜地判昭和四〇年一一月一五日下民集一六巻一一号一六九一頁など、第三者異議の訴えにつき、菊井・同二五七頁、齋藤・同八八頁、注解強制執行法(1)四九四頁〔鈴木忠一〕、遠藤功「第三者異議の訴の性質について」東北学院大学論集（法律学）三号五七頁以下など。これに対し、確認訴訟説をとるものとしては、前掲（注1）所掲の兼子説・山木戸説ほか、中田＝三ケ月編・民事訴訟法演習Ⅱ一二五頁〔染野義信〕、小野木常・強制執行法概論三四〇頁・三四七頁、近藤完爾・執行関係訴訟〔全訂版〕九頁・三六九頁以下・四一二頁などが挙げられる。

（5）民事執行法（民執）二四条・三三条ないし三八条・九〇条参照。ただし、旧法の優先弁済（請求）の訴え（民訴旧五六五条）は、民事執行法では規定がない。もともと、平等主義をとるわが民事訴訟法がドイツ法におけると同じ優先弁済の訴えを認めていたことが一種の立法ミスであったといえる。中野・判例問題研究強制執行法五三頁以下参照。

（6）浦野雄幸・逐条概説民事執行法五八頁、田中康久・新民事執行法の解説六六頁・七八頁・八三頁参照。

（7）たとえば、民執二四条四項・三四条一項・三五条一項・三八条一項・九〇条四項を、旧法の該当条文（民訴旧五一四条一項・五四五条一項・五四六条・五四九条一項・六三六条）と対比してみよ。

（8）中野「請求異議訴訟の訴訟物」実務民事訴訟講座10（昭四五）二〇頁以下、二七頁以下（強制執行・破産の研究一八頁以下・二四頁以下）。

二　近時における新理論の展開

1　戦後、いちはやく新風を吹きこんだのは、吉川大二郎博士の給付訴訟説であった。博士の名著『強制執行法』（一九四九年、改訂版一九五八年――以下に挙げる頁数は後者）によれば、請求異議の訴えは、債務名義の基本たる請求権じたいを訴訟物として債権者に対し請求権の不行使を求める消極的給付訴訟であり、それは、あたかも請求権の存在を積極的に確定するとともに債務者に給付を命ずることによって債務名義となる給付判決と対照的関係に立ち、その債務名義の反対名義として、既存名義の執行力を排除することを目的とするからである、と説かれる（二二一頁）。第三者異議の訴えも、同様に、消極的給付訴訟と把握されるが、その理由としては、第三者が執行目的物に対する自己の権利の存否の確定を求めつつ債権者に対し執行をしてはならないとの消極的給付を訴求するから、と説明され（二三六頁以下）、第三者の執行債権者に対する妨害排除ないし不作為請求権の存在の確定が求められているとはみない点で、請求異議の訴えの性質論と少しくい違っているばかりでなく、吉川博士によれば、執行文付与の訴えや執行判決を求める訴えは訴訟法上の確認訴訟に、また、執行文付与に対する異議の訴えや配当異議の訴えは訴訟法上の形成訴訟に、それぞれ属せしめられ（三〇頁以下・一二八頁・一四九頁・二一八頁以下）、執行関係訴訟の各種ごとの理論構成が試みられている点でも、注目に値するものであった。しかし、その主張は、兼子理論（確認訴訟説）の優勢に圧されて、賛同を得ることができなかった。

2　続いて、三ケ月章教授の救済訴訟説が登場する。教授は、一九五五年発表の論文「執行に対する救済」（民事訴訟法講座四巻一一一一頁以下、三ケ月・民事訴訟法研究二巻五七頁以下）において請求異議の訴えおよび第三者異議の訴えにつき、これらを確認・給付・形成という三訴訟類型のいずれかに属せしめることを疑問とし、むしろ、両訴は、確認機能と形成機能とを併有する特殊類型としての救済訴訟にほかならぬ、と説く。すなわち、請求異議の訴えは既存の債務名義の執行力を前提とし、また、第三者異議の訴えは適法な執行行為の存在を前提とし、いずれも、それを機縁として新たに観念的形成を行いつつその取消しを要求する複合的な訴えであり、行政訴訟における抗告訴訟との類型的共通性をもつ。抗告訴訟において、行政行為の公定力ないし執行力を覆すために訴訟における行政処分の違法の確定プラス行政処分の取消しが要請されるように、請求異議の訴えや第三者異議の訴えにあっても、債務名義なり対象財産の外見的徴表に立脚して適法に行われてきた執行を覆すために、実体的要件（債務名義に表示された請求権の消滅ないし変更、責任財産への不所属）の既判力による確定プラス執行力ないし執行の排除を求める点で、確認作用と形成作用とを併用する特殊型の訴訟である、というのである。(9)

この見解には、若干の学者の賛成がある。(10)しかし、三ケ月教授自身においては、その救済訴訟の観念に、その後、発展的な修正がみられる。最近では、救済訴訟の特質は、むしろ、私人が一定の法律上の効力により拘束されている状態を前提とし、法が認めている事由を主張してその状態からの解放を求める点にあるとし、これに基づいて訴訟物と事実関係との機能的連関を直視した訴訟物の二分肢構成、紛争解決の一回性の要請の後退といった点に他類型との区別の必要が説かれ、再審訴訟が抗告訴訟とともにその典型とされるとともに、実体法上の形成訴訟もその延長線上におかれるに至った反面、請求異議訴訟は、先行する給付訴訟の反対形相として救済訴訟固有の論理よりも観念的形成の再施の論理の方が色濃く現われ、一般の上訴と同様に、技術的・表面的な意味で救済訴訟とされるにとどまることになった。

3　その間、ドイツでも、いくつかの波乱を生じている。

(1)　つとに、ベッターマンが請求異議訴訟の法的性質に関しわが救済訴訟説――と無関係ながら――に近似する発想を示していたこと（Bettermann, Rechtshängigkeit und Rechtsschutzform, 1949, S. 44 ff.）は興味深い。そこでは、請求異議訴訟は、請求権の存在と期限到来を確認して債務名義を調製する給付訴訟に対する全くの対称物であり、期限の到来した請求権が存続しているかどうかを確認して債務名義を除去ないし失効させるもので、本案をなすのは、請求権の存続および〔または〕期限到来でもある。請求異議の訴えを訴訟上の形成の訴えと把握することによって、この訴えが実体的法律状態の変更の上にのみ支えられうることを見逃してはならない。執行の不許は、債務名義に表示された請求権がもはや存在せずまたはもはや期限到来の状態にないことの必然的結果にすぎないのだ、と説き（S. 45 f.）、また、請求異議の訴えは実は給付訴訟の継続ないし巻返しである、というが（S. 51）、請求異議訴訟の訴訟物は、「請求権を欠くゆえの執行の〔不〕許容性」（S. 46 Fußn. 105）、「請求権およびその執行力」（S. 52）にほかならぬ、と述べている。この見解は、ほとんど注目されずに終ったようである。

(2)　しかし、一九六〇年代の前半から、論議が漸く顕在化する。その発端となったのは、命令訴訟説の再生であった。

一九一四年にクットナーによって創唱された命令訴訟（Anordnungsklage）の観念は[11]、もともと、執行関係訴訟をその代表例とするものであり、その後、ドイツにおいて散発的な賛成は[12]みられたものの、一般的な承認を得るには至らなかった。しかし、新たに、見直しの気運が生じている。まず、ブルンス[13]が、請求異議の訴えおよび第三者異議の訴えの原告勝訴判決における執行不許の宣言を、給付判決における給付命令の反対行為として、執行機関に対する命令とみ、両訴を「命令の訴え」(Anordnungsklage)と説いたが、同時に、この命令を判決の第二次的な効果として両訴を訴訟上の形成の訴えと把握することを排除してはいない。しかも、ブルンスにあっては、給付の訴えをも、執行をなすべき旨の執行機関に対する命令を目的とするものとして、クットナー以来の(狭義の)命令の訴えと併せて、広義の命令訴訟に含めているのである。これに続いて、シュロッサーも、執行関係訴訟のほとんどを命令訴訟と把握すべきことを説いた[14]。ただし、彼にあっては、命令訴訟は、その請求認容判決の形成力の不完全性——手続の目的たる形成に達するためには、勝訴者の申立てに基づく、判決で指示された執行機関の行為を必要とするという意味における——に特徴づけられ、従って、一般の給付判決もまた同じ意味で命令判決＝不完全な形成判決にほかならず、両者は、一括して訴訟上の形成訴訟とされるのである。

(3)　注目される他のひとつは、ブロマイヤーの給付訴訟説である。彼の所説は詳細であり、かつ、曲折を経て中和されるに至っているので、やや詳しく紹介しておこう。

(a)　アルヴェード・ブロマイヤーは、右に述べたブルンスおよびシュロッサーの所説に触発されてか、一九六六年のドイツ民事実務雑誌に論文を投じて、請求異議訴訟および第三者異議訴訟に関する給付訴訟説の立場を展開した(Arwed Blomeyer, Rechtskraft- und Gestaltungswirkung der Urteile im Prozeß auf Vollstreckungsgegenklage und Drittwiderspruchsklage. AcP 165. Bd. S. 481 ff.)。

この論文における彼の出発点は、一般の形成訴訟説等と全く異なるところがない。すなわち、請求権が存在せず、または責任範囲外の財産であるにかかわらず、執行がなされた場合、国家の強制執行としては、その形式的要件が具わっているかぎり適法であるが、当事者相互間または第三者と債権者との間の関係については違法であり、この両面の判断は矛盾しないという認識である。ここから、ブロマイヤーは、こうした不当執行の場合における執行債権者に対する執行債務者なり第三者の私法上の不作為請求権・妨害排除請求権をひき出して、請求異議訴訟・第三者異議訴訟の訴訟物にすえ、つぎのように立論する。違法なのは債権者の挙動だけであり、これに対しては、他の違法な侵害におけると同様に、侵害を受ける者のため、違法な執行侵害の不作為・排除を求める訴えが許されるのは当然で、両訴に関する民訴法の規定は妨害排除・不作為の訴えの特殊規整にほかならない。執行債権者は、強制執行の実施がその申立てに依存する存在であり、執行申立てを取り上げることも、すでになされた執行処分を取り消させること（差押物の解放）もできる、手続の主人公である。したがって、両訴は、「私法上の保護規範に基づく、強制執行に関する債権者の不作為義務および排除義務（Unterlassungs- und Beseitigungspflicht）」という、純粋に私法的な訴訟物をもつ。すでになされた執行処分の排除のための請求の認容判決は、被告は執行申立てを取り下げなければならない、あるいは、差押物を解放しなければならない、というかたちをとることができようが、この判決が確定すれば、被告たる債権者の執行申立ての取下げないし差押物解放の意思表示があったものと擬制されることとなるべく（ド民訴八九四条、民執一七三条）、判決正本の執行機関への提出による、この擬制された意思表示の到達、発効により、執行機関の執行義務は執行の停止・取消しをすべき義務と変じ、執行は不適法となる（S. 488, 490）。また、不作為を命ずる判決が確定すれば、債権者は、その後のあらゆる執行申立てを禁ぜられ、その判決正本の執行機関への提出によって、申し立てられた執行は不適法となる。ブロマイヤーの所説の骨子は、ほぼ以上のとおりであった。

(b)　このブロマイヤーの所説は、まもなく「妨害排除請求としての第三者異議の訴え」と題するベッターマンの論文（Bettermann, Die Interventionsklage als zivile Negatoria, in Festschrift für Friedrich Weber zum 70. Geburtstag, 1975, S. 87 ff.）に力強い擁護と厳しい批判との双方を見出す。(i) ベッターマンもまた、「私人対国家」の関係と「私人対私人」の関係との峻別から出発して、第三者異議の訴えを後者における実体的違法侵害に対する Negatoria（妨害排除請求）と性質決定し、その現象形態としての排除の訴え、不作為の訴えで裁判されるのは、「債権者が、第三者に対する関係で、名義に表示された請求権につき、その対象に対して今ここで（hic et nunc）執行する権利をもっている（berechtigt）かどうか」であり、「執行が実体法上許されないこと（Unzulässigkeit）、すなわち、債権者と第三者との関係における執行の違法性（Rechtswidrigkeit）」が既判力によって確定される、と説き（S. 91 f.）、このような実体的＝私法的構成をとることによってのみ、債権者の被告適格、民事裁判所の管轄、仲裁の可能性、請求認諾の余地、異議原因たる権利の譲渡などの問題を無理なく解決できると論ずる。ただし、ブロマイヤーとは異なり、請求認容判決を意思表示を命ずる趣旨とはみず、執行不許の判決の執行機関への提出をまって執行が停止・取消しに至るのは、債権者の侵害の特質に合わせた「技術的簡易化」にすぎず、判決の一種の法律要件的効力にほかならない、としている（S. 92, 93）。(ii)同時に、ベッターマンは、ブロマイヤーが請求異議の訴えと第三者異議の訴えとを余りにも等置しすぎていると批判し、前者は、後者のように執行処分に対する防禦にとどまらず、さらに、より深く、債務名義の執行力にまで切り込んでその除去を求める点で、実体上の不作為の訴え、排除の訴えだといえるのと同じ権利をもって同時に訴訟上の形成の訴えだともいえる、と述べた（S. 94）。ブロマイヤーに対する、これと同様の批判は、ヘンケルによっても、なされている。[15]

(c)　この批判に接したブロマイヤーは、その後に出た強制執行の概説書（Blomeyer, Zivilprozeßrecht. Vollstreckungsverfahren, 1975）において、ベッターマンの所説を引用しつつ、自説の手直しをするに至った。すなわち、請求異議の訴えと第三者異議の訴えは、本来なら実体法に従い防害排除なり不作為の訴えに基づき判決による意思表示の擬制を経て達成されるはずの結果を、別の方法で与えるべく訴訟法が特殊規整をして一般の妨害排除・不作為の訴えをしめ出したもの（排除・不作為の訴えの特殊構成）である、と説明を改めたうえ、請求異議の訴えは同時に訴訟上の形成の訴えでもあることを認めた。[16] 他面、請求異議および第三者異議の訴訟物および判決対象についても、もはや妨害排除義務・不作為義務がそれであるといわず、請求異議のそれは上訴手続におけると同じく請求権の存続または期限到来、第三者異議のそれは侵害の違法性であると説くに至っている。[17]

4　わが国でも、論議が進む。とくに、形成訴訟説を厳しく論難しつつ、独自の充実した立論のもとに、執行関係訴訟の全体を命令訴訟と把握すべきことを主張する説が現われるに至った。竹下守夫教授が一九七七年に発表された論文「第三者異議訴訟の構造」（法曹時報二九巻五号七四三頁以下）が、それである。

所説は、主として、第三者異議の訴えに即して展開されている。教授は、「これまでの所説の多くがこの訴訟は判決手続によって確定された実体関係を執行手続に反映させる手段であり、その意味で、この訴訟における判決は、判決機関から執行機関に対する指示ないし命令であることを、率直に表明していない」ことを不満とし（同論文七四五頁）、「第三者異議訴訟の制度的使命は、強制執行の対象面での正当性――〔執行機関の第一次的判断における適法性に対し〕終局的意味における合法性――を保障するため、執行の対第三者関係における実体的適否を判決手続で確定し、その結果を執行手続に反映させることにある」（七四七頁――〔　〕内は中野）、との基本的認識からの帰結として、この訴訟が、「(i)強制執行の目的物をめぐる第三者と執行債権者との実体的権利関係を確定し、(ii)その確定の結果を、執行関係のコントロールという目的に適した形で、執行機関に対して宣言する、との二重構造ないし二目的構造とならざるをえない」（七四八頁）、と説く。従来の確認訴訟説および給付訴訟説は、右の(ii)の点がこの訴訟の目的の本質的一部であることを看過ないし誤解しているのに対し、形成訴訟説は、右の(i)の点が制度的使命の一部であることを看過するとともに、(ii)の点についても、執行関係のコントロールのための宣言を、訴訟法状態の変動のための形成的宣言であると誤認し、その結果、この説における訴訟物ないし既判力対象の構成の没実用性を招いている、ときびしく批判し（七四九頁）、構造的特質上、判決主文で他の国家機関に対する義務づけのための宣言をするという特色に徴し、クットナー以来の「命令訴訟」の名称をもって呼ぶのが最もふさわしいが、「命令」というも職務命令でなく裁判にほかならず、あるべき執行関係の宣言により執行担当機関がそれに従った行為をする義務を負うに至るのは、行訴法三三条所定の他の行政庁に対する拘束力に類似する、執行法の認めた特殊な効力である、とする（七五三頁以下）。これに従い、第三者異議訴訟の訴訟物も、「債務名義に記載された請求権の実現のため、当該目的物に対してなされた〔種類の〕執行が、原告に対する関係で、実体上違法[18]であるとの主張」と構成され、この実体上違法の判断につき既判力を生ずるが、「譲渡若クハ引渡ヲ妨クル権利」（民訴五四九条一項）の存否の判断には、争点効はともかく、既判力は生じない（七六六頁以下・七七六頁以下）、という。以上の所論は、第三者異議訴訟にしか妥当しないものでなく、命令訴訟としての構造的特質は、請求異議訴訟、執行文付与に関する訴訟、執行判決訴訟、配当異議訴訟などの執行関係訴訟に共通し、統一的立論が意図されている点で（七四五頁・七五三頁参照）、いっそう注目に値する。今後の学説の動向に大きな影響を与えることは確実といえるであろう[19]。

（9）　石川明・強制執行法（総論）概論一五六頁以下・一九六頁、岡垣學・強制執行法概論一五一頁・一六五頁など。なお、東京地判昭和五二年九月二九日判例時報八八四号七四頁も、第三者異議の訴えを、執行不許を宣言する「救済命令を求める権利」＝「異議権」を訴訟物とする、従来の給付・確認・形成の各訴訟のいずれにも属しない親類型の訴訟であるという。事案は、収去明渡執行につき収去建物の所有権に基づき第三者異議の訴えを提起した者が、その敗訴判決確定後に建物賃借権・占有権を主張して再び提起した第三者異議の訴えを既判力にふれるとして斥けたもの。

（10）　三ケ月章「訴訟物再考」民事訴訟雑誌一九号四二頁以下、民事訴訟法研究七巻六〇頁以下、同・民事訴訟法（法律学講座双書）一三五頁以下。

（11）　命令訴訟の観念は、わが国では、まだ充分に紹介されていないので、以下に、Kuttner, Urteilswirkungen außerhalb des Zivilprozesses, 1914, S. 21. ff. によって、クットナーの提示した命令判決（Anordnungsurteil）の概念規定をみておこう。彼のいう命令判決――この Anordnung には日本語における命令のニュアンスはなく、訳語としては指図判決の方がより適切であろうが慣例に従っておく――とは、「その判決のなかで、受訴裁判官が、基礎となっている私法上の法律関係じたいについて既判力ある裁判をすることなしに、直接に他の国家機関、公の官庁または公職者を名宛てとして、判決に詳しく表示された、その国家機関の職権範囲に入る職務行為をせよ、あるいは、してはならない旨、しかも、勝訴当事者の特別の新たな要求に基づいてそうすべき旨の、一定の指図（Anordnung）をするような判決」である。第三者異議・請求異議・配当異議の各訴えや執行文付与の訴えにおける請求認容判決や登記官に対し仮登記・異議登記の記入を命ずる仮処分判決（ド民八八五条・八九九条、ド民訴九四一条・九四二条二項）、商業登記判事に一定の登記記入の不許を宣言する判決（ド商一六条二項）、特許庁に対し意匠登録・商標登録の抹消を命ずる判決、自称債権者間訴訟において供託官に対し供託金の勝訴当事者への還付を命ずる判決（ド民訴七五条）などが、その例として挙げられる。

これらの命令判決は、確認・給付・形成という従来の判決類型とならぶ第四の判決カテゴリーとされるのであるが、他の三者に対する区別をクットナーは以下のように述べている。

(a)　給付判決との差異は、とくに、次の点にある。命令判決では、受訴裁判官の命令は、敗訴当事者に対し給付を命ずるのではなく、専ら別の国家機関に向けられており、この国家機関は、訴訟手続の経過には全く関与していないのに、公法上、勝訴当事者の要求に基づき裁判官の命令に従って職務上の行為をすることを義務づけられ、しかも、訴訟で審理された私法上の法律関係について事後的に審査することも許されない。命令判決に基づいて命令内容につき民訴法による強制執行がなされる余地はなく、命令を受けた国家機関が命令に従わなくても、敗訴当事者はもちろん損害賠償の義務を負うことはない。

(b)　通常の確認判決との差異は、命令判決では、一定の法的状態の存否の単なる確認に満足することなく、命令の基礎となる私法上の法律関係は、一般に、既判力を生ずるようには判断されず、せいぜい前提問題として斟酌される点にある。既判力を生ずるのは、そのような私法上の法律関係から引き出された、「命令に相応する法的状態を作り出すことを求める公的な権利」(publizistisches Recht auf Herstellung des der Anordnung entsprechenden Rechtszustandes) の存在の確認だけである。命令判決は、むしろ、直接の先決関係には立たない、実体法上の法律関係に基づいて、勝訴当事者に対し、受訴裁判官によってなされた命令をも実行すべき旨の、判決が名宛てとした国家機関に対する一定の公的権利を与えるのであり、この権利が既判力の属性でないことは、それが請求異議や第三者異議の認容判決に仮執行宣言が付せられた場合に判決確定をまたずに生ずることからも分かる。

(c)　形成判決との差異は、命令判決がなされただけでは、それまで存在していた私法状態にはまだ変更はなく、むしろ、勝訴当事者のその後の意思表示に基づき、名宛てとされた国家機関が命令された職務行為をそれに続いてなすことによってはじめて、勝訴当事者が当初から所期していた法的変動が招来される、という点にある。とりわけ、勝訴当事者が命令の実行を求める彼の公的権利を行使しないままでいる場合を考えてみると、そこでは従来の私法状態は判決にかかわらずなんら変更を受けずに存続することになるわけで、形成判決との差異は、ここに明瞭である、というのである。

(12)　有力な支持を与えたのは、ジェイムス・ゴルトシュミットであった。彼は、すでに、既判力および執行力をそれぞれ第二の訴訟の裁判官または執行機関に対する拘束的職務命令 (bindender Dienstbefehl) とみる立場をとっていたが (J. Goldschmidt, Ungerechtfertigter Vollstreckungsbetrieb, 1910, S. 37 ff.)、その民訴法概説書の初版においてクットナーの説をとり入れて命令訴訟の観念を認め、給付訴訟を命令訴訟としてその他の命令訴訟と併せ、確認・命令・形成の三訴訟類型を立てたが、第二版では、訴えの種類につき新たに命令訴訟の一節を起こし、給付訴訟における命令訴訟的要素は沿革的事情に由来するにすぎぬとして両者を明確に区別し、給付・確認・形成の三類型とならぶ第四類型として命令訴訟を位置づけ、その要件等を独立に論じている(J. Goldschmidt, Zivilprozessrecht, 1. Aufl., 1929, S. 30 ff.; 2. Aufl., 1932, Vorwort, S. 61 f., 288, 324, 338)。所説は、概ねクットナーに沿うが、命令判決は命令訴訟の要件となる権利の確認(たとえば、請求異議訴訟では私法上の請求権の不存在の確認)をも内容とするものと説き、この点の既判力が予定されている点が異なる。ゴルトシュミットに追随して、Falkmann-Hubernagel, Die Zwangsvollstreckung in das bewegliche Vermögen, 3. Aufl., 1937-1939, § 767, 1; § 771, 3 が命令訴訟説をとっている。

(13)　Bruns, Zwangsvollstreckungsrecht, 1963. S. 60 f., 67 f. (2. Aufl., S. 73, 82); derselbe, Zivilprozessrecht, 2. Aufl., 1979, S. 166 ff., 170 ff.

(14)　Schlosser, Gestaltungsklagen und Gestaltungsurteile, 1966, S. 94 ff.

(15)　Henckel, AcP 174 Bd. S. 108 f.

(16)　Blomeyer, Zivilprozeßrecht. Vollstreckungsverfahren, 1975, (請求異議の訴えにつき) S. 126 f., 136 f.; (第三者異議の訴えにつき) S. 149 ff., 162 f. 他の執行関係訴訟については、概ねドイツにおける多数説に同調し、執行文付与の訴えにつき確認訴訟説、執行文付与に対する異議の訴え、執行判決を求める訴え、配当異議の訴えにつき形成訴訟説をとる(S. 6, 53f., 339)。

(17)　Blomeyer, Vollstreckungsverfahren, S. 127, 137, 163.

(18)　竹下教授によれば、第三者異議による執行排除の要件としての違法性と損害賠償の要件としての違法性は一致する(竹下・法曹時報二九巻五号七七八頁以下)。

(19)　最近、小室直人教授は、第三者異議訴訟の法的性質につき、執行機関に不当執行をさせた債権者に対して執行排除を請求する給付訴訟と解すべく、民訴(旧)五五〇条一号・五五一条〔民訴三九条一項一号・四〇条〕の規定は、このような給付請求認容判決の執行方法の特則にほかならぬ、とされる(判例評論二四〇号二六頁以下。前掲東京地判昭和五二年九月二九日の評釈である)。ただし、執行を実体上違法ならしめる原因である第三者の地位(資格)、当該執行の取消しを求めうる実体上の地位があるとする第三者の主張が第三者異議訴訟の訴訟物である、と説く点で、確認訴訟説および形成訴訟説との異同は、必ずしも明瞭でない。

三　諸説の評価

1　前段にみたような最近の諸説は、それぞれ、請求異議訴訟ないし第三者異議訴訟の法的性質に関する従来の所論の包蔵する難点を説く衝き、啓発されるところが多い。しかし、新説相互間にも少なからぬ異同があり、去就を決するうえに冷静な評価を必要としよう。

一般に、訴えの法的性質が論ぜられる場合、それは、どのような意味をもつのであろうか。さしあたり、二点を挙げることができる。ひとつは、問題となる訴えを他のあらゆる訴えと比較検討して、一般的・統一的な範疇のいずれかに属せしめるなり、独立の訴類型を立てることによって、理論の体系的整序をはかることであり、ここでは、横並びにおかれる他の訴えとの共通性または特異性の認識の当否が評価の規準となろう。他のひとつは、問題となる訴えじたいに沈潜して、それが法秩序内部で担当する機能的特質を探り、それを的確に表現する、ということであり、ここでは、その訴えをめぐる解釈上の諸問題についてどれだけ適切な結論を導き出せるかが評価の規準になるといえるであろう。以下に、右の二点を手がかりとして、徐徐に焦点を請求異議訴訟にしぼりつつ、最近の諸説を検討してみたい。

2　強制執行を真中にすえて給付訴訟と請求異議訴訟とを対蹠的に位置づけるのは、法的性質に関する結論の異同にかかわらず多くの論者によってとられる手近な発想であるが、さらに進んで、請求異議訴訟を給付訴訟にほかならず、割り切るのが給付訴訟説である。しかし、かなり無理の多い構成と思われる。

(1)　しばしば指摘されるとおり、強制執行は、国家が自ら専有する強制執行権に基づいて実施するところで、執行債権者の行為ではない。従って、原告たる執行債務者は執行債権者に対し実体法上の給付請求権としての執行不作為請求権なり執行排除請求権を有するとは考え難く、実体法上の請求権の主張を訴訟物として給付判決を求める給付の訴えとの直接のパラレルは成立しない。たしかに、執行債権者は執行申立ての取下げによって執行手続を終了させうる「手続の主人公」（ブロマイヤー）ではあるけれども、請求異議の訴えに基づく執行不許の判決の執行機関への提出によって強制執行の停止・取消しは得られるのであり（民執三九条一項一号・四〇条一項）、執行債務者の執行不作為請求権等を観念しても、実際上、その訴訟の余地もなく、なんらの実益をも認めることができない。

(2)　解釈上の指標を与えるほどの特質認識が与えられているかどうかという点からみても、給付訴訟説には、みるべきものがない。訴訟物が実体的に構成されているといっても、審判の現実の対象をなす執行債権の存否等から切り離された執行不作為請求権等の主張を把える点で、両者の相関もからみ、二重起訴の禁止その他の個別問題の解決は、かえって錯雑しよう。

3　三ケ月教授の救済訴訟説が、請求異議の訴えや第三者異議の訴えを強いて給付・確認・形成の三類型のいずれかに押しこむことをせず、原告勝訴の判決における、執行力ないし執行行為の排除という形成機能と実体的要件の既判力による確定という確認機能との併存を説いて、両者を包摂する新たな訴訟範疇を立てたことは、執行関係訴訟をめぐる論議に新生面を拓き、機能的考察を強調した意義は大きい。それにもかかわらず、救済訴訟説の構成には、次のような不満が残るように思う。

(1)　救済訴訟説の定立にあたっては、請求認容判決が併有する確認と形成という両機能相互の理論的な連関が充分に示されなかったところから、訴訟物が不鮮明となり[20]、訴訟物を規準として判定されるべき諸事項につき明確な解釈上の手がかりを与えることができなかったように思われる。とりわけ、形成判決に既判力を否定する立場を前提とするならばともかく[21]、これを肯定する最近の有力説に従うかぎり[22]、形成判決にも確認機能と形成機能との併有を認めなければならず、給付判決とても請求権の確認と執行力の発生という二つの作用をもつ。したがって、判決における確認機能と形成機能との併存という規準だけでは、救済訴訟の他の訴訟に対する類型的特異性は、必ずしも充分に把握できないといわなければならない。

(2)　救済訴訟説のその後の展開に徴しても、執行関係訴訟一般がきわめて技術的・表面的な意味で救済訴訟とされるにとどまることとなり（前述二〇七頁）、一定の優越的効力の存在を前提としてそこからの救済を求めるという救済訴訟の性格づけが執行関係訴訟の全部に適合するわけではないとの批判[23]も生じている。なによりも、救済訴訟説のメリットとして解釈上の諸問題に解決の規準を与えるべき訴訟物の二分肢構成[24]が、請求異議の訴え（および執行文付与に対する異議の訴え）にあっては、実定法上、異議事由の同時主張強制（民訴旧五四五条二項・五四六条、民執三四条二項・三五条三項）による一回的解決の強要に妨げられて[25]、その機能を封じられ、救済機会の多元的確保という効用を果たすことができないのである。もっとも、右の異議事由の同時主張強制なるものは、わが強制執行制度の母法たるドイツ民事訴訟法上は、先行の請求異議の訴えの提起当時にすでに存在したが債務者が知らなくて主張できなかった異議事由に基づく新たな請求異議の訴えを排除しない趣旨[26]であり、このような主観的要素を斟酌するかぎりにおいて、むしろ、救済機会の多元的確保に資するものであったのに、わが法への継受のさいに右の趣旨を見落してしまったのであることを[27]、付言しておかなければならない。

4　執行関係訴訟の原告勝訴判決の本質を執行担当機関に対する指示・命令とみる竹下教授の命令訴訟説は、執行関係訴訟が全体としての強制執行制度のなかで果たす機能を最も直截に把えて理論構成の中核とする。

(1)　現行法は、執行手続を狭義の訴訟から分離し、これを独立の執行機関に担当させる建てまえをとりつつも、執行に関する紛争を執行担当機関の裁断に委ねる態度をとらず、若干の事項に関し受訴裁判所の口頭弁論に基づく判決による救済を定めている。しかし、こうした執行関係訴訟が提起されても、執行手続のその後の処理が受訴裁判所に委ねられるわけではなく、執行関係訴訟の結果は、執行担当機関にフィードバックされて、執行担当機関の手で現実化されるわけである。執行関係は、あくまでも執行担当機関によって処理されるのであり、執行関係訴訟の役割は、所定事項の判決手続による審判を通して、適正な執行関係の確保および調整に資するにある。

竹下教授が、その命令訴訟説の基礎として、執行関係訴訟は、「本来、強制執行を担当する機関が、その職務行為をなすにあたり、みずから調査・判断すべき、その職務行為の前提要件たる事項のうち、慎重な審理・判断を要するものを、判決裁判所が、事前または事後に、判決手続によって判断し、その結果に応じて執行関係をコントロールする、という制度的使命を有する」、と説かれるのは、まことに透徹した洞察というべく、それじたい、ほとんど反論の余地がないほどの重みをもっている。(28)

(2)　しかし、このような制度的使命の認識に基づいて執行関係訴訟の法的性質を考える場合に、当然に、執行関係訴訟のすべてを、その判決主文で他の国家機関に対して命令をすることを特色とする命令訴訟とみるべきことになるのか、といえば、なお、少なからぬ疑念を禁じえない。それは、以下の理由による。

(a)　執行関係訴訟に属する各種の訴訟の内容は、必ずしも均質的ではなく、判決による執行関係のコントロールの仕方も一様ではない。とくに請求異議の訴えや配当異議の訴えなどにあっては、確認によるコントロールだけではなく、形成によるコントロールをも認めざるをえないように思われる（後述二二三頁参照）。ところが、命令訴訟なるものの、給付・確認・形成という伝統的な訴類型に対する本質的差異ないし位置づけが、命令訴訟説の論者のなかでも一致を欠き、あるいは将来に留保されているのであって、範疇としての独立性が未だ充分に確保されていない。(29)従って、今後の論議の進展とともに、命令訴訟に属せしめられる訴えのなかの若干が同時に給付訴訟なり形成訴訟でもあるとされる可能性もあり、げんに、そのように説いている論者もある（前述二〇五頁以下参照）。いずれにせよ、執行関係訴訟の全体を命令訴訟の観念で総括しても、それに含まれる各種の訴訟のそれぞれの性質に即しての再分類の必要に迫られることになろう。

(b)　請求異議訴訟や第三者異議訴訟における請求認容判決のなかに執行機関に対する「命令」を認めるのは、必要かつ正当なのであろうか。

こうした執行不許の判決の正本が執行機関に提出された場合に、執行機関が強制執行を停止し、すでにした執行処分を取り消すべきことは、執行法じたいが規定するところで（民執三九条一項一号、四〇条一項一号）、各個の場合に判決をもって執行の停止・取消しを執行機関に義務づける必要はないし、もともと、受訴裁判所は執行機関に対し指揮命令できる地位にはなく、その判決によって特定の行為を義務づける権能を有するものではない[30]。だからこそ、竹下教授も、ここにいう「命令」はあくまで限定的な意味に解すべきだとし、「あるべき執行関係の宣言により、執行担当機関が、その宣言にしたがった行為をする義務を負うに至るのは、法自体が、（中略）執行担当機関は判決機関のなす宣言にしたがって行為すべきものと定めていることの結果とみるべきであろう」と説かれるのである[31]。それならば、執行の停止・取消しは、執行不許の判決の正本の提出に伴う法定の措置として執行機関がなすにほかならないわけであるから、これを判決の本来的内容とみて、判決じたいによって行政庁の実体法上の行動義務を生じさせる行訴法三三条所定の拘束力との類似をいうのは、当をえないのではなかろうか。民事執行法も、執行の停止・取消しの事由として、請求異議訴訟や第三者異議訴訟における執行不許の判決の正本が提出された場合のほか、債務名義もしくは仮執行宣言を取り消す旨を記載した執行力ある裁判の正本、債務名義に係る和解・認諾・調停の無効確認の確定判決の正本、競売の基本たる担保権の不存在を証する確定判決の謄本、担保権の存在を証する判決を取り消す確定判決の謄本、担保権の登記の抹消を命ずる確定判決の謄本、その他の所定の執行反対文書が提出された場合を、これと同列において規定しており（民執三九条一項各号・四〇条一項・一八三条一項各号・同二項）、その限りにおいて、これらの文書の執行機関への提出により執行が停止あるいは取り消される関係は統一的に説明されることを必要とするのではあるまいか。執行不許の判決の場合だけについて、判決による執行機関に対する義務づけを認めて命令判決とよぶのは、共通の理解を阻むものといわなければならない。請求異議訴訟や第三者異議訴訟の原告勝訴判決による、あるべき執行関係のコントロールは、むしろ、その判決正本の提出に伴う執行の停止・取消しの措置が法律上予定されていることを実定的背景として、すでに執行不許の宣言により果たされているとみるべきであろう。

(c)　有効な行政処分なり裁決が存在する場合には、それを取り消す判決があり、それが確定してはじめて行訴法三三条所定の拘束力を生ずる。それと同じように、有効な債務名義の執行力が現存する以上、請求異議認容判決に執行機関に対する「拘束力」を認めるにしても、その前提として、やはり、執行力を取り消すことが判決内容として含まれているとみなければならないのではないか。[32] それに、行政処分取消等の判決の場合に、訴訟当事者となっていない、被告行政庁以外の関係行政庁に判決の拘束力（行訴三三条）が及ぶのは、行政の一体性に実質的な根拠を求めることができようが、執行関係訴訟の場合に、当事者でない執行担当機関――それは執行開始前になされた請求異議認容判決などの場合には、未だどの裁判所とも、どの執行官とも特定できない――に対する「拘束力」を、原告・被告ともに私人である「執行関係訴訟の判決の本来的内容」たる効力とみるのは、いささか無理の感がある。

(d)　別の角度からいうと、右のような「拘束力」を「判決の本来的内容」とみる命令訴訟説の立場は、債務名義についても執行機関に対する執行をなすべき旨の命令をそこに認めるのでなければ一貫しないことになりはしないか。実体関係の確認に基づく執行不許の宣言によって執行機関がそれに従った行為をすることを義務づけられるという考えは、これを請求異議の訴えの法的性質論として採る場合、原告勝訴判決における執行不許の宣言の前提となる強制執行の実施についても、それが債務名義における給付義務の宣言によって執行機関がそれに従った行為（執行）をすることを義務づけられていると考えないと筋が通らないように思われるのである。給付判決における給付命令が執行機関を義務づけるものでないのに、請求異議判決における執行不許の宣言が執行機関を義務づけるというのは、納得しにくい。げんに、命令訴訟説をとったゴルトシュミットは、債務名義を職務命令と解していた。[33] しかし、とりわけ、判決でない債務名義（和解調書、執行証書など）のなかに国家の執行機関に対する命令を認めるのは無理であり、きびしい批判を招いたのは当然といえる。[34]

(20)　三ケ月章教授が救済訴訟説を提唱された当初の説明では、請求異議の訴えは、「裁判前の一定の効力を前提とし、これを覆すという型の訴」とされ、「給付訴訟と裏腹の関係」ながら、「確認訴訟と形成訴訟の混合した特殊な訴」である、と説かれたので（民事訴訟法研究二巻六二頁・六七頁注一二）、訴訟物も、法律的性質決定を伴う「一定の権利・法律関係が存在しないとの権利主張」（法律学全集・民事訴訟法一一〇頁）と「原告が裁判による形成を求めうる法的地位にあるとの権利主張」（同一一四頁）との混合――併合でなく――のように受けとられかねなかった。最近では、教授は、請求異議の訴えは「債務名義で認められた請求権の不存在を主張し、その不存在の確定をはかることの反射的効果として執行を許さずと宣言する（訴訟上の形成の効果を付与する）とみるべき」だとされ、その訴訟物は「実体権の不存在の主張」にほかならぬ、と説かれるに至っているが（法律学講座双書・民事訴訟法一三五頁）、そこでいう「債務名義で認められた請求権」、「実体権」は、その債務名義が給付判決である場合、給付訴訟の訴訟物として主張される、実体法上の請求権概念と切り離された「相手方から一定の給付を求める実体法上の地位」（同一一六頁以下）と同一なのか、それとも、確認訴訟の訴訟物として主張される、法律的性質決定を経た実体権なのか、――前者ならば「法的評価の再施」の余地があることになる――、また、確認訴訟の判決と異なり執行不許の宣言が与えられる根拠を訴訟物内容に取りこまなくてよいのか、といった点になお疑問が残る。

(21)　三ケ月・民事訴訟法（法律学全集）三三頁・四八頁・五一頁以下、小山昇・民事訴訟法〔三訂版〕三八七頁など、ドイツにおいては、かつて通説の立場でもあった。

(22)　中田淳一・訴訟及び仲裁の法理二一四頁以下、同・民事訴訟法講義上六九頁、兼子一・民事訴訟法体系三三七頁、同民事法研究二巻一一〇頁以下、新堂幸司・民事訴訟法一四八頁以下、三ケ月・民事訴訟法研究七巻六九頁以下、中野＝松浦＝鈴木編・民事訴訟法講義（大学双書）四六四頁〔吉村徳重〕、同書四八〇頁以下〔上田徹一郎〕、本間義信・ジュリスト別冊法学教室〈二期〉二号一三二頁以下など。

(23)　竹下・法曹時報二九巻五号七五六頁。執行文付与に対する異議の訴えは救済訴訟に当たるが、執行文付与の訴えは救済訴訟とはいえないことになって、平衡を失する点を指摘する。

(24)　三ケ月・民事訴訟法研究七巻五〇頁以下・七〇頁以下参照。

(25)　詳細につき、中野・強制執行・破産の研究一六頁以下参照。

(26)　わが民訴旧五四五条三項の範となったドイツ民訴七六七条三項（同旧民訴六八六条三項）では「債務者は、その提起すべき〔請求異議の〕訴えにおいて、訴え提起のときに主張することができたすべての異議を主張しなければならない」としている。その解釈としては、債務者の主張できたすべての異議をできるかぎりひとつの請求異議訴訟に集中して「執行のエネルギーを保全」（Hahn, Die gesammten Materialien zur CPO, I, 2. Aufl. 1881, S. 437）する趣旨であり、請求異議の訴えの提起当時（ないし事実審の口頭弁論終結当時）に債務者が知っていた、または、知っていなければならなかったはずの異議事由は、その請求異議訴訟で主張すべく、別の請求異議の訴えによって主張することを許さないが、債務者が前の請求異議訴訟の当時知っておらず主張できなかったような異議事由については右の失権は及ばないとするのが、少なくとも通説の立場であり、既判力の遮断効におけるような、時間的＝客観的規準による厳格な失権をここに推及すべきでない、とするのが一般である。Vgl. Falkmann-Mugdan, Die Zwangsvollstreckung, 2. Aufl., 1914, S. 402; Stein-Jonas-Münzberg, a. a. O., §767 V; Gerhardt, a. a. O., S. 231 ff.; Blomeyer, Vollstreckungsverfahren, S. 133 f. u. a. なお、異議の同時主張強制による失権は、請求異議訴訟の継起を防ぐ趣旨であり、失権にかかる事由を損害賠償請求の訴えなり不当利得返還請求の訴えによって主張することは妨げられない。Vgl. Gaul, Materielle Rechtskraft, Vollstreckungsabwehr und zivilrechtliche Ausgleichsansprüche, JuS 1962, S. 2.

(27)　おそらくは、異議の同時主張強制をめぐる判例・学説における同一訴状説から同一訴訟説への進化をみて、債務者が提訴当時に主張できたかどうかによる制限を不要と誤解したのではなかろうか。三ケ月教授は、わが民訴旧五四五条三項における同時主張強制の根拠を、「既に第一ラウンドでは破れた請求異議の原告には一般の場合よりもきびしい注意義務――すべての異議事由を同時に主張すべしという――を課してもよいではないかという、一つの訴訟観を前提とする特異な訴訟ポリシーの発現であったと臆測する以外にない」とされるが（三ケ月・民事訴訟法研究七巻六一頁）、そうだとすると、母法における理解と逆になる。前掲（注26）参照。

(28)　竹下・法曹時報二九巻五号七五三頁。

(29)　クットナー・ゴルトシュミット・ブルンス・シュロッサーの各見解は、それぞれにくい違っているし（前述二〇七頁以下、二一三頁注（12）参照）、竹下教授は、所見を留保される（竹下・法曹時報二九巻五号七五四頁）。

(30)　私が、一〇年前に、命令訴訟説に対する疑問として述べたこと（中野・強制執行・破産の研究二四頁注二五）も、この趣旨であり、決して、竹下教授の批判されるように（竹下・法曹時報二九巻五号七六〇頁注二三）、請求異議認容判決の正本の提出による強制執行の停止・取消しを、執行機関がみずから調査・判断すべき執行障害の発生と同列においているわけではない。私見と同旨の疑問を掲げるものとしては、Blomeyer, AcP 165. Bd. S. 492（クットナーの命令訴訟説に対する反論として、命令判決にも訴訟上の形成効の承認は避けられないとし、また、判決が執行の要件あるいは執行停止の要件とされているとて命令がそこにあるとは限らず、判決による執行機関に対する裁判上の命令という観念は調子のよい誇張にすぎぬという）、リュケ「民事訴訟上の訴の体系についての覚書」中田還暦・民事訴訟の理論上三四三頁以下がある。

(31)　竹下・法曹時報二九巻五号七五四頁。

(32) 配当異議の訴えの判決については、民事執行法は、判決主文において配当表を変更し、または、新配当表調整のために配当表を取り消すべき旨を明規している(民執九〇条四項)。田中・解説二〇〇頁参照。
(33) Goldschmidt, Ungerechtfertigter Vollstreckungsbetrieb, 1910, S. 42 ff.
(34) Stein, Grundfragen der Zwangsvollstreckung, 1913, S. 13.

四 形成訴訟説の再構成

1 請求異議訴訟の訴訟物(異議請求)は、原告たる債務者が特定の債務名義につき執行力の排除を求めうる地位にあるとの法的主張である[35]。異議認容判決の確定によって、当の債務名義の執行力が永久的あるいは延期的に排除される。一種の法状態の変更=形成であり、判決によるこの形成への志向を捨象して請求異議の訴えの法的性質を論定することは、できない[36]。このことを端的に示すのは、同一の給付請求権について複数の債務名義(たとえば執行証書と確定判決)が存する場合であろう。ひとつの債務名義につき請求異議を認容する判決等により特定の給付義務の不存在が確認され、その判断に既判力が生じたとしても、それだけでは、他の債務名義の執行力を排除するために重ねて請求異議の訴えを提起する必要は些かも減少しないのである[37]。

このような、判決による形成=執行力の排除を求める訴えとして、請求異議の訴えは、やはり形成訴訟にほかならない。この基本的立場を維持しつつ、最近の諸説からの批判に聴き、その摂取による補完をはかるべく、また、それは十分に可能である。

2 従来の形成訴訟説に対し加えられてきた非難のうち最も重要なものは、「訴訟物ないし既判力対象の構成の没実用性[38]」である。

反対の論者[39]はいう。形成訴訟説に従い、請求異議訴訟の訴訟物を形成権たる異議権(あるいは債務名義につき執行力の排除を求めうる法的地位）と構成し、それが既判力をもって確定されるとすれば、審判の現実の対象として審理された実体法上の給付請求権の存否等についての判断は、たんなる判決理由中の判断として既判力の客観的範囲の外におかれ、その結果として、たとえば請求異議訴訟において請求棄却の判決が確定し、強制執行を阻止できなかった執行債務者が、その後、同一の事由を主張して執行債権者であった者に対し損害賠償請求あるいは不当利得返還請求をすることを妨げられないことになり、請求異議を訴えによって主張させ判決で裁判する実益に乏しい、と。

この批判に対し、形成訴訟説の立場から必ずしも的確な反論が展開されているといえないことは[40]、事実である。しかし、真正面から、伝統的な形成訴訟説の主張をもって対抗する論者もある。シュタイン＝ヨーナスの民訴法大コンメンタールにおけるミュンツベルクが[41]、その例である。彼は、判決理由中の判断に既判力を拡大しようとする最近の傾向に対し、「当事者および裁判官に対するいかがわしい贈物」だと批判的態度をとっており、とくに、次の二つの理由を挙げている。第一に、その現実的必要性がないとする。すなわち、前提問題の審査に誤まりがなかった場合であれば、既判力を認めなくとも、両当事者は、第二の訴えが理由なしとして請求を棄却される危険をおかさないよう気をつけるのがふつうであろうし、逆に、前提問題の審査に誤りがあった場合ならば、判決理由中の判断の既判力による拘束は、「悪より出ずる」〔筆者注――マタイ伝五章三七節参照〕ものであり、上訴の過程でみなれている裁判の矛盾よりも、裁判の威信・声望を失墜させるのに、より適している、というのである。第二に、処分権主義からの離反だとする。すなわち、請求異議の訴えにおいても、債務名義の執行力だけを争うか、それとも、これと併せて債権者の請求権の存否をも審判対象に引き上げるかは、当事者だけに委ねるべきであり、債務者が訴えを併合ないし変更せず、債権者が反訴を提起してもいないのに、請求権の存否の判断に既判力を認めるのは、処分権主義からの不必要な離反であり、とくに、既判力を伴わない債務名義に基づく執行の場合には、請求異議訴訟における請求棄却判決が被告である債権者のためにその請求権の存在の既判力による確定を生ずるのはおかしい、というのである。

私は、従来のわが国における形成訴訟説の、訴訟物ないし既判力に関する所論は不備であり、形成訴訟説としては、とくに既判力についての理論的補完が必要であると考えている。

ここで反対説が提出しているのは、法が請求異議訴訟の判決に期待している紛争解決機能をどれだけの範囲で確保するのが正当か、という問題にほかならない。それをどう考えるかによって、執行債権の存否等がたんなる前提問題なのかどうかも決まってくるし、処分権主義の離反の有無の判断も異なってこよう。そして、基本的には、反対説の指向する解決は誤っていないと思われるのである。学者の説くように[42]、強制執行は、全体として実体私法上の財貨帰属の変更に向けられており、執行手続の進行は、直接に新たな実体関係を当事者間あるいは当事者と第三者との間に形成しつつ、その実体関係の複合が執行の目的である請求権の満足を導く。不当な執行によって実体私法上の地位を害されると主張する者のための権利保護を判決手続によらせるのも、執行の実体変動原因たる性格によるものである。このことは、すでに別稿[43]で論じた。債務者が執行債権の不成立・消滅を主張して執行の不許を求める場合に、あえて、簡易・迅速な解決を要請する執行の論理に背いて、訴えの提起によらしめ、当事者権の実質的保障のもとに実体関係の審判を遂げさせる以上は、法は、その点の既判力ある確定をはかる趣旨とみるべく、同一当事者間で、事後に、執行債権の存否が別訴によって争われ、あるいは、不当執行を理由とする損害賠償請求や不当利得返還請求の訴訟が提起されて、強制執行による財貨帰属の変動が実質上復元されてしまうことを容認するのでは、執行関係訴訟による救済は徒らに事態を複雑化・深刻化しただけで、なんの役にも立たなかったことになりかねない。このような結果は、請求異議訴訟の法的性質をどのように理解するにせよ、避止されるべく、従来の形成訴訟節の理論構成に関しては、以下に述べるような修正が必要と考える（新形成訴訟説）。

3　一般に、形成訴訟の判決における既判力は、訴訟物として主張された形成権なり形成要件の存否について生じ、後訴における形成請求またはなされた形成が不当であるとの主張を排除する機能をもつとされる。請求異議訴訟の判決についても、同じことがいえる（後述4参照）。しかし、請求異議訴訟で主張される形成要件が債務名義に表示された内容ないし態様の執行債権の不存在である場合には、これと別に形成を求めうる主体的地位を観念する意味は希薄であり、両者の判断は密着する。この事情に適合する既判力論の補充が要求されよう。(44)

(1)　強制執行を考える場合、われわれは、ふつう、まず、給付命令を掲げた給付判決を念頭におき、その判決の執行力による、その判決の強制執行がなされるものとみ、他の債務名義に基づく強制執行を、これになぞらえる（民訴旧四九七条・五六〇条参照）。この観察は、誤りとはいえないが、ミスリーディングである。(45)強制的に実現されるものは、判決ではなく、法（主観的に表現すれば権利）であり、強制執行は、法秩序の強制的な貫徹可能性を支えるひとつの手段にすぎない。ただ、強制執行は、国民の現実生活への直接の侵害を内容とするゆえに、強制執行による公権力の介入に当たっては、それを、強制執行を正当とする法的状態（＝特定の当事者間における具体的な給付請求権の存在）の、比較的信頼できる確認にかからせるのを適当とし、それを表象するものとして債務名義（民執二二条各号）が要求される。給付判決は、強制執行の前提となる法的状態確認の――重要ではあるが――ひとつの態様にすぎず、所与の場合に一定の給付がなされるべきか否かは、予め法じたいの定めるところで、判決が給付を義務づけるわけではない。給付判決が伝統的に掲げるのを常とする「給付命令」も、給付請求権（およびその強制可能性・責任）の存在を宣言するにとどまり、給付判決は、それじたい、なんら被告に対する裁判所の意思的行為としての命令を内容とするものではないのである。(46)従って、給付判決の執行力なるものも、その判決における給付請求権（およびその強制可能性・責任）の存在宣言が強制執行の前提として機能するという法定の関係を指称するにほかならず、執行機関の行為を介して既存の財貨帰属の状態を強制的に変更できる根拠は、強制規範たる法の効力であって、判決じたいに由来するものではない。これは、形成判決の形成力が、判決における形成要件の存在の確認を要件として法がこれに法的関係の変動を生じさせる、いわゆる法律要件的効力とみられるのと、基本的に軌を一にする。判決以外の債務名義（民執二二条三号ないし七号）の執行力についても、事理は全く同一である。

請求異議認容判決による、債務名義の執行力の排除についても、右とパラレルの理解が要請される。ただ、ここでは、給付判決におけると異なり、すでに債務名義が存在していて、その債務名義における給付請求権の表示を前提として強制執行ができるという法定の関係（＝執行力）の成立がある。そこで、請求異議認容判決における、その債務名義による強制執行を不当とする法的状態の確認に、債務名義の執行力の排除という法的効果（＝形成力）が結びつけられるのである。従って、訴訟物たる、債務者が特定の債務名義につき執行力の排除を求めうる地位にあるとの法的主張は、内容上、その債務名義による強制執行を不当とする法的状態が存在する、との主張にほかならない。
(2)　債務名義は、強制執行によって実現されるべき具体的な給付請求権（＝執行債権）を表示する。従って、請求異議訴訟では、その債務名義による強制執行を不当とする法的状態として、多くの場合、この執行債権の不成立・消滅・期限の猶予・主体の変更等の事由を挙げ、債務名義に表示された内容ないし態様における執行債権が存在しないことを主張する。このような、執行債権の不存在の主張は、請求異議訴訟において審判対象の実質をなすものであり、たんなる前提問題にとどまるものではない。さきに取り上げたミュンツベルクの所説では、請求異議訴訟における執行債権存否の主張を所有物返還請求訴訟における所有権の存否の主張と等置しているが、後者の場合には、原告の主張どおり所有権の存在が確定されても、訴訟物たる被告に対する返還請求権の存在の判断と直結するわけではなく、被告による占有の有無なり被告の占有権原の存否が、さらに問題とならざるをえないのに対し、請求異議訴訟では、これと異なる。債務名義に表示されたとおりの執行債権が存在しないと判定されれば、それは、そのまま、原告たる債務者が債務名義の執行力の排除を求めうる地位を有することを意味する。しかも、請求異議訴訟において執行債権の存否が争われる場合には、既判力に拘束されない範囲において、請求権の発生・変更・消滅などに関する実体法上の（一般的および特別的）法律要件の主張がなされなければならず、それらの要件事実が証明対象として一般原則による証明責任の分配に連なる。[48] それらに付けくわえて、執行力の排除を求めうる地位（異議権）が成立するために必要な別の事実があるわけではなく、債務名義の執行力にかかわるからとて、請求異議訴訟の場合に限り、執行債権の発生・変更・消滅のすべての事実の主張責任・証明責任を原告たる異議権者＝債務者に負担させるわけにはいかない。要するに、請求異議の訴えにおける訴訟経過は、この場合には、むしろ、債務名義に「表示された請求権を訴訟物とする消極的確認訴訟と実体において全く同じ」[49]なのである。そうだとすれば、請求異議訴訟の本案確定判決における執行債権存否の判断に既判力を認めても、一向に、判決主文に包含される判断に限定してのみ既判力を認める現行法上の原則の合理性——訴訟審理の弾力性の確保、主文事項を焦点とする思惟の集中による正当性の保障、誤判の弊の限局[50]——に反することはない筈である。かえって、実体において執行債権を訴訟物とする消極的確認訴訟と全く同じ訴訟経過が展開されたうえでの裁判所の判断が示されているにもかかわらず、執行力の排除を求めうる法的地位（異議権）の存否の判断についてのみ既判力を認め、その実質をなすところの、それじたいとして同様に既判力を認められる適格と必要とをもつ執行債権の存否の判断につき既判力を認めないことこそ、不合理といわなければならない。[51][52]

民事執行法が仮執行宣言付未確定判決および仮執行宣言付未確定支払命令につき請求異議の訴えを許さないことを明規した（民執三五条一項前段カッコ内）のも、執行債権についての既判力の抵触を避ける趣旨として、右の解釈の支えとすることができるし、一見すれば空文にひとしい、数個の「異議の事由」の同時主張を要求する規定（民執三五条三項・三四条二項）をおいたのも、請求異議判決の既判力内容の多様に着目したものとみれないではない。[53]

(3)　民事執行法は、「債務名義に係る請求権（＝執行債権）の存在または内容について異議のある債務者」だけでなく、「裁判以外の債務名義の成立について異議のある債務者」にも請求異議の訴えを認めており（民執三五条一項)、講学上は、さらに、債務名義が存在するに拘らず強制執行をしないという合意(不執行の合意)が存する場合、あるいは、特定の債務名義により強制執行をすることが信義則違反ないし権利濫用として許されない場合にも、請求異議の訴えに関する規定の適用ないし準用を認めるべきものと解される[54]。このような、執行債権につき債務名義の表示と実体状態の不一致を争うのでない請求異議の訴えにおける判決の場合においては、執行債権存否の点の既判力が生じないことは、いうまでもない。その債務名義につき債務者が執行力の排除を求めうる地位にあるか否かが、既判力をもって確定されるにとどまる。執行証書作成についての代理権の欠缺、不執行の合意の存在、信義則違反ないし権利濫用などの具体的事実に対する判断には、それじたい、既判力を認める適格がないからである。

4　請求異議訴訟における判決が、執行債権の存否の判断を含まず、既判力は債務名義につき執行力の排除を求めうる地位の存否についてのみ生ずると解すべき場合でも、この点の既判力を全く無意義、没実用的と非難するのは、当たらないように思われる。

(1)　請求異議訴訟における請求棄却判決の確定後に原告であった債務者が再び債権者を相手どって強制執行による損害の賠償請求あるいは不当利得返還請求をすることは、既判力対象が執行債権の存否を含まない場合でも、やはり既判力によって妨げられるのではなかろうか。

右の趣旨は、伝統的な形成訴訟説をとる論者の一部によっても、つとに説かれていた。わが国では、形成訴訟説の首唱者といえる松岡義正博士が、ヴァイスマンの所説を採りつつ、次のように述べている[55]。請求異議を棄却した判決は、執行終了後に債務者が債権者に対し不当利得返還請求の訴えを提起することを妨げるものではないが、「唯不当利得ノ返還請求ノ訴ニ付テノ裁判ガ異議ノ訴ニ付テノ裁判ト其ノ内容ヲ異ニスルコトヲ得ザルノミ。蓋シ不当利得返還ノ請求ノ訴ハ唯強制執行ガ不当ナル場合ニ於テノミ理由アレバナリ。従テ不当利得返還請求ノ訴ハ曩ニ提起セラレタル異議ノ訴ニ付テノ裁判ニ依リテ否認セラレタル異議ヲ原因ト為スコトヲ得ズ。何トナレバ斯ル裁判ニ依リ強制執行ガ不当ニ非ザルコトヲ確定セルヲ以テナリ」〔句点・濁点は筆者〕と。

この所説は、既判力の遮断効が作用する場面を、これまで一般に説かれてきたような、既判力をもって確定された前訴の訴訟物たる権利関係がそのまま後訴の訴訟物あるいはその先決関係として主張される場合だけに限定せず、前訴と後訴の訴訟物の間にいわゆる矛盾関係が存する場合をもこれに加えるべきものだとする最近の理論(56)によって、支持を与えられるであろう。すなわち、つぎのようにいえるのではなかろうか。請求異議の訴えは、債務名義の執行力の排除によって被告たる債権者が実体上求めえない給付結果を取得する可能性を奪うことを目的としているのであるから、執行力の排除を求めうる地位を否定した請求棄却判決は、債務名義に記載された給付の強制執行による実現を実体法に照して容認する趣旨を内容とすることになる。その棄却判決の確定後に、原告が損害賠償請求の訴えを提起して強制執行の違法を主張し、あるいは不当利得返還請求の訴えを提起して強制執行による債権者の利得に法律上の原因がなかったことを主張するのは、前訴の訴訟物たる法的地位の不存在の確定判断と矛盾すること、あたかも、給付判決を受けた被告がその確定判決に基づいて取り立てられたものを不当利得として返還請求する場合と同様であり、既判力による遮断効を肯定すべきことになろう。

(2)　母法たるドイツ民事訴訟法上の請求異議の訴えについて、一貫して形成訴訟説をとっている西ドイツ連邦大審院の裁判例のなかに、請求異議を棄却する判決の既判力によって後発の損害賠償請求を斥ける判決を示したものがあることは、ひとつの参考となろう。

西ドイツ連邦大審院一九六〇年五月三〇日判決（ZZP 74, 187 = NJW 1960, 1460）が、それであり、事案は、やや錯雑しているが、概ね、次の如くである。すなわち、K（原告）は、B（被告＝建築金融公庫）との間で、Bに対する債務承認を内容とする執行証書が作成された後、錯誤および詐欺を理由として債務承認を取り消す意思表示をしたうえ、執行証書につき執行不許を求めて請求異議の訴えを提起したが、請求棄却の判決が確定した。その後、Bの右執行証書に基づく破産申立てに基づきKは破産宣告を受け、旅宿経営収入の喪失による損害を被ったとして、KがBを相手どって損害賠償請求の訴えを提起したのが本件である。原審では、前訴と本件との訴訟物は異なることを理由に、本件には請求異議棄却判決の既判力は及ばないと判示したが、連邦大審院は、K敗訴の結論は維持しつつ、既判力の点については逆の見解をとり、以下のように判示した[57]。

「前訴訟において、裁判所は、執行証書による強制執行の不許を宣言することを拒否した。この裁判の既判力をもって、提出された事実関係から生ずる法律効果としての執行の許容性（Zulässigkeit）は確定している。その既判力は、当事者間では、提出された事実関係に基づき判決において認められもしくは斥けられた法律効果の存在または不存在については再度の弁論および裁判が許されない、つまり、その法律効果は攻撃できない、という意義をもつ。既判力がこの意義を有するのは、たんに、敗訴者が新たな訴えにおいて直接にこの法律効果と反対のことを主張する場合だけではなく、かえって、前訴訟において認められまたは斥けられた法律効果が新訴訟において裁判を求められた法律効果にとって前提問題となる場合にも、そうである（BGH, NJW 1958, 790）。原告は、執行証書が助言義務および通知義務の違反を通じてのみ成立に至ったものであるという理由で、この証書による強制執行を違法な加害だとする。それによって、原告は、前訴判決において確定された法律効果に矛盾する立場に自らをおく。原告は、すでに前訴訟において主張した事実関係に基づき、前訴判決と反対のことを、別の法的評価のもとにではあるけれども、引き出そうとしているのである。（中略）しかし、それによって前訴訟の訴訟物が法律効果のために重要な事実において変更されるわけではない。損害が前訴訟の最終口頭弁論後の執行によってはじめて生じたということは、訴訟物が同様であることを否定するものではない。執行の許容性は、両訴訟において、同じ事実関係に基づいて争われる法律効果なのである。いつ損害が執行の実施によって事実上生じたかは、既判力の範囲の決定につきなんら意義をもたない。

従って、原告は、前訴判決で許容の宣言があった執行を同じ事実関係に基づく損害賠償請求〔複数で表現されている――筆者〕の基礎とすることによって、前訴判決の既判力を回避することはできない。こういっても、控訴審裁判所が考えているように、前提となる法律関係にまで既判力を拡張することにはならない。むしろ、確定された法律効果を、その不存在から損害賠償請求権を引き出すことによって、間接的に否定することも、排除されるというにすぎない。この、従来から認められてきた見解（たとえば、RGZ 130, 119, 122 参照）は、同じ法律効果を形だけ変えて争うことを妨げるものである」。

しかも、同判決は、これに続けて、なお次のように判示している。

「既判力はまた、原告が、前訴訟で請求した法律効果の理由づけのために、すでに前訴訟の最終口頭弁論の当時に存在していた事実を支えとすることを、許さない（RGZ, 78, 395, 397; 144, 220, 222）。このことは、控訴審裁判所が考えているように、確認判決の場合だけに限られるわけではない。法的形成（ここでは執行不許の宣言）が拒否される場合には、新訴訟では、原告がすでに前訴訟で提出することができたであろうような主張をもって、形成はなされるべきであったのであり執行は従って違法（rechtswidrig）である旨を、主張することはできないのである。形成を求める訴訟上の請求は、既判力をもって斥けられた。原告は、前訴判決に従えばそうであるように法律状態を受けとらなければならない。（中略）この提出に基づいて原告の損害賠償請求権が生じたのなら、執行は前訴訟において不許と宣言されなければならなかったはずである。なぜなら、被告は、六四、〇〇〇ドイツマルクを超過する債務額を取り立てたところで直ちにそれを償還しなければならなかったことになるからである（BGH, LM ZPO Nr. 2 zu § 771）。（以下略）」

この判決は、学説上も、少なからぬ賛成を得ている。[58] もっとも、賛成の理由は必ずしも同様ではない。たとえば、ツォイナーは、既判力の客観的範囲を訴訟物によって画する通説の立場は右の判旨とは一致しないとし、彼自身がかねて主張するように、[59] 後訴が前訴において訴訟物につきなされた確定の意味内容に関連しその確定を空洞化しかねない場合には、訴訟物を異にする後訴にも前訴確定判決の既判力が及び、判決理由中の判断も争えなくなる、とする立場に立って、次のようにいう。[60] すなわち、請求異議の訴えは、実体法と一致しない執行力を排除することによって、債権者に実体上帰属しない給付を手に入れる可能性を債権者から奪うことを目的とするものである。従って、その請求棄却判決は、名義に掲げられた給付の取立てが当事者間に存する実体関係と一致することを意味し、既判力は、この意味内容を保持しなければならないから、後発の損害賠償請求訴訟において執行は前訴当時に審理された当事者間の実体法上の関係と矛盾するということが主張される場合にも、既判力は働かざるをえないのである、と。ヘンケル(61)も、同様に、判旨の結論は、通説たる形成訴訟説に立って形成権を訴訟物とみる限り、判決理由にも既判力を認める場合にのみ正当化できることになる、としつつも、このような判決理由への拘束は全く肯定できる。なぜなら、請求異議の訴えにおける請求棄却と、債権者の執行取立てが債務者に対する関係で違法であったということは、適合しないからである。といい、従って、最終的には、ひとがいずれの訴訟物説をとるかは、問題でない、と述べている。おそらくは、ガウルもいうとおり、判旨の結論は、「ひとがどのような訴訟物説に従うかに関係なく、ひとが後発の損害賠償請求等の訴えを斥けるのに訴訟物の同一性の見地から理由づけるか、それとも、右判旨のように先決関係の見地から、あるいは法的意味連関の見地から理由づけるかに関係なく、正当である(62)」、というべきであろう。

5　なお、形成訴訟説の難点として挙げられるものに、判決確定時と執行の停止・取消しの時とのギャップがある。

執行開始後に請求異議の訴えまたは第三者異議の訴えが提起され、原告勝訴の仮執行宣言付判決の送達がありまたは判決確定に至っても、不許を宣言された強制執行は、その時点ではまだ当然には失効ないし終了するわけではなく、このような仮執行宣言付判決または確定判決が執行機関に提出されてはじめて、執行機関が強制執行を終局的に停止しまたは執行処分を取り消すことになる（民執三九条一項一号・四〇条一項）。そこで、もし執行が違法になるのが判決の形成力によるのであれば、請求認容判決の確定または仮執行の宣言によりただちに執行の停止・取消しをしなければならないはずだ、との批判が形成訴訟説に加えられるのであるし、この時間的ギャップの存在が命令訴訟説のひとつの裏付けともされるのである[63]。

この点は、少なくとも請求異議の訴えについては、形成訴訟説をとる障害には全くならない。特定の債務名義に基づく強制執行の不許を宣言する請求認容判決の確定と同時に当該債務名義の執行力が消滅し、それによって訴訟目的たる形成は果たされたというべく、その間のギャップはない。この判決正本の提出に伴う強制執行の停止・取消しは、反対名義の提出を要件とする法定の措置とみれば足り、判決の本来的内容とみるのが当をえないことは、すでに命令訴訟説に対する批判として述べた（二一七頁以下）とおりだからである。また、現実にはほとんど起きないであろう事態だが、請求異議認容判決の確定後に債権者が当該債務名義につき執行文の付与を申し立てた場合にも、執行文付与機関が独立にかつ自己の責任においてなす調査により請求異議認容判決の確定を知るに至ったとすれば、中立てを却下して差支えなく、判決正本の提出をまつまでもないであろう。

(35) 詳細につき、中野・強制執行・破産の研究二四頁以下を参照されたい。
(36) 訴類型の定立における機能的考察の必要につき、三ケ月・民事訴訟法研究一巻二六二頁以下参照。なお、小室直人・ジュリスト別冊法学教室〈二期〉二号一三四頁以下、飯倉一郎・ジュリスト増刊民事訴訟法の争点一三八頁など。
(37) 中野・強制執行・破産の研究一八頁以下参照。
(38) 竹下・法曹時報二九巻五号七五〇頁。（ただし、第三者異議の訴えに関する。）
(39) 代表として兼子・強制執行法九四頁。なお、竹下・法曹時報二九巻五号七五〇頁以下参照。
(40) 旧稿において、私は、請求異議判決の理由中の判断につき争点効を認めることによって後訴における同一事由の再主張を排除できようと説いたが（中野・強制執行・破産の研究三一頁）、争点効では前訴における当事者の攻防、訴訟追行のあり方に依存するゆえに、必ずしも適切な結果を導きえないことは、竹下守夫教授（法曹時報二九巻五号七五〇頁以下）の批判されるとおりである。ただし、後述三六〇頁以下をも併せて参照されたい。
(41) Stein-Jonas-Münzberg, a. a. O., § 767 I 1.
(42) 兼子・強制執行法一〇頁以下、竹下守夫「強制執行における実体法と手続法」私法三五号一九頁以下、とくに二三頁以下など。

(43)　中野貞一郎「執行救済としての訴訟」小室＝小山還暦・裁判と上訴下三〇九頁以下、とくに三二七頁以下（本書二二五頁以下）参照。

(44)　請求異議訴訟における判決の既判力につき、将来の検討を留保しつつ述べた旧見（中野・強制執行・破産の研究三一頁・三四頁注一七）を、以下のように補正したい。

(45)　Vgl. Rödig, Die Theorie des gerichtlichen Erkenntnisverfahrens. Die Grundlinien des zivil-, straf- und verwaltungsgerichtlichen Prozesses, 1973, S. 96. 以下の記述については、同書から示唆を受けたところが大きい。なお、同書の紹介として、栗田隆・民事訴訟雑誌二六号二二六頁以下参照。

(46)　給付判決と確認判決との区別につき、しばしば、前者における給付命令の存在が重視され（たとえば、中村宗雄・訴と請求並に既判力三一三頁以下は、給付判決を、被告たる債務者に給付を命ずる命令判決である、とする）、あるいは、給付判決と確認判決とをとわず、判決は当事者双方に対して判決内容に従うことを命ずる国家の権力行使であり、国家の命令たる性格をもつ（兼子一・実体法と訴訟法一五八頁以下）、と説かれる。しかし、給付判決によって既存の債務が新たな法原因を与えられる（判決債務）わけではなく、兼子博士のように確定判決のなかに国家権力に支えられた権利関係の実在性をみるのでないかぎり、給付の「命令」に格別の意義を見出すことは、困難なように思われる。判決の内容は、判断表示に尽きる。この判断表示にどれだけの機能が、法共同体の構成上、委ねられているかによって、判決の性質も決まってこよう。現代法にあっては、判決において「命令」されるべき内容は、法政策的な考慮に従いつつ予め法の定めるところであり（裁判の予測可能性）、判決において法的状態が確認ないし宣言されれば、それに基づいて法の強制装置を所定の態様において作動させることができ（既判力、執行力）、債務者よりする、判決内容に対応する挙動を引き出す意味はないとともに、当事者としては、裁判所に命令されなくとも、判決に示された法的状態に従って任意に債務を履行するなど、紛争関係を自主的に規整することは、もとより可能である。裁判所は、法的状態を確認ないし宣言すれば足り、判決の効力は、この確認ないし宣言に法的効果を結びつけている規範によって定まるのであって、判決がどのような効力を生ずるかを判決じたいにおいて表示する必要は必ずしもない。給付判決と確認判決は、このような判決の効力により区別されるというべく、いわゆる、強制執行のできない給付判決なるものは、実質および効力において確認判決と全く異なるところはない。以上のようにみることによってはじめて、裁判所の判決による紛争関係の規整を、当事者相互間の折衝による私的な法発見による自主的規整、および、訴訟以外の裁判上の手続（和解・調停）による、執行力に連なる公的規整等と共通の基盤において、連続的に理解することができるのではなかろうか。Vgl. Rödig a. a. O., S. 51 ff., insbes. S. 63 f., 83 ff., 95 ff., 103 f. なお、中野・民事執行法上巻一五五頁参照。

(47) 三ケ月章・民事訴訟法（法律学全集）四五頁以下、本間義信「形成力について」民事訴訟雑誌一四号五八頁以下、とくに六七頁以下（詳細な論証を含む）など。なお、兼子一・実体法と訴訟法一六四頁参照。ドイツにおける多数説でもある。反対説として、鈴木正裕「判決の法律要件的効力」山木戸還暦・実体法と手続法の交錯下一四九頁以下、とくに一五三頁は、判決主文に照応した効力としての形成力と、判決が存在するという一事でもって法律関係に変動を招来する効力としての法律要件的効力との峻別を説く。

(48) 近藤完爾・執行関係訴訟〔全訂版〕二二七頁以下に詳細・的確な分析がある。

(49) 近藤・執行関係訴訟二三〇頁。

(50) 伊東・民事訴訟法の基礎理論一一二頁以下・一一九頁以下参照。

(51) 形成訴訟説を確立したと目されるヘルヴィヒが、請求異議訴訟における判決は執行力の排除に向けられているだけでなく執行債権について裁判するものであるとし、執行債権の存否につき既判力による確定を認める態度をとっていたこと（Hellwig, Anspruch und Klagrecht, S. 166 Fußn. 12）は、注目に値いしよう。もっとも、ヘルヴィヒの所説は、後続の論者による、形成訴訟の訴訟物＝既判力対象としての形成権を措定する方向での形成訴訟説の純化の過程において空しくかき消されていったのではあるが。Vgl. Oertmann, Die rechtliche Natur der Vollstreckungsgegenklage, AcP 107. Bd. S. 199 ff., insbes. S. 239.（執行債権の存否の確定は、債務不存在確認の訴えとの併合や中間確認の訴えによるべきだとする。）

(52) 請求異議訴訟の判決に執行債権の存否についての既判力が生じうることを認める以上、同一の請求権に関し同一当事者間で債務不存在確認訴訟と請求異議訴訟とが併行する場合には、前者につき確認の利益を否定すべきであろう。旧見（中野・強制執行・破産の研究二九頁以下）を、右の限度で改めさせていただく。

(53) ただし、民事執行法の解釈としては、仮執行宣言付未確定判決が債務名義である場合でも、当該訴訟がすでに上告審係属中である場合には、執行債権の消滅等の事実を上告審で主張することができないから、やはり、請求異議の訴えの提起が許されると解すべきである。旧法当時の論議につき、中野・強制執行・破産の研究二九頁参照。

(54) 中野・強制執行・破産の研究一三頁以下参照。

(55) Weismann, Lehrbuch des deutschen Zivilprozeßrechtes, II. Bd. S. 98. 松岡義正・強制執行要論上巻六六四頁。

(56) 中野・過失の推認二〇八頁以下参照。

(57) 本件につき、ヘンケルは、次のようにいう。問題は、要するに、請求異議訴訟で敗訴の確定判決を受けた執行債務者が後に不当執行を理由に損害賠償を請求できるかどうかである。しかし、本件の訴えでは、原告側は、訴訟戦術としてであろうか、債務承認の当時になされた債権者側の通知義務違反等の行為を損害原因たる加害事実と構成したため、連邦大審院としても、これに応ずるような判示の仕方をしている。しかし、じつは、損害は、直接には執行（本件では一般執行としての破産）によって生じた。執行が債権者の違法な行為といえるかどうかが、正しくは問題なのであり、それは、債権者の債権の存否にかかわるわけなので、請求異議訴訟の棄却判決によって強制執行の適法性ないし執行債権の存在が既判力をもって確定されたかどうかが検討されるべきであった。原告側の主張事実に対する遮断効も、執行の適法性なり執行債権の存在についての判断に反する事実として生ずるものでなければならない、と。Henckel, Prozessrecht und materielles Recht, 1970, S. 224 Fußn. 145.

（58）本文で以下に述べるツォイナー、ヘンケルおよびガウルのほか、Schönke-Baur, a. a. O., S. 212; Mohrbutter, a. a. O., S. 131 など。なお、この判決を挙げてはいないが同旨の結論を示すものとして、vgl. Blomeyer, AcP 165. Bd. S. 494; Schlosser, a. a. O., S. 105.

（59）法的意味連関（rechtlicher Sinnzusammenhang）に基づいて判決理由中の判断にも既判力を認めようとするツォイナーの理論（Zeuner, Die objektiven Grenzen der Rechtskraft im Rahmen rechtlicher Sinnzusammenhänge, 1959）については、わが国でも、しばしば紹介されている。ここでは、彼の所論に関する最近の西ドイツにおける批判と対応とを克明に追求した吉村徳重「判決理由の既判力をめぐる西ドイツ理論の新展開」法政研究三九巻二～四合併号四五三頁以下、とくに四五八頁以下を挙げるにとどめよう。

（60）Zeuner, ZZP 74. Bd. S. 191 f.（ここにとり上げた連邦大審院一九六〇年五月三〇日判決の批評である。）

（61）Henckel, Prozessrecht und materielles Recht, S. 224 ff. なお、判決理由の拘束力に関するヘンケルの理論につき、吉村・法政研究三九巻二～四号四七一頁以下参照。

（62）Gaul, Das Rechtsbehelfssystem der Zwangsvollstreckung—Möglichkeiten und Grenzen einer Einfachung, ZZP 85. Bd. S. 260 f.

（63）Blomeyer, AcP 165. Bd. S. 491; Bettermann, Festschrift für Weber, S. 90; 竹下・法曹時報二九巻五号七五〇頁参照。ただし、それぞれの所説は、統一的でなく、後二者は、第三者異議の訴えに関する。

（吉川博士追悼論集・手続法の理論と実践・下巻・一九八一年）

8 執行力の客観的範囲——承継執行と転換執行——

一 既判力の範囲と執行力の範囲

1 既判力の客観的範囲については、民事訴訟法上明文の規定（民訴一九九条）があり、豊かな研究成果も存するが、執行力の客観的範囲については、特段の規定がなく、学説としては、一般に、執行力の主観的・客観的範囲はともに既判力のそれに一致すると説き、それ以上に立ち入ることをしないのが普通である。既判力の客観的範囲に関し訴訟物論争に伴う見解の相違がみられるのは周知のとおりであるが、「既判力の客観的範囲」＝「執行力の客観的範囲」という定式の正当性については論者の間に今なお一致がある。この定式が、既判力を伴わない債務名義一般についても、債務名義に表示された給付請求権の限度でのみ執行力があるというかたちで推及されているのである。しかし、強制執行をめぐる個別問題に関しては、のちにとり上げるように、右の定式との矛盾を含む発言が少なからず見受けられるのであり、現時点において再検討を加える必要があるように思われる。

(1) と (2) は上記の注番号: 執行力の客観的範囲について[1]、普通である[2]。

2 執行力の客観的範囲を既判力のそれに同じとする通説には、つぎのような疑問がある。

(1) もともと、判決内容たる法判断の後訴における通用性としての既判力の範囲とその判決で命ぜられた給付の内容を強制執行によって実現できる効力としての執行力の範囲が当然に一致しなければならないとされる根拠は、どこにあるのだろうか。既判力は、司法の領域の内容において、すでに判決をもって公権的判断が示された事項につき後訴において再び裁判所の判断がなされる場合に、同一の判断枠組と結論の維持を要求することによって法的安定性を確保しようとするものであるのに対し、執行力は、判決によって命ぜられた給付の内容を強制的に現実化する作用であり、合目的性の理念に指導される。したがって、実体法に照らしての強制執行の当否が問題となる訴訟（請求異議訴訟や執行による不当利得・不法行為に基づく訴訟など）において執行債権についての既判力が訴訟物の判断について重要な意味をもつのは分かる。しかし、どの範囲で強制執行を実施できるかということも既判力の範囲によって画定されるのだというならば、その論拠を説明する必要があろう。たしかに、確定判決の主文において既判力をもって確定されたα請求権につき、その実現のために強制執行が実施されるというのが法律の予定する原則的場合であるが、それ以外のβ請求権について執行がなされる例外――執行債権が転換されるという意味で転換執行とよんでおこう――も現行法上ないわけではないからである。そのような例外として、とくに、いわゆる適格継承人に対する承継執行（民執二三条一項三号・二項・二七条二項）の場合および不作為義務についての違反結果除去の強制執行（民四一四条三項、民執一七一条）の場合（そのほか民執四二条二項参照）が挙げられるが、のちにとり上げるように、解釈上、債務名義に表示されていない請求権についての強制執行の可否が問題となっている例は、ほかにも少なくない。

(2)　まして、既判力を伴わない債務名義について、その執行力の客観的範囲を、既判力ある場合に同じとするのは意味をなさない。しかも、既判力を認めようとすれば認めることができるような、具体的請求権についての明確な判断がそこに盛りこまれているとも限らないであろう。とくに、和解調書や調停調書では、特定の動産なり不動産の引渡し・明渡しが定められているがどのような請求権に基づくものかを明示していないものがむしろ多数を占めるといわれる。[3] 高権的法律判断によらぬ任意的紛争解決を本旨とする以上、和解・調停において法律的に厳密な請求権の性質決定をつねに要求することはできないであろうし、そのような性質決定を明示しない調書に執行力を否定することは明らかにゆきすぎと考えられる。従って、この場合でも執行力の客観的範囲を画定できなければならない。通説の立場では、これをどのように説明するのだろうか。

(3)　債務名義の取得には、しばしば多大の時間・費用・労力を必要とし、あるいは事後に再びつかむことのできないチャンスが利用されている。既判力をもって確定された請求権に変化が生じ、そのままの執行ができなくなった場合でも、ただちに債務名義を新たに取得することは必ずしも望めない。従来の債務名義に基づいて新事態に即し新請求権の満足のために強制執行をすることも、もし、関係人の手続権保障に問題がなく当事者間の衡平にもかなうならば、認められてよい場合がありそうに思われる。

(4)　執行力の客観的範囲というのは、要するに、その債務名義によってどの範囲で強制執行ができるかということであろう。それならば、むしろ端的に、その債務名義の解釈によって執行機関が強制的に実現すべきものと認められる給付利益（執行利益）の範囲によって決まるといってはいけないのだろうか。それを特定の請求権と直結して観念する必要は、既判力とは異なり、執行力については、ないように思うし、かえって妥当な結論を導く妨げとなるのではなかろうか。

3　本稿は、右のような疑問に基づき、執行力の客観的範囲が問題となる若干の局面について検討しようとするものである。手がかりとなる現行規定の存する承継執行および不作為執行の場合を主な対象とし、そのうえで他の諸場合に言及することにしたい。

(1)　執行力についても、形成的確定力と実体的確定力（既判力）の区別になぞらえて、形式的執行力と実体的執行力とが区別される。Vgl. Gmelin, Die Vollstreckbarkeit nach Reichscivilprozessrecht, 1898, S. 23 ff. 前者は、債権者に対し、それ以上の行為を要せずに強制執行の開始のための資格を与える効力を指し（例、「執行力のある債務名義」民訴二七〇条ノ二、民執九〇条）、後者は、名義の内容を執行によって実現できる効力を指す。ここで問題とするのは、もちろん、後者の意味の執行力である。なお、強制執行の基本概念として、強制執行により満足を与えられるべき実体私法上の請求権を指すのに「執行力ある請求権」（vollstreckbarer Anspruch）という用語が今日でも用いられるが、強制執行の公法的把握のもとでは、執行力を有するのは債務名義（執行名義）であって実体私法上の請求権じたいではなく用語として適当とはいえない。本稿では、さしあたり、執行債権とよんでおく。

（2）　たとえば、兼子一・民事訴訟法体系三五一頁は、「執行力も、判決主文について認められる」とし、小山昇・民事訴訟法〔二訂版〕三八六頁は、「判決の執行力の範囲は、原則として、物的にも、人的にも、既判力と一致する」と説く。他の概説書における説明も、ほぼ同様である。加藤正治・民事訴訟法要論二九二頁、齋藤秀夫・民事訴訟法概論四〇九頁、新堂幸司・民事訴訟法四三九頁、菊井維大・強制執行法（総論）三五頁、中野＝松浦＝鈴木編・民事訴訟法講義（大学双書）四七二頁〔上田徹一郎〕など。その間にあって、三ヶ月章・民事訴訟法四一頁が、この定式に従わず、かえって確認訴訟との対比における給付訴訟の特質を強調し、既判力を第一次的なものととらえ執行力はこれに附随するにすぎぬとみるわが国の有力説は反省さるべきであろう、と説いていたこと、および、近藤完爾・執行関係訴訟〔全訂版〕三三三頁・三三五頁以下が執行力の客観的範囲の拡張につき注目すべき試論を提出していたこと（後述二八一頁以下参照）は、甚だ注目に値する。

（3）　後掲（注31）に掲げる大阪高判昭和四六年一一月三〇日判例タイムズ二七七号一五九頁は、これを明言する。中務俊昌＝川村俊雄「口頭弁論終結後の承継人と判決の効力」実務民事訴訟講座2六六頁も同じ。なお、後述二五六頁以下参照。

二　承継執行における起訴責任の転換

1　承継執行が確定判決によってなされる場合でも、その承継執行によって実現される給付義務が債務名義たる判決の既判力によって確定された給付義務と必ずしも同一でないことは、かねて諸家の指摘されるところである。[4]　適格承継説の立場に立つかぎり、[5]承継執行は、判決の基準時以後に訴訟物たる給付請求権（給付義務）の主体となった者（相続や債権譲渡・債務引受などによる承継人）に関してだけでなく、適格承継人に対してまたはそのためにも認められる。後者にあっては、たとえば、地主甲の不法占拠者乙に対する家屋収去土地明渡請求権を既判力をもって確定した判決に基づき、乙から既判力の標準時以後に右家屋を譲り受けあるいは賃借した丙に対する甲の、既判力によっては確定されていない明渡請求権が承継執行によって実現されることになるし、また、貸金返還債務につき給付判決の確定後に保証を引き受ける者が現われた場合につき、かりに判決効の拡張を認めるとしても、保証人が拘束されるのは確定判決の主文における主債務の存在の判断に限られ保証債務の存否に及ばないのに対し、もし執行力の拡張が認められるとすれば、保証債務が強制執行によって実現される結果を生ずる。鈴木正裕教授の表現をかりれば、「既判力の拡張の場合は、承継人は他人間の権利義務の存在を承認するだけで足りる」のに反し、「執行力拡張の場合は、被拡張者はみずからの権利について執行を受ける」わけである。[6][7]

このことは、前者の場合、つまり訴訟物たる権利義務が同一性を保って移転する場合にも異ならない。原告甲が被告乙に対して確定の給付判決を得た債権につき甲からその譲渡を受けた丙が乙に対して、あるいは甲が被告乙の相続人丁に対して執行する場合でも、乙の丙に対するあるいは丁の甲に対する給付義務は前訴判決の既判力によって確定されているわけではないからである。もちろん、強制執行の基本となるのは執行文の付された債務名義の正本であって（民執二五条本文）、債務名義じたいではなく、債務名義の正本に承継執行文の付与を要するが、その承継執行文の付与に当たっては、債務者の審尋を必要とせず、その異議の有無を斟酌しない（民執二六条一項・二七条参照）。執行文付与の訴え（民執三三条）の原告勝訴判決に基づいて承継執行文が付与されるときでさえ、承継人に対するまたは承継人の給付請求権は、右確定制決により既判力をもって確定されているわけではないのである。とすれば、強制執行の基本要件たる、一般に執行債権の存在および範囲にあらかじめ債務名義において確定されていなければならないとの要求が、なぜ、承継執行の場合に後退せしめられるのか、という疑問が生ずる。しばしば争われる、承継執行の認められるべき承継人の範囲に関する各個の問題も、本来、右の疑問に対する理論的解明なしには決着をつけることができないと考えられるのである。

2　このように承継執行では、債務名義にそのまま表示されていない請求権の満足のために強制執行がなされることになる。この事態は、債務名義の必要性との関連においてどのように理論づけられるべきか。理論構成の試みとしては、つぎのような諸説を挙げることができる。

（1）　要件事実共通説

債務名義に表示された請求権を理由づける事実に承継の事実をプラスしさえすれば承継人のまたは承継人に対する請求権が理由づけられることになる場合に、承継執行が許されるとし、両請求権の要件事実の共通を要件とする。承継執行論の古典たるアルフレート・シュルツェの「承継人のためのおよび対する債務名義の執行力」（Alfred Schultze, Die Vollstreckbarkeit der Schuldtitel fur und gegen die Rechtsnachfolger, 1891）がとっている見解である。シュルツェは、つぎのようにいう（S. 38 f.）。「執行力は、債権の訴訟上の確定の効果であり、この確定はまた、債権を成立させるために民法上必要な諸事実（Tatumstände）が当の事件において存在すると認定されることの効果である。従って、承継執行の規定により第三者が主体の交替後に自己に属する実体上の債権のための執行力を要求できるためには、彼のこの債権の正当化のために私法上必要なすべての事実があらかじめ確定されていなければならない。しかし、それらの事実のなかで特別の訴訟上の形式による特別の証明によらせているのは、ただひとつ主体変更の事実だけなのだから、他の諸事実は、すでに当初の判決で確定されていなければならない。それゆえ、なさるべき審査は、(a)執行力ある債権につき実体上主体の交替が生じたか、および、(b)いまや新債権者に属するような状態における実体上の債権は、もとの債権者の債権のために必要な基礎を与え、かつ、判決のなかですでに確定されたのと同じ要件事実（Tatbestand）に基づいているか、の二点に尽きる」。また、係争物の譲渡を受けた債務者の承継人に対する執行についても、そこでの「係争物」は「第三者に対する有効性を具えた権利の対象」であることを要し、「民法上、もとの債務者に対してと同じ要件・態様において彼から自己の権利をひき出す者に対して有効でなければならず、それも、同じ具体的な要件事実がただひとつ承継の事実と結びつきさえすれば承継人に対する訴えを正当化するであろうほどに有効でなければならず」、その「譲渡」も、「前主に対してなされた判決上の給付命令が事実上承継人に対する強制執行の方法でそのまま実行されうるような性質のものでなければならない」（S. 100 ff.）と。[8]

(2)　依存関係説

強制執行により実現される請求権が債務名義に表示された請求権に依存する点に、承継執行における執行債権転換の是認根拠を求める見解である。

詳細な理由づけを展開したのは、ベッターマン（Bettermann, Die Vollstreckung des Zivilurteils in den Grenzen seiner Rechtskraft, 1948）である。彼は、大要、つぎのようにいう（S. 43 ff.）。「法律が、このような先行の裁判なしに執行を許し、執行当事者以外の者に対する確定だけで満足している理由を尋ねるならば、その答えは、つぎのとおりでしかありえない。すなわち、執行された請求権が、確定された請求権と同一であるか、それとも、これにひろく（weitgehend）依存しているか、のいずれかであるからだ、と」。第三者の執行担当は、両請求権の同一性（＝極度の依存性）ある場合に当たるが、承継執行の場合には、承継人の債権債務は、前主のそれに由来するゆえに依存的（abhängig）である。つまり、法律は、承継人に関し執行前に裁判を先行させることをすべて断念したわけでなく、執行当事者間の権利関係についての裁判の先行だけを断念したにすぎず、先決的法律関係の確定、訴訟当事者間の法律関係の確定をもって充分としたのである。「少なくとも、執行されるべき請求権にとって先決的な法律関係について法的確実性（Rechtsgewißheit）が存在しなければならず、しかも、訴訟当事者間においてだけではなしに、かえって、とくに執行手続の当事者間においてもそうでなければならない」。「従って、判決の執行力の第三者への拡張の要件は、既判力の拡張」（S. 44）であり、それが「第一の、そして最も重要な要件」（S. 46）なのである。

しかし、ベッターマンによるも、既判力の拡張だけで充分とされるわけではない。執行債権が既判力をもって確定された請求権に依存することが必要であり、しかも、その依存の程度――それが決定的なのだが――としては、「執行されるべき請求権は、相違がほとんど起こりそうにない（unwahrscheinlich）程度に、裁判のあった請求権と一致しなければならない」（S. 46）。他人が取得した判決に基づいて第三者が執行できるためには、債務者の側で、前者には対抗できないが後者には対抗できるというような抗弁事由（Einwendungen）をもつ可能性がほとんどない場合でなければならないし、他人に対して取得した判決をもって第三者に対し執行できるためには、後者が前者と全く同様に債務ないし責任を負い、独自の抗弁事由をもつことがほとんどない場合であることを要する。「第三者に対するあるいは第三者のこのような〔他人間の判決の既判力によって遮断されない〕抗弁事由が原則的にまたはしばしば予期されなければならないところでは、執行されるべき請求権あるいは執行債務者の責任をあらかじめ確定することなしに彼に対する執行を許し、もし抗弁事由があるなら請求異議訴訟を提起してこい、それ以外の方法はとらせぬ、というのでは、執行債務者の利益をゆえなく切りつめることになる」。「このような抗弁事由の稀少性こそ、まずとにかく執行を開始させて、その執行を受ける者に、これらの抗弁事由についての起訴責任（Prozesslast）を引き受け、起訴責任の転換を忍受するのを期待することを正当づけうる」（S. 47）。承継執行を認めた「立法者の考えというのは、実体的真実なり正義は、それをあらかじめ保障することが通常よぶんなことであり、手続の単純性・経済性・迅速性の要求に背馳するであろう場合には、事後的に貫徹すれば足りる、というにあるが、この考えが妥当するのは、人的な抗弁事由が稀な場合だけである」。「債務者が新たな訴訟のかたちでの新規の権利保護を通常必要としないという場合および局面でのみ、この保護の必要に優先する地位を訴訟経済に与えることができるのであり、執行当事者間の法律関係についての明確性をもたらすべき新たな訴訟を提起することを、債権者ではなしに債務者の負担とすることができる」（S. 47）、と。(9)

このベッターマンの見解は、ドイツにおける代表的な学説としてしばしば引用されるが、必ずしも一般的に受容されているわけではなく、有力な学者による反対もある。ことに、シュタイン＝ヨーナスの民訴法大コンメンタールでは、執行力の拡張は既判力の拡張とは異別の立法者的考慮にかかるもので、両者の範囲は必ずしも一致せず、執行力の拡張につき独立の限界設定が必要である、と説き、ブルンスも同様の見解を示している。(10)ただし、いずれにあっても、執行力の拡張に関しどのような事項が基本的前提として考慮されるべきかについて、なんら具体的に述べるところがない。

(3)　権利確認説

わが国では、既判力の拡張を受けるべき口頭弁論結後の承継人の範囲につき、適格承継説が有力に主張されているが、適格承継人に対する執行力の拡張を認める場合に、未だ確定されない、承継人に対する請求権について、その満足のために強制執行が許される理由を論ずる者は少ない。そのなかで、吉村・新堂両教授の所説が注目される。すなわち、承継執行にあたっては、承継執行文付与に関する手続のなかで承継人の、あるいは承継人に対する給付請求権につきそれなりの裁判上の確認がなされるのだ、とされるのである。

承継執行における執行債権転換の許容根拠という問題をわが国ではじめて明確に提示されたのは、吉村徳重教授（「既判力拡張と執行力拡張」法政研究二七巻二・三・四号二一五頁以下、とくに二二四頁以下）であるが、教授は、「執行力は常に実体法上の請求権の存在を前提し、権利承継による執行力拡張も承継人についての請求権の推定を基礎とした制度」であるとし、前主に対し確定された請求権についての適格承継（＝実体法上の依存関係）の確認→承継人についての請求権の存在の推定→承継人への執行力の拡張、という図式を立てる（同二二五頁）。そこから、裁判長の命令による承継執行文の付与（民訴五一九条・五二〇条）は、「例外的な略式訴訟の一種」とされ、執行の能率的・合目的的な実現という行政作用的な要請に応ずるために承継人の異議の不斟酌、審尋不要という手続上の特則を認めたもので、承継人の異議が予想される場合には執行文付与の訴え（民訴五二一条）によるべきで、この訴えも、「権利承継の確認を通じて、更に承継人についての現存の請求権を確認し、執行力の取得を目的とする、むしろ給付訴訟に類した特殊の訴訟法上の訴」なのだ（同二二六頁）、と説く。同様の見解は、新堂幸司教授（「訴訟当事者から登記を得た者の地位」判例評論一五二号・一五三号、とくに一五三号七頁以下）によって、具体的な例証を挙げつつ、より明確に展開されている。新堂説では、「執行力の拡張を認めるかどうかの判断は、相手方と承継人との間の新紛争（後訴）に対する解決内容を示すことと同義」であり、「執行力拡張の当否を判断して相手方と承継人との間に簡易に執行正本を形成する作業は、相手方と承継人との間の新紛争に対して――簡易にではあれ――本案の審理をすること（相手方と承継人との間に定立される新請求の当否の審理をすること）であり、その審理にもとづいて給付義務を確認しその執行の可否を定めるという作業」にほかならず、既判力拡張の場合と異なって、承継人の固有の防御方法の有無・成否の確実な予測のもとに承継人に対する給付請求権の存否を正確に判断することが要請される。その反面、簡易迅速性の要請も強く働くから、結局、承継執行文付与の特別手続は、「被承継人に対する前訴の給付判決を挺子にして、強制執行可能な給付請求権をもつと推測される者のために、その義務を負うと推測される者に対して、簡易迅速に執行正本を作ろうという手続（傍点は原文）であり、執行文付与の訴えや執行文付与に対する異議の訴えにおける審判過程に至っては、「前訴の既判力を前提にして新たに承継人を相手に（あるいは承継人から前訴の被告に対して）給付訴訟が提起された場合と実質は少しもちがわない」（同一五三号八頁）、ということになるのである。

3　これらの諸説は、それぞれに承継執行制度の眼目にふれており、教えられる点が多い。しかし、必ずしも充分な説明が与えられているとはいえないように思われる。

(1)　シュルツェの要件事実共通説に対しては、ヘルヴィヒが、判決で確定されるものは訴訟物たる権利関係であって要件事実ではないという批判を加えている[11]。たしかに、承継人としては、債務名義たる判決に先行する弁論において事実主張の機会もなく証拠を提出することもできなかったのであって、判決理由中の事実認定に拘束されるいわれはなく、この点に既判力が生じないことは明文上も明らかである（民訴一九九条一項）。これに対し、ベッターマンは既判力をもって確定された請求権に対する執行債権の依存をいい[12]、「既判力拡張なければ執行力拡張なし」（Ohne Rechtskrafterstreckung keine Vollstreckungserstreckung!）とするのであるが、この所説にも疑問がある。とりわけ拘泥せざるをえないのは、いうまでもなく、既判力を伴わない債務名義の存在であり、これらについても執行力拡張を認める必要は既判力を伴う債務名義の場合とすこしも異ならない。ベッターマンは、この反論に答えて、既判力を伴わない債務名義においては、債務者が明示的かつ任意に強制執行に服することにより事前の請求権確定という原則的保護を自ら放棄したか（公正証書の場合）、それとも、執行してこようとする請求権の主張に対し異議を述べる機会を利用せずあるいは放棄したか（支払命令、裁判上の和解、仲裁判断、破産債権表における任意的確定の記載などの場合）のいずれかであるという。しかし、これらの場合でも、既判力拡張なしに執行力拡張を受けることになる承継人としては、自分がそのような保護ないし機会の放棄をしたわけでなく、とくに請求権の同一性を欠く適格承継の場合、そのような放棄が、たとえば収去されるべき家屋の譲受けや賃借によって承継されるものとはいえないであろう[13]。むしろ、確定判決から仮執行宣言付未確定判決、裁判上の和解、公正証書などに至る各種の債務名義に表示された請求権は、それぞれに程度の異なる法的確実性——兼子博士の表現をかりればそれぞれの程度における請求権の実在性[14]——を有するというべきで、執行債権の法的確実性は必ずしも既判力の程度まで高められる必要がないことを率直に認めるべきである。なぜなら、ここでは、後訴において既判力が作用する場合のような法的安定性の要求はなく、むしろ、合目的的な執行実施の可能性に対する要求が優位に立つからである。立法の沿革上も、ドイツ民事訴訟法典における承継執行の規定は、諸邦における既判力拡張規定の分裂状態をそのままに、その統一規整に先立っておかれたものであり（後述二四九頁参照）、解釈論としても、執行力拡張を認めた規定が既判力拡張を認める根拠のひとつともされる[15]。これらは承継執行の許容根拠が既判力でないことを示すひとつの証左といえよう。

(2)　権利確認説は、執行文付与手続において承継人についての現存の請求権が確認されるとするが、これは行きすぎた注文にならないか。口頭弁論も開かず、債務者の審尋も必要でない略式の手続で[16]「承継人の固有の防御方法の有無・成否の確実な予測」をし「承継人に対する給付請求権の存否を正確に判断すること」が、「一応の」判断としてにもせよ、立法者によって期待されているとは、とうてい思えないのである。論者は、「承継人の異議が予想される場合」（吉村）あるいは承継人の「固有の防御方法がかなり認容率の高いものである場合」（新堂）

には承継執行文の簡易な付与は認めるべきでなく、執行文付与の訴えによらせるべきだと主張するのであるが、[17]このような場合に属するかどうかが一義的に判定できないという難点があるほか、所説のような権利確認、「多くの場合にまちがいないであろうという蓋然性」の判断ができない限り施行文付与の訴訟を必要とするというのでは、その範囲で承継執行を認められるべき承継人に含めないのと実際上あまり変わらないであろう。あらかじめ簡易付与の申立てをしないでいきなり執行文付与の訴えを提起できるかどうかは説の分かれるところであるけれども、[18]いずれにせよこの訴訟は承継が証明書により証明できない具体的場合のための救済にすぎず、債務名義をすでに得ている者が承継人に関する訴訟なしに執行できる点にこそ承継執行を認めるメリットがある。当初から簡易付与の申立てができないような承継人ならば、給付の新訴を提起させた方が承継人に関する請求権の存否につき既判力ある判決が得られる点で、より優っているともいえよう。

4　私は、むしろ、ベッターマンのいう「起訴責任の転換」――強制執行における名義形成責任の分担といってもよい――の観点だけから承継執行の許容を根拠づけるべきものと考える（起訴責任転換説）。

現行の強制執行制度は、執行要件につき、形式主義（Formalismus）に徹している。執行債権の存否および範囲については、それがあらかじめ債務名義（積極的執行名義）たる文書において公証されていることを原則的に要求し、債務名義を基礎として行われる強制執行は執行債権の消長じたいによっては直接に影響を受けないものとする反面、債務者には請求異議の訴え（民執三五条）をもって執行債権の消滅・変更を主張することを許し、債務者がその勝訴判決を反対名義（執行消極名義）として執行機関に提出すれば、強制執行は排除される（民執三九条一項一号・四〇条一項）。裁判機関（名義作成機関）と執行機関の峻別という基本的建前に即し、債権者には、その執行債権をあらかじめ債務者の関与のもとに（またはその機会を与えて）債務名義上確定することを要求するとともに、債務名義と実体状態との不一致は、債務者のイニシァティヴによって形成された反対名義たる文書が執行機関に提出されないかぎり斟酌しないことにして、執行の適正と迅速という背馳する二つの理想の調和的実現を所期しているのであり、債務名義による執行の正当性は反対名義の提出による執行排除の可能性を見合いにしている。この二つのモメントのそれぞれにかけられる比重は、本来、さまざまでありうるはずで、一般の強制執行は前者に重く、担保権の実行としての競売は後者に傾斜するが、執行正本によらない配当要求のような中間形態もある。承継執行の制度も、このような名義形成責任の分担のうえに立つ。すなわち、承継執行文の付与を経てではあるが、債務名義としては被承継人についての債務名義だけで、承継人に対する債務名義なしに、承継人についての強制執行を許し、その正当性の保障を、執行が不当ならば出てくるはずの、承継人のイニシァティヴによって形成されるべき反対名義にかからせているのである。ここでは、債務名義と反対名義の形成責任をめぐって被承継人の相手方と承継人との間に手続上の利害が真向から対立するのであり、両者の間における実質的衡平の確保が問題であるといわなければならない。

もちろん、承継執行制度の骨子である、第三者が自己のまたは自己に対する債務名義なしに他人の受けた判決により執行できあるいは執行を受けなければならない基本的な理由は、その第三者が債務名義に記載された債権者・債務者の法的地位に基づいて自己の法的地位を取得した（承継）からでなければならない。これを、後者の法的地位の前者のそれに対する依存関係といってもよいが、規準としては抽象的にすぎよう。具体的な諸場合においてどのような事情があれば承継人として執行力拡張に与らせてよいだけの依存関係があるといえるかを判定するについては、むしろ、承継執行の許容根拠である、執行債権についての債務名義・反対名義の形成責任の分担に照らし、主として、以下に掲げる四つのファクターを考慮すべきものと考える。（以下には、叙述の便宜上、主として債務者側の承継の場合に即して述べることにする）。

(1)　債権者の既得的地位の維持（債務名義形骸化の防止）の必要性

本来ならば承継人に対する執行によって利益を享受する立場にある債権者が承継人に対する債務名義の形成の負担を免れてよい根本の理由は、債権者がすでに被承継人に対する債務名義取得のための努力を果たし、げんに債務名義を得ていて、承継さえなければ被承継人に対する執行により給付利益を収めうる地位にあった以上、この既得的地位が債権者の関知しない、また知ったとしてもどうにもならない債務者側の承継によって軽々に覆えされることを認めるわけにはいかない、という当然の要請にある。債務名義による執行当事者の固定がその後の責任主体の変動によって容易に債務名義の形骸化・執行阻止に連なるのを認めることは、債務名義の機能の否定となり容認できぬともいえるが、要するに、承継人に対する執行にために新債務名義の形成を要求することが当事者間の衡平をいちじるしく害し、債権者にとって余りにも酷な結果となることが放置できないのであって、沿革上、債務名義なり執行文の制度が確立される以前においても、すでに執行できる地位にあった債権者のために承継執行が認められ、またそのような取引上の要請が承継執行の可能範囲を拡大してきた（後述二五二頁以下参照）。承継執行の歴史は承継人に関する訴訟の省略（簡略化・不要化）の歴史にほかならないのである。

(2)　執行力の客観的範囲の同一性

債務名義上、その執行により債権者に帰すべきものと予定されえた給付利益（またはその量的・質的一部）じたいが承継執行によって実現されるのでなければならないであろう。異別の給付利益に異別の権利主張が結びつくのは当然であり、債務名義の転用を許すべきでない。たとえば、債務名義上引渡しを命ぜられた不法占有者から目的家屋の占有移転を受けた者に対して引渡しの承継執行を認めることはできても、その者が目的家屋を焼失させたことによる損害賠償金支払いまで承継執行文にうたいこんで執行することまで認めては、損害賠償義務につき承継人のための手続権保障にいちじるしく欠ける結果となる。訴訟物の枠を超えた承継執行を認めたシュルツェが、係争物の譲渡は判決上の給付命令が事実上承継人に対する執行の方法でそのまま実行されうるような性質のものでなければならないことを説いたのは、表現がやや厳格に過ぎるが（後述二五三頁以下参照）、右の趣旨をさすものとして正当と考える。

(3)　承継人に対する請求の有理性

債務名義の作成に関与していない承継人に対して執行することを認めるにしても、その手続権保障を全面的にそのイニシャティヴによる消極名義の作成にかからせることは当をえない。執行手続の開始じたいが承継人の法益に対する侵害にほかならないからであり、法が、承継人に対して執行できることが明白であるか、または債権者がそのことを証する文書を提出したときに限り承継執行文を付与することとし（民執二七条二項）、また、これに関して執行文付与の訴え（同三三条）および執行文付与に対する異議の訴え（同三四条）を認めたゆえんである。これらの訴訟が、承継人とされる者の給付義務（請求権）の確定を目的とするものでなく、むしろ、新たな給付訴訟の提起を省略し、対象を執行適格の承継の存否に限局した一種の要点訴訟として迅速な解決をはかろうとしたものであることは、別の機会に詳論したので[19]、ここでは立ち入らない。債務者の承継人とされる者に対する執行のため承継執行文の付与があった場合には、承継人の給付義務の不存在については承継人の側で請求異議訴訟を提起し、反対名義を形成しなければならないことになるのであるから、債権者側で分担する適格承継の証明は、債務名義における執行債権の表示とあいまって、もし承継人に対する新たな給付の訴えを提起するとすればそれにつけ加えて主張しないと請求がその主張じたい理由あるもの（有理性 Schlüssigkeit）とならないような事実に限られるものと解するのを適当とするであろう。この趣旨は、シュルツェの所論とも基本的に一致する[20]。それが承継執行の認められるべき承継人の範囲を画する規準としても有用であることは、後にも触れる。

(4)　承継人に関する手続権保障

債務者の承継人として承継執行を受けるものは、あらかじめ自己の給付義務の存否確定の手続に関与する機会を与えられずにその権利圏を侵害される結果となるから、承継執行に対し自己の給付義務の不存在・消滅を主張して請求異議の訴えを提起し、最終的に承継執行を排除する可能性が確保されていなければならない。このような手続権保障の存在が強制執行法のとっている形式主義との関連において承継執行の許容性を支える基本となることは、すでに述べたとおりである[21]。

以上は、債務者側に承継がある場合に即して述べたが、債権者側の承継がある場合についても、ほぼ同様なファクターを抽出することができよう。

5　承継執行の許容根拠を右のように分析することによって、同時に、執行力拡張を受ける承継人に範囲を画定する基礎が与えられる。すなわち、債務名義成立後（既判力を伴う債務名義ではその標準時以後）にそこに表示された当事者の一方の法的地位に基づいて自己の法的地位を取得した者であって、(a)その者のまたは対する右名義に基づく執行を認めることが名義における債権者の既得的地位の確保のために衡平上必要とされ、(b)執行力の客観的範囲を動かさず、(c)執行文付与の過程においてその者のまたは対する請求を債務名義の記載とあいまってそれじたい理由あるもの（有理性）とするのに必要な事実が債権者によって証明され、(d)債務者がこの執行に対し請求異議の訴えにより反対名義を形成する手段を保障されている場合には、その者のためにまたは対して債務名義の執行力が及ぶ、と解すべきである。この基礎に立って、私見の要点を摘記しておこう。

(1)　従来、「口頭弁論終結後ノ承継人」（民訴二〇一条一項）については、既判力拡張と執行力拡張とに共通しうる立論が志向され（民訴旧四九七条ノ二参照）、さらには訴訟係属中に参加承継・引受承継（民訴七三条・七四条）の認められるべき承継人の範囲との統一的理論構成のための努力が重ねられているが、それぞれにつき問題の内容を異にし、承継人といえるかどうかの判定に必要となる利益考量の諸要素に少なからぬ差異があることは、すでに新堂教授によって明確に指摘されている。[22] さらに、民事執行法に至って、条文上の根拠も別建てとなった（民執二三条）。執行力拡張の認められる承継人の範囲は、専ら、承継執行の許容される実質的根拠に即して独自に画定されるべきものと考える。

(2)　あくまで、債務名義のない請求権については強制執行を認めないのが裁判機関と執行機関の分離の上に立つ現行法の建前であり、ただ、名義成立後の適格変動によりたちまち債務名義が形骸化され、承継人に関して新たな債務名義の作成を要求することが債権者にとって余りにも酷である場合に起訴責任（名義作成責任）の転換を認めようというのであって、承継執行文が承継人に関して新名義に代わるわけではない。従って、債務名義に表示された請求権じたいの執行になんの支障もないところでは、承継執行を問題にする余地は、本来ないはずである。たとえば、主たる債務者が敗訴の確定判決を受けた場合、その執行力が既判力の標準時以後に保証を引き受けた者に及ぶかどうかについて、かねて議論が存するが[23]、右の理由で当然に消極に解すべきである。標準時以後の併存的（重量的）債務引受の場合についても、同様である[24]。

(3)　執行力の客観的範囲が同一であるかぎりでは、債務名義に表示された請求権の法的性質の差異は、承継執行文の付与に関しては、承継人に関する請求を債務名義の記載とあいまってそれじたい理由あるものとするのに必要な事実に差異を生ずるにとどまる。

特定物引渡（明渡）請求訴訟において勝訴した原告が、弁論終結後に被告から目的物の占有移転を受けた者に対し承継執行文の付与を受けて引渡しの強制執行ができるか、という問題は、「訴訟物理論における試金石の一つ」[25]とされ、周知のとおり、訴訟物論争との関連において多彩な議論が展開されているが[26]、未だ充分な解決に至っていない。ここで諸家の所説に立ち入って詳論する余裕はないが、承継執行を承継人に関する名義形成責任の衡平な分担の問題とみる私見の立場からの結論を示せば、次のとおりである[27]。(a)債務名義上、原告の所有権（その他の物権）に基づく引渡請求権が肯定されている場合には、これに弁論終結後の被告からの占有移転の事実をプラスすれば原告の新占有者に対する引渡請求はそれじたい理由あるもの（有理性）となるから、原告は、占有移転の事実を証明して承継執行文の付与を受けることができる。新占有者が被告からの占有移転を争う場合には、要点訴訟としての執行文付与に対する異議または異議の訴えによるべきであるが、目的物の善意取得（民一九二条）あるいは民法九四条二項の善意の第三者に当たるため債権者に対する関係で給付義務を負わないことを主張する場合には、請求異議の訴えにより反対名義を得てのみ、承継執行を排除できる[28]。ただし、原告と新占有者につき二重譲渡があったことになる場合に、対抗要件の具備が新占有者に対する引渡請求の有理性に属する事実として原告が承継執行文の付与を求めるにさいし証明しなければならないかどうかについては、対抗要件の主張責任・証明責任に関する一般論に従う。[29] (b)債務名義上、占有権に基づく引渡請求権が肯定されて引渡しが命ぜられている場合には、新占有者が被告の占有侵奪の真実につき悪意であったことがこれに対する引渡請求に対する有理性の要件となる（民二〇〇条二項）から、原告は、承継執行文の付与を受けるにつき、占有移転だけでなく新占有者の悪意を証明しなければならない。[30] (c)債務名義上、賃貸借の成立または終了等を原因とする債権的な引渡請求権だけが表示されている場合には、新占有者への占有移転の事実だけではこれに対する引渡請求はそれじたい理由あるものとはならないから、それに併せて新占有者が被告の引渡債務を引き受けた事実を原告が証明しないと承継執行文の付与は受けられない。(d)債務名義上、引渡しを命ずるにつき性質を異にする複数の請求権が併合的あるいは選択的に肯定されている場合には、原告としては、そのいずれを基礎として承継執行文の付与を申し立ててもよく、それに応じて右の(a)(b)(c)のいずれかによることになる。また、和解調書・調停調書の場合にそれが多いといわれるような、請求権の法的性質決定を明示しない引渡債務名義についても、名義上の債務者から占有移転を受けた新占有者に対する請求の有理性を、その債務名義におけると同様、包括的に判断することによって承継執行文を付与すべく、[31] 名義に包括的に表示された各個の具体的給付義務の不存在・消滅は新占有者の側から請求異議の訴えをもって主張すべきものと解する。[32]

なお、念のためにつけ加えると、右に述べた私見は、訴訟物理論につきどのような見解をとる場合でも妥当する。旧実体法説をとるか、訴訟法説（新訴訟物理論）なり新実体法説をとるかに関係なく、およそ給付判決がなされるかぎり、そこに特定の法的視点に従いなんらかの法的性質決定を伴う具体的な請求権の存在が肯定されていなければならないことは裁判として当然だからであり、そのような具体的請求権がそのまま執行力の客観的範囲を画するとみるかどうかの点に差異があるにすぎない。

(4)　承継執行に対して反対名義を取得するための手続が、承継人とされる者と相手方との関係において保障されていなければならない。この点が最も問題と思われるのは、登記名義の承継人に対する執行についてである。

(a)　買主甲の売主乙に対する移転登記請求において甲勝訴判決が確定したが、甲がこれに基づく登記をしない間に丙が乙からその不動産を二重に譲り受けその旨の登記を了した場合、この丙が民訴法二〇一条にいう承継人に当たるかどうかについて、未だ定説と目すべきものはない。しかし、消極説が有力なようである(33)。その理由としては、甲が登記を得ておらず先に対抗要件を具備した丙に自己の所有権取得を主張できないため、乙→丙登記の抹消登記請求（あるいは丙→甲の移転登記請求）をなしえない立場にあることが当然に重視されていようが、それだけならば、甲が乙→丙登記の無効あるいは丙が背信的悪意者であることを証明できる場合につき承継執行文の付与を否定する根拠とはなりにくい。私としては、消極説に賛成であるが、その理由としては、次の(b)と同様に、丙の手続保障に欠けるため起訴責任転換の基礎が欠ける点を挙げたい。

(b)　甲が乙に対して乙名義の無効登記の抹消登記を訴求し勝訴したが、その抹消登記を了しないうちに丙が乙から移転登記を得た場合、甲が右勝訴判決に基づき乙→丙登記の抹消（あるいはこれに代わる丙→甲の移転登記）のために承継執行文の付与を受けることの可否については、これまでのところ、積極説が支配的である(34)。私は、ここでも、消極に解すべきものと思う。たしかに、登記手続を命ずる判決による広義の執行についても、標準時以後債権者の登記完了までの間に債務者がその登記名義を他に移転させることによって債務名義を形骸化するのを防止する切実な必要があるといってよいであろうし、甲の丙に対する抹消登記請求の有理性についても欠けるところはないように思える。しかし、執行力の客観的範囲の同一性について疑問があるほか(35)、とくに、次の点で積極説に賛成できない。(i)くりかえし述べるとおり、承継執行文の付与は略式手続であり、解釈上このような場合に限ってつねに執行文付与の訴えによらしめることも、承継執行を認める趣旨と矛盾する（前述二四八頁以下参照）。丙としては、事前に全く審尋を受けないままで自己に対する承継執行文の付与がなされるという結果が、少なくとも現行規定を前提とするかぎり生じうるわけである。しかも、甲の得た確定判決なり承継執行文および甲の提出した証明書を事前または同時に丙に送達することは要求されている（民執二九条）けれども、これとこの判決に基づく甲の登記申請との間に時間的余裕をおくことは要求されていないし、登記官は実質的審査権を有しない。従って、丙としては全く不知の間に不当に自己名義の登記を抹消されることになりかねない。すでに登記名義が丙に移っている以上、丙の登記名義の抹消は、その不動産をめぐる他の取引上の利害関係人にも不測の影響を与えざるをえず、また、丙のこうむる損害は単純に金銭賠償により回復される性質のものとも限らないであろう。(ii)丙が自己の登記抹消義務の不存在を主張して請求異議の訴えを提起し登記抹消を防ぐことができるならば、まだ積極説の成立する余地もある。しかし、まさにその保障が欠けているのである。乙に登記手続を命ずる判決が確定すればその時点で、また請求の認諾や和解・調停ならば調書が成立した時点で、乙がその登記申請をしたのと同じ実体的法律効果を生じ、執行債権は満足を得て強制執行は完了する（民執一七三条一項本文）のであるから、その後は請求異議の訴えを提起する余地はなく、その提訴に附随する仮の処分としての執行停止命令の余地もない。(36)もちろん、擬制された登記申請の登記官庁への到達までは擬制されないのであるから、到達させる債権者の行為ないし登記手続につき請求異議や執行停止をかぶせていく見解もありうるが、(37)ドイツにおけると異なり登記官が裁判所から分離されその処分につき異別の救済体系をもつ行政庁となっているわが現行制度のもとでこのような解釈が許されるかどうかは甚だ疑問であるうえ、(38)かりに規定の類推を認めるとしても、右(i)に述べたとおり、現実に請求異議なり執行停止を利用できるための時間的余裕が与えられる仕組みになっていない点で、積極説の根拠とするに充分でないのである。(iii)債権者甲としては、あらかじめ仮登記処分（不登三二条・三三条）なり処分禁止仮処分を得て登記しておくことによって丙の出現に対処できたわけで、甲がそれを利用しなかったために丙に対する新訴の提起を必要とするに至るのは、登記が取引関係に立つ第三者一般に対する公示のための制度である以上、やむを得ないのではなかろうか。いずれにせよ、承継人とされる者に請求異議の訴えによる反対名義作成の手続が保障されない以上、起訴責任の転換としての承継執行を認めることはできない。

（4）　鈴木正裕「判決の反射的効果」判例タイムズ二六一号五頁注（8）、吉村徳重「既判力拡張と執行力拡張——占有承継の法的評価を契機として——」法政研究二七巻二・三・四号二二三頁以下、新堂幸司「訴訟当事者から登記を得た者の地位——争点効の主観的範囲に関する試論（その二）をかねて——」判例評論一五三号七頁以下など。先導的な役割を果したものに、ドイツにおけるベッターマンの所説（後述二四四頁以下参照）がある。

（5）「適格承継説」という呼称が、特定の具体的請求について決せられる当事者適格の概念をそのまま承継の前後において請求の異なる場面にもち出すことになり、当をえないことは、新堂幸司「訴訟当事者から登記を得た者の地位」判例評論一五二号・一五三号、とくに一五二号一一六頁、一五三号二頁以下の指摘するとおりと思うが、ここにいう「適格承継」は同教授の説かれるように「紛争の主体たる地位の移転」を指すものと理解したうえで、慣用に従っておく、なお、適格承継説およびいわゆる形式説・実質説に関しては、右新堂論文のほか、山木戸克己「訴訟物たる実体法上の関係の承継」法学セミナー三〇号四四頁以下、小山昇「口頭弁論終結後の承継人について」北大法学会論集一〇巻合併号二八頁以下、三ケ月章「特定物引渡請求訴訟における占有承継人の地位」民事訴訟法研究一巻二八五頁以下、中務＝川村・前掲（注3）五一頁以下、住吉博「訴訟と実体法秩序」判例評論一六九号一〇八頁以下、一五三号一二四頁以下、上田徹一郎・前掲（注2）四五八頁以下など参照。

（6）　私見は反対。後述二四九頁参照。

（7）　鈴木・前掲（注4）五頁。

（8）　シュルツェによれば、たとえば、物権的請求権に基づいて引渡しを命じた判決は、債務者から質権や賃借権の設定を受けあるいはたんに目的物の占有を承継したにとどまる者に対しても執行できるが、占有訴訟での給付判決は、目的物を占有する敗訴被告の承継人に対しては執行できない。この者に対する請求権の正当化のためには占有訴訟で確定された事実プラス承継の事実だけでは足らず、占有侵奪についての承継人の悪意の事実を必要とするが、悪意の認定については承継の事実とは異なり略式の証明が許されていないから、というのである（Schultze, a. a. O., S. 80 f.）。ただし、その当時の学説としては、むしろ占有承継人への承継執行を許す見解が多かったようである（vgl. a. a. O., S. 81 Fußn. 9）。債権的請求権の目的物の取得者に対する承継執行の可否についても、シュルツェは、第三取得者に対する債権は譲渡人に対して判決で確定された債権とは別の発生原因に基づくとして消極説をとり、取得者に悪意の挙動という非難が当たる場合に承継執行を認めるべきものとした当時の有力説に対し、このような事実は承継の要件事実に属せず、執行文付与のさいの簡易な手続では確定できない、と反対している（vgl. a. a. O., S. 81 ff.）。

（9）　例外的に、固有の抗弁の稀少性を問題とせずに執行力拡張を伴う既判力拡張の場合として、ベッターマン（a. a. O., S. 48）

は、第三者の訴訟担当または執行担当の場合、および、当事者恒定による訴訟の係属中の係争物譲渡があった場合における承継人（ド民訴二六五条）に関する執行の場合を挙げる。

(10) Stein-Jonas,ZPO,16.Aufl. § 727 I ; Stein-Jonas-Münzberg, ZPO, 19. Aufl., § 727 I ; Bruns-Peters, Zwangsvollstreckungs-recht, 2. Aufl., S. 40.

(11) Hellwig, Wesen und subjective Begrenzung der Rechtskraft, 1901, S. 92 f. なお、シュルツェの見解をとれば民訴法の他の規定（ド民訴三二五条・三三九条・二六五条・四四五条）とは異なる承継概念を認めることになるが、承継執行に関するド民訴七二七条は同三二五条を引用しているのだから、これは許されない、と批判する。

(12) Bettermann, a. a. O., S. 46.

(13) Bettermann, a. a. O., S. 40 f. 同旨、吉村・前掲（注４）二二五頁。

(14) 兼子一・民事法研究一巻一八一頁以下、同・増補強執行法五頁以下。

(15) Vgl. Hellwig, a. a. O., S. 49. 法律じたいが、ある人に対し債務が既判力をもって確定されたという事実に、およびそれ以上の事情の存在に、他の者に対して決定的な債務名義が得られうるという効果をかからせている場合には、右のそれ以上の事情のゆえにある人に対してなされた債務の確認が他の者に対する既判力を生ずることの承認が存する、と説く。

(16) 民訴旧五二〇条二項に規定する「債務者」――債務者の承継人に対する執行のための執行文付与が申し立てられるさいには、承継人とされる者を指すことになろう――の審尋は、必要的でなく、裁判長の裁量に委ねる趣旨と解するのが通説であった。菊井・強制執行法（総論）一一五頁、岩野ほか編・注解強制執行法(1)二二一頁〔丹野達〕、大阪高決昭和三六年一月二〇日下民集一二巻四三頁など。債務者だけでなく、債権者をも審尋できるかどうかについては、積極説（松岡義正・強制執行要論上巻五五五頁）と消極説（丹野・前掲二二二頁）がある。民事執行法は、裁判長による審尋も制度じたいを廃した。

(17) 吉村・前掲（注４）二二六頁、新堂・判例評論一五三号八頁以下。なお、齋藤編・注解民事訴訟法(3)三六八頁以下〔小室直人〕も同旨か。

(18) 積極説が支配的であるが（松岡・前掲（注16）五六六頁以下、兼子一・増補強制執行法一一四頁、丹野・前掲（注16）二二四頁、菊井・前掲（注16）一二〇頁など）、消極説もある（石川明・強制執行法（総論）概論五頁――証明書をもって容易に証明しうることが明らかな場合には訴えの利益を欠くとする）。

(19) 中野貞一郎「執行文付与に関する訴訟と請求異議」中田還暦・民事訴訟の理論下一六九頁以下、とくに一七八頁以下・一九六頁以下（同・強制執行・破産の研究六三頁以下・八二頁以下）。

(20) 有理性の観念については、本書二五二頁以下。

(21) 当事者として訴訟を追行した者に対する判決効の拘束の根拠を、その者が訴訟上当事者権――山木戸克己「訴訟における当事者権」民事訴訟理論の基礎的研究五九頁以下参照――を保障されたことに求め、当事者以外の者に対する既判力の拡張についても、当事者と別個に手続権を保障されるべきかどうかの観点から再構成しようとする志向が、近時、顕著となりつつある。とくに、上田徹一郎「判決効の主観的範囲拡大における法的安定と手続権保障との緊張関係と調和点」判例タイムズ二八一号四七頁以下、同「既判力の主観的範囲の理論の再構成――手続権保障の必要と当事者および第三者・試論――」民事訴訟雑誌二〇号一七〇頁以下参照。執行力拡張についても、同様の検討が展開されるべきものと思う。ただし、承継執行に関しては、既判力拡張の場合とは異なり、既判力対象とは異別の請求権をめぐっての手続権保障が問題となる点に注意を要する。

(22) 新堂・判例評論一五三号七頁以下。本稿を草するにつき、この力作に力づけられたところがまことに大きい。

(23) 直接には既判力拡張に関してであるが、訴訟物たる債務についての保証人も民訴二〇一条一項の「承継人」に当たるとするものに、兼子一・条解民事訴訟法上五二六頁、吉村徳重「既判力拡張における依存関係(三)」法政研究二八巻一号七六頁、小室・前掲(注17)三六七頁などがあり、消極説として、細野長良・民事訴訟法要義四巻二〇六頁、菊井維大＝村松俊夫・民事訴訟法Ⅰ(コンメンタール)六七五頁、鈴木正裕「既判力の拡張と反射的効果(一)」神戸法学雑誌九巻四号五二九頁以下、岩松＝兼子編・法律実務講座民事訴訟編六巻六七頁〔奈良次郎〕などがある。ベッターマンは、既判力拡張は肯定するが、執行力拡張については、保証人の検索の抗弁についての判断を執行文付与の手続および機関に委ねることはできないという理由で、否定している(Bettermann, a. a. O., S. 139 f., 229 f.)。そのほか、Stein-Jonas-Münzberg, a. a. O., § 727 II 2b; Bruns-Peters, a. a. O., S. 42 も執行力拡張につき消極説をとる。

(24) 学説は岐れている。既判力ないし執行力拡張につき消極説をとるものとして、松岡義正・新民事訴訟法注釈六巻一二四五頁、同・強制執行要論上巻二一〇頁、奈良・前掲(注23)六七頁、深澤利一・強制執行・競売の実務四二頁、長崎地判昭和三一年一二月三日判例時報一一三号二四頁(既判力拡張)など、積極説をとるものとして、雉本朗造・判例批評録三巻六三四頁以下、細野・前掲(注23)二〇五頁以下、中務＝川村・前掲(注3)六一頁、小室・前掲(注17)三六七頁、齋藤編・強制執行法講義二五頁以下〔石川明〕などがある。なお、免責的債務引受については、わが国では積極に解することにほとんど異論がない(ドイツでは、後者についても有力な異説がある)。

(25) 三ケ月・前掲(注5)二八八頁。

(26) 前掲(注5)所掲の各文献のほか、村松俊夫「訴訟と執行からみた占有の承継」法学新報六八巻七号四六三頁以下、奥田昌道「請求権と訴訟物」判例タイムズ二一三号一一頁以下、上田徹一郎「執行力の主観的範囲」小室編・判例演習講座民事訴訟法二一二頁以下、小室・前掲（注17）三六七頁以下など参照。最近の問題状況を明らかにし、とくに、訴訟物が物権的請求権か債権的請求権か、あるいは、取戻請求権（Herausgabeanspruch）か交付請求権（Verschaffungsanspruch）かという規準によって判決効拡張の有無を決しようとする見解に対する鋭い批判を展開したものとして、新堂・判例評論一五二号六頁以下、一五三号五頁以下が注目される。

(27)　念のためにいうが、以下の所論は専ら執行力拡張に関する。承継人の範囲が目的物の新占有者についての固有の実体的地位によって左右されるかどうかという点からいえば、実質説でなく形式説に属するといえようが、私見によった場合に執行力拡張を受ける承継人の範囲は、既判力拡張に関し一般に形式説の結論とされる範囲と必ずしも一致しない。たとえば、占有回収訴訟の敗訴者から基準時後に善意で目的物を取得した者を、既判力拡張について承継人と認めるか、これに対して承継執行文を付与するかは問題の実質を異にするからである。前述〇頁以下および後掲（注28）参照。むしろ、実質説・形式説というかたちの議論は専ら既判力拡張に限り、執行力拡張には関しない、と割り切るべきであろう。

(28)　目的物について弁論終結後に被告から占有移転を受けた者が自己の善意取得を訴訟上主張することは、債務名義たる判決の既判力によって妨げられない。このことは、弁論終結後の承継人の範囲についての形式説と実質説との間で説明の仕方に相違はあるが、一致して認められている。山木戸・前掲（注5）法学セミナー三〇号四七頁、小山・前掲（注5）北大法学会論集一〇巻四〇頁、三ケ月・民事訴訟法一七四頁などのほか、とくに、上田徹一郎「原始取得と既判力の主観的範囲拡張の限界」法と政治一〇巻三号五三五頁以下が詳しい。

(29)　村松俊夫・民事裁判の理論と実務一七七頁以下、霜島甲一「登記の有無についての主張責任」宮川＝賀集編・民事実務ノート一巻四五頁以下参照。物権変動を主張する側に主張・証明責任があるとする説（否認説）によれば、原告が承継執行文の付与を求めるにつき当初から対抗要件の具備を主張・証明しなければならないことになるが、相手方が対抗要件の欠缺を主張・証明すべきものとする説（抗弁説）や相手方が対抗要件の欠缺を主張するにつき正当な利益を有する第三者であることを主張・証明したときは主物権張変動を主張する側が対抗要件の具備を主張・証明すべきものとする説（再抗弁説）によれば、逆の結論になろう。

(30)　新訴物理論の立場からは、特定物引渡しを命ずる判決が確定した以上、たといそれが占有回収請求権を肯定してなされた判決であっても、標準時後に占有を取得した一事をもって新占有者に対する執行文の付与を求めることができ、執行文付与に関する訴訟において民法二〇〇条二項の適用が問題になるにすぎないとし、あるいは、民法二〇〇条二項は訴訟後の承継には関係がないと主張される（小山・前掲（注5）四〇頁、三ケ月・前掲（注5）三一三頁、三一五頁注五参照）のは、承服しがたい。執行文付与があれば執行されてしまう危険が生ずるし、あるいはさらに、執行文付与に対する異議または異議の訴えを提起してのみ救済を受け得るというのでは、原告の得た判決の内容と比較して善意の占有取得者の負担が不当に重きにすぎるからである。本文において次の(c)に掲げる、債権的請求権に基づく引渡判決があった場合の占有取得者についても、同じことがいえる。新堂・判例評論一五二号七頁注一一、吉村・判例評論一五三号三五頁参照。

(31) 最（二小）判昭和二六年四月一三日民集五巻五号二四二頁は、「裁判上の和解により建物を収去しその敷地たる土地を明渡すべき義務のある者から建物を借受け建物の敷地たる土地を占有する者は民訴二〇一条一項にいわゆる承継人と解するを相当とする」と判示し、適格承継説の展開のための重要な契機となったが、この事件で問題となった和解の内容は、「一、原告Xは被告Yに対し原告所有の宅地を賃貸すること。二、Yが賃料支払を六ヶ月滞ったときは賃貸借契約は当然解除となり、Y_1は地上建物を収去して原告に土地を明け渡すこと」というのであり、明渡請求権の法的性質決定を明示しなかった例といえる。評者の間で、Xが地主たる資格において有する所有物返還請求権とみる見方（中田淳一・民事訴訟判例研究一三〇頁）と所有権を背後に控えた債権的請求権とみる見方（兼子一・判例研究五巻一一〇頁）とが岐れたのはそのためといえる。さらに、大阪高判昭和四六年一一月三〇日判例タイムズ二七七号一五九頁（裁判長官宮川種一郎判事）は、右と類似の事実だが権利者が土地所有者である旨の記載なしに賃料不払による賃貸借解除、収去明渡を定めた調停調書に関し、その後の地上建物取得者に対する承継執行文付与の可否について、「債務名義によってその実現の保護が与えられる私権は、それじたいにおいて相対的関係から絶対的関係へ発展、転化する傾向を有し、目的物が債務者から離脱し第三者の手に帰しても、絶対的な追及効が及ぶのであって、執行力の範囲を訴訟物概念を以て区別するのは調停調書については不適当というべく、債権者が本件土地の所有者であるかどうかの記載の有無によって承継執行文の付与が認められたり認められなかったりするのは不当な規準による判断というほかない」旨を判示している。批評として、小室直人・判例タイムズ二八六号七四頁以下参照。これらの裁判例に扱われたような事案につき、私は、「潜在的な物権関係の現実化」（兼子一「給付訴訟における請求原因」菊井献呈・裁判と法上二七八頁）とか、「私権の絶対化」（右大阪高判昭和四六年一一月三〇日）をいうまでもなく、本文に述べた理由で新占有者に対する承継執行の許容性を導きうると考える。

(32) なお、前掲（注31）最判昭和二六年四月一三日のような事例では、収去明渡しの債務名義によって退去明渡しの承継執行がなされることになるが、その間に執行力の客観的範囲の同一性を認めてよいことにつき、後述二五五頁以下参照。

(33) 既判力拡張に関し、最（一小）判昭和四一年六月二日判例タイムズ一九九号一一九頁（ただし、民訴二〇一条の「承継人」

に当たるかどうかが決定的な論点となる事案でなかったことにつき、鈴木正裕・ジュリスト年鑑一九六七年版三一六頁以下参照）、大阪高判昭和三七年五月三一日下民集一三巻五号一一四九頁は、いずれも消極説をとる。執行力拡張については、東京高判昭和四八年五月三一日東高民時報二四巻五号一〇六頁が消極説をとり、京都地判昭和三八年二月二五日金融法務事情三四二号三九二頁が積極説をとった例である。ただし、両者ともに、事案はやや特殊で、前者（東京高判）は、所有権移転登記を命ずる判決確定後に被告からの移転登記を受けた第三者は、弁論終結よりも前に目的不動産に対し仮差押えの執行をした債権者であり、右確定判決後に本執行に移行して自らその不動産を競落して登記を得たというものであり、後者（京都地判）の事案は、本文に掲げた例に即していうと、乙に対する勝訴確定判決を得た甲が弁論終結後に登記移転を受けた丙に対する承継執行文の付与を受けて丙から所有権移転登記を得てしまったあとで、丙から甲と乙を相手どって抹消登記請求の訴えを提起したのを棄却した例である。学説としては、丹野達「判決後の承継人」判例タイムズ二九四号七四頁以下が注目すべき問題提起（後掲（注35）参照）とともに消極説をとる（同七八頁注（17））ほか、格別に賛否の態度を明示しないで右最判を引用するものが少なくない。中務＝川村・前掲（注3）六八頁、奈良・前掲（注23）六九頁、石川・前掲（注24）三〇頁、菊井・強制執行法（総論）一一二頁などがそれである。これに対し、新堂・判例評論一五三号九頁以下は、甲の丙に対する終局的勝訴の確率の低さを考慮して、丙に対する承継執行文の簡易な付与を認めるべきではなく執行文付与の訴えによらせるべきだと説き、例外として、乙と丙が親子関係にあるなどの事情がある場合は甲の勝訴の確率も高まるから承継執行文の付与を認めてよいとする。小室・前掲（注17）三六八頁も、新堂説に賛成の立場をとる。

(34)　兼子一・判例民事訴訟法四三〇頁、菊井＝村松・前掲（注23）六七四頁、中務＝川村・前掲（注3）六八頁、奈良・前掲（注23）六九頁、新堂・判例評論一五三号九頁、石川・前掲（注24）三〇頁、小室・前掲（注17）三六九頁（ただし、執行文付与の訴えによらせるべきだとする）、深澤・前掲（注24）四五頁（ただし登記の無効原因が詐欺・強迫による取消しである場合につき消極）など、いずれも積極説をとる。これに対し、最（一小）判昭和四八年六月二一日民集二七巻六号七一二頁は、真正な登記名義の回復のための所有権移転登記手続請求訴訟の弁論終結後に善意で敗訴被告から当該不動産を譲り受けた第三者は、被告の移転登記を承継するものではないから、これに対し承継執行文の付与を受けて執行することは許されないとしている。

(35)　執行力の客観的範囲は既判力のそれに同じとする通説の立場（前述二五六頁以下参照）からすれば、承継執行によって債務名義に表示されていない登記請求権につき異別の登記原因に基づく別個の登記を抹消するのは、とくに債務名義が移転登記を命じた判決である場合には執行の内容が同一でないため、執行力の客観的範囲が動くことになって許されないのではないか、との疑問を生じよう。丹野・前掲（注33）は、この点を鋭く指摘する。私見のように、執行力の客観的範囲を、債務名義上予定された執行によって得られるべき給付利益と解する場合でも、なお右の疑問は抜けない。不作為請求権の場合と異なり、ここでは同一給付義務の違反が同時に種々の態様において可能なわけではないからである。

(36) 判例も、登記手続を命じた判決または和解調書に基づく登記手続につき執行停止の余地がないものとしている。大決昭和一六年四月一六日民集二〇巻四八六頁、東京高決昭和三三年一二月八日東高民時報九巻一二号二一四頁、同昭和三三年一二月一〇日東高民時報九巻一三号二四一頁など。

(37) しかし強制執行としては擬制時点において終了したとみるべきことについて、中野・訴訟関係と訴訟行為二九二頁以下参照。

(38) 菊井維大・判例民事法昭和一六年度一三六頁は、広義の執行についても執行停止の可能性を検討する余地があろうという。

三　承継執行補説——制度の沿革

承継執行の制度は、すぐれて現実的・実際的な考慮の所産である。せっかく給付を命ずる裁判があり、債権者が即時に強制執行をなしうる地位を取得したにもかかわらず、その後に生じた当該権利関係の主体的変更によって執行の可能性が封ぜられ、承継人に対するあるいは承継人からの新訴の提起を必要とするというのでは、実際上その煩に耐えず、裁判の実効性に欠ける。裁判と執行を直結するため承継人に関する新訴を省略する点に制度の主眼があり、発生的には、債務名義および執行文という執行要件の構成の基礎となっている裁判機関と執行機関の峻別の建前の成立とは直接の関連がない。このことは、いわば当然の認識にすぎず、あらためていうまでもないかもしれないが、承継執行に関する現行規定はやや錯雑した経過を経て現在のかたちに落ち着いているものなので、沿革の面からも念を押しておこう。

周知のとおり、わが民事訴訟法における承継執行制度は、ドイツ民事訴訟におけるそれを継受したものである。ドイツ法における承継執行の沿革については、シュルツェの古典的名著「承継執行論」(Alfled Schultze, Die Voll-streckbarkeit der Schuldtitel für und gegen Rechtsnachfolger, 1891) に詳細な論述がある。以下、主としてこれ

（S. 16〜S. 77）に従って略説する。

⑴　一般承継

被相続人の受けた判決の効力が相続人のために又は対して及び、その判決が執行可能の内容を有する限りでは、相続人がその判決に基づいて執行することができ、あるいは執行を受けなければならない、ということは、決して論理必然的な結果ではないが、古くから自明の理として認められてきた。ローマ法上の法源としては、学説類集（Digesta）における、判決債務履行請求訴権（actio iudicati）についての法文（「判決債務履行訴権は永久であって、物の請求に関し相続人のために、また、相続人に対して成立する」I.6 § 3 D. de re judicata 42, 1.）が頻繁に援用され、それが後代に発展した単純な執行申立て（imploratio officii judicis）による強制執行にも適用された。相続人に対する新訴の提起が要求される場合でも、それは外部に対して記録された形式を与える手段にすぎず、執行力が相続人に及ぶことを否定するものではなかった。ただし、判決言渡後に被相続人が死亡し相続の開始ないし承認があるまでの間における相続人に対する執行については、沿革上、多くは二つの場合が区別され、(i)相続に与かる者が分明な場合には、この間の相続財産は無主の状態にある（hereditas iacens）とのローマ法理の影響のもとに相続確定まで執行を許されず、(ii)相続人ないし推定相続人が確知できず又は所在不明のため長期の不安定を予期せざるをえない場合にだけ、財産管理人の選任を求めたうえ遺産に執行することを認めていたが、(i)の場合の取扱いにつき取引上の不満が昂まり、ドイツでは、一八七七年の旧帝国民事訴訟法制定のさい、右(i)(ii)の両場合の規整を統合し、いずれにおいても、遺産管理人ないし遺言執行者に対する執行正本によって遺産に執行できるものとした（同法六九四条・六六五条以下。現行ド民一九六一条、現行ド民訴七七八条・七二七条・七四九条参照）。

⑵　特定承継

一般承継と特定承継の双方に適用される基本規定として、ドイツ旧民訴法第六六五条は、「執行力アル正本ハ判決ニ表示シタル債権者ノ承継人ノ為ニ之ヲ付与シ、又ハ判決ニ表示シタル債務者ノ一般ノ承継人ニ対シ、及ビ

第二三六条、第二三八条ヲ考慮シ訴訟係属中若クハ訴訟終了後ニ係争物ノ譲渡ヲ受ケタル債務者ノ承継人ニ対シテ付与スルコトヲ得。……」と定めた。ここに至るまでの経過は、債権者側の特定承継と債務者のそれとでは趣を異にしている。

(a)　債権者側の特定承継については、ほとんど起伏がない。債権者が判決債務履行請求訴権の譲渡によって判決に基づく自己の権利を他に委付しうることは、ローマ法上も認められ、学説・実務上も疑問とされず、ドイツ旧民訴法第六六五条が「判決ニ表示シタル債権者ノ承継人」のための執行正本の付与を規定したことも、承継人とされる範囲の細部についてはともかくとして、一般に古くから認められてきた命題を表現したにとどまるとして受けとられた。

(b)　債務者側の特定承継について、まず注意すべき点は、ドイツ旧民訴法立法当時においてもなお、交替的な債務引受けが一般に肯認されるに至っていないことであり、従って、検討の範囲に存したのは、第三者が間接的に既存の執行関係に債務者として引き込まれうるかどうか、という問題にとどまる。しかも、実際上、このような可能性は、債権者の執行債権の目的となっているところの、将来それに対して現物執行がなされるべき対象(Gegenstand)を、債務名義に表示された債務者の領域から第三者の領域に逸出させる承継行為に関して生じたのである。すなわち、予定される現物執行の危険によってその対象じたいが一種の法的瑕疵を帯有しており、このことは、執行の基本となる判決が出るのをまって初めてそうなるのではなく、その判決をめざす訴えの提起によってすでにそうなっている、というのが立法の出発点となった考えである。

しかし、右のような考えは、ドイツ旧民訴法立法当時における新たな展開を示すものであり、ローマ法源上も、継受後のドイツ普通法においても、係争物の訴訟係属中の譲渡と訴訟終了後の譲渡とは区別して取り扱われてきた。両者は、法源上の典拠を全く異にし[39]、かつ、相互に無関係に規定されたため、中世後期のイタリアの学説・実務では、ひとしく被告の特定承継人に対する執行力を認めるについても、両者を厳格に区別していた。すなわち、係属中の譲渡では、訴訟の目的物（res litigiosa）の譲渡が禁止され、その譲渡が無効であるため譲渡された物も依然として被告の財産中にとどまり、従って、のちに勝訴した原告は判決に基づく執行によって物を第三取得者の手から取り上げることができることになるのに対し、訴訟終了後の譲渡の場合には、既判事項の抗弁（exceptio rei iudicatae）の広い適用によって判決の執行力の拡張が認められるのである。このような根拠の差異から、執行力拡張の適用範囲にも異同を生じ、係属中の譲渡の場合のそれは、所有権訴訟に限られたが、訴訟終了後の譲渡の場合のそれは、所有権訴訟だけでなく、すべての対物訴訟、とくに抵当訴訟（actio hypothecaria）の場合の第三取得者への執行力拡張が認められた。こうした区別は、ドイツに継受され、そのうち、訴訟終了後の譲渡に関する理論は、普通法上も、ドイツ旧民訴法発効まで維持されているのであるが、訴訟係属中の譲渡については、ローマ法理による適用範囲の限定を打破しようとする動きが生れている。すなわち、係属中の譲渡についても、譲渡禁止を否定するとともに、譲受人に対する執行の可能性を、譲渡の無効からの帰結としてではなく、譲渡対象が訴訟の目的物であることの直接の効果とみ、かつ、「訴訟の目的物」の概念を拡大して、物の所有物に限らず、他人の物における権利（ius in re aliena）が訴訟上主張される場合にも、その物の訴訟係属中の取得者に対する執行力拡張を認めようとする見解の台頭をみたことが、それである。学説としては、少数説にすぎなかったが、一八世紀末には、プロイセンの一般ラント法（Allgemeines Landrecht）および一般裁判所法（Allgemeine Gerichtsordnung）にその顕著な影響がみられ、やがて、前述のドイツ旧民訴法六六五条による両場合の統一的規整を導びくに至る。(40) その大きな動因となったものは、抵当権登記簿の整備に伴う物的信用の飛躍的増大であり、抵当権に基づく（物的債務名義形成のための）訴訟の係属中に目的不動産の所有権が移転した場合に、その不動産に対する強制執行（抵当権の実行）のために第三取得者に対する新訴提起を必要とすることが実際上耐え難く感ぜられたという事情にあるといわれる。

かくて、ドイツ旧民訴法六六五条における「係争物」（die in Streit bafangene Sache）の観念は、ローマ法上および普通法上の「訴訟の目的物」（res litigiosa）の概念ともプロイセン一般裁判所法における「係争対象」（der im Streitebefangene Gegenstand）の概念などとも異なった内容を有し、訴訟終了後の承継をも包摂しうる、しかも訴訟係属中の譲渡の場合とも矛盾しない構成が必要とされるに至った。なお、同条によって判決の執行力拡張の範囲がドイツ・ラトヒ全体にわたって統一され、矛盾する内容の地方特別法の失効をみたが、既判力拡張の範囲は、これによって影響されず、依然として各ラントの法に委ねられ、相互に一致してはいなかったことに留意する必要があろう。ドイツ民法の施行に伴う一八九八年の改正によりドイツ民訴法がはじめて既判力拡張に関する統一規定（現行ド民訴三二五条）をおき、訴訟係属後に当事者の承継人となりまたは当事者・承継人の間接占有者となる方法で係争物の占有を取得した者のためにまたは対して確定判決の効力が及ぶことを明記すると同時に、旧民訴法六六五条も七二五条に移され、かつ、同条における債務者の承継人に関する部分は、「……第三二五条ニヨリ判決ノ効力ヲ受クベキ、判決ニ表示シタル債務者ノ承継人及ビ係争物ノ占有者ニ対シテ付与スルコトヲ得。……」改められ、現在に至っている。[41]

わが民事訴訟法典（一八九〇年）は、おおむねドイツ旧民訴法を翻訳的に継受して成立したものであるが、多少の相違点も存する。さきに掲げたドイツ旧民訴法六六五条に相当するのはわが民訴法旧五一九条であるが、そこでは、前者にみられた「第二三六条、第二三八条ヲ考慮シ訴訟係属中若クハ訴訟終了後ニ係争物ノ譲渡ヲ受ケタル債務者ノ承継人」に対する執行文付与の部分を削ってしまった。おそらくは、当事者恒定主義に関する、ドイツ旧民訴法二三六条、二三八条を継受しなかったため右部分も不要と考えたのであろうが、「訴訟終了後に係争物の譲渡を受けた債務者の承継人」まで脱落する結果となったのは立法ミスというほかない。この民訴法旧五一九条は、そのままの形で民事執行法による失効まで存続したけれども、旧民訴法当時から、解釈論的な修正として、同条が「債務者ノ一般ノ承継人」に限定する表現をとっているにもかかわらず、債務者の特定承継人に判決効が拡張される場合にはこれに対する執行文付与を妨げないとして、債務引受人・係争物譲受人・占有承継人に対する承継執行を肯定する見解が有力に主張され(42)、さらに、大正一五年の改正による民訴法二〇一条・旧四九七条ノ二の追加によって、口頭弁論終結後の承継人については、債権者側・債務者側あるいは一般承継・特定承継をとわず執行力の拡張があるとする点に見解の一致をみていた。なお、一般承継に関しては、執行開始後の債務者死亡の場合の規定は継受されたが（ド旧民訴六九三条、日民訴旧五五二条、民執四一条）、執行開始前の債務者死亡の場合に関するドイツ旧民訴法の特則（同六九四条。なお、現行ド民訴七四七条ないし七四九条・七七八条参照）は除外され(43)、現在まで立法上の課題を残す結果となっている。

(39)　ローマ法の法源としては、訴訟中の係争物（res litigiosa）を占有する被告はそれを譲渡できない旨の規定が、1.5（4）C.de litigiosis 8, 36（37）および now. 112 Cap. I（Justinianus）におかれているが、譲渡行為の無効と取得者の返還義務とが認められるにとどまり、取得者に対する判決債務履行請求訴訟権ないし承継執行にはなんらふれていない。他方、学説類集では、訴訟係属の観念には関係なしに、一連の箇所で（1.11 §§ 9. 10 D. de exceptio rei iudicatae 44, 2 etc.）、既判事項の抗弁が訴訟の係争物であった物の（判決後または訴訟開始後の）取得者に対し、その有利・不利に拡張される旨を定めていた（Schulitze, a.a. O., S. 65 ff. による）。

(40)　Vgl. Hahn, Die gesammten Materialien zur CPO, II, S. 261, 435.

(41)　Vgl. Schultze, a. a. O., S. 6.

(42)　松岡義正・強制執行要論上巻二〇七頁以下、岩田一郎・民事訴訟法原論三四三頁以下など。これに対し、債務者の特定承継人に対する執行文付与を否定していたものとして、板倉松太郎・強制執行法義海〔五版〕二七二頁などがある。

(43)　その理由は、おそらく、ドイツ旧民訴六九四条のおかれた直後の目的がその立法当時に熟慮期間中の執行開始を禁止していたラント法上の諸規定を排除するにあり、そのような事情のないわが国では必要なしと考えられたこと、および、わが民訴法制定当時に実体法として予定した旧民法財産取得編では家督相続を相続の基本とし一家一人が一切の財産を相続するものとせられ、それ以外の遺産相続でも共同相続ではなかった点（同編二八八条・二九四条一項・三一三条・三一四条）、法定家督相続人については相続放棄は許されず、相続人が現出しない場合や相続放棄の場合も相続人曠欠として処理された点（同編三一七条但書・三四二条）などが挙げられよう。しかし、家制度が廃止され共同相続を常態とする現行民法のもとでは、熟慮期間中はもとより、その後においても相続人の全部およびその相続分を確知できない場合が多く、被相続人に対して得た判決につき相続人全員に対する執行文の付与を受けることがしばしば困難とならざるをえない。これに対する立法上の措置が検討されたが（法務省民事局参事官室・強制執行法案要綱案　第二次試案　第九、法務省民事局・民事執行法（仮称）案要綱第一、㈢3参照）、民事執行法に規定を設けるに至らず、解釈に委ねられる結果となった。中野・民事執行法上巻一二八頁以下参照。

四　不作為債務名義の執行力の範囲

1　不作為を命ずる債務名義における執行力の客観的範囲については、特殊の考慮を要するものがある。まず、わが現行法が不作為義務の違反結果除去の強制執行に関し明文をもって執行債権の転換を認めていること（民四一四条三項、民執一七一条）が注目される。

不作為を目的とする債務については、債権者は「債務者ノ費用ヲ以テ其為シタルモノヲ除去シ且将来ノ為メ適当ノ処分ヲ為スコトヲ請求スルコトヲ得」（民四一四条三項）。この規定が、直接には不作為執行の手続を定めたものでなく、違反結果除去ないし適当の処分を求める実体法上の作為請求権を認めたものであることは、条文の措辞ならびに立法資料からも明らかであるが(44)、民事執行法一七一条一項は、不作為を命じた債務名義の成立後(45)に不作為義務の違反があった場合につき、不作為の債務名義に基づく代替執行により右のような作為請求権が実現されることによって執行の目的を達しうるものとした。ここには、明らかに執行債権の転換（転換執行）がある。この場合、結果除去ないし適当の処分をさせる授権決定は、それじたい、すでに竹下守夫教授が明確に指摘されたとおり、「実体法上の作為請求権につき執行手続内で略式に作成される債務名義たる性質」をもち、債務者はその作為義務の存在を争って請求異議の訴えを提起できる(46)と解すべきである。これは、不作為の債務名義との関係においては、まさに起訴責任の転換を認めたものにほかならない。

ここで起訴責任の転換による執行債権の転換が認められる理由についても、すでに承継執行に関して述べたと同様のファクターを挙げることができよう。すなわち、債権者の既得的地位の維持（債務名義形骸化の防止）の必要性が存すること、不作為義務の存在を前提として結果除去等請求の有理性を導く事実が授権決定前の手続で証明されること、債務者が結果除去等の債務の不存在・消滅を主張して請求異議の訴えにより反対名義を取得できることのほか、不作為の債務名義における執行力の客観的範囲についても、違反結果の除去なり適当の処分によって不作為義務違反がなかったと同じ給付利益を債権者が強制執行により与えられる意味において、同一性を肯定することができるであろう。

2　問題は、右のような明文規定のない場合であり、とくに、特定の具体的な侵害行為を差し止める債務名義によって、同じ債務者による異別の態様をとるに至った侵害行為の差止めの強制執行ができるかどうか、というかたちに集約できる。具体的には、次のような例が挙げられる。

(1)　商号の登記をした者は、不正競争の目的をもって同一または類似の商号を使用する者に対しその使用の差止めを請求することができる（商二〇条一項、なお、商二一条二項本文）。そのさい、商号権者が相手方によってげんに使用されている同一商号・類似商号の使用差止めを請求できることは当然であるが、それ以上に相手方が将来使用しそうな他の類似商号の使用差止めまで請求できるかどうかに関しては、積極・消極の両説があり、未使用の類似商号の使用差止めの請求は特定を欠く等の理由でこれを斥けている裁判例も少なくない(47)。しかも、差止めの範囲をげんに使用中の商号だけに限定する判決の執行力については、判決後（厳密にいえば判決の基礎となった口頭弁論の終結後）に新たに相手方が使用するに至った別の類似商号に及ばない、とするのが従来の一般的見解であろう。

たとえば、札幌高決昭和四九年三月二七日判例時報七四四号六六頁は、「東寿し」という商号で寿司屋を営むXが同業のYに対し「Yは寿司屋営業のために札幌市内において『東鮨』の商号を使用してはならない」旨の確定判決を得たが、その後、Yは「みその東鮨」なる商号を登記し寿司屋営業のため利用するに至ったので、Xはこの新商号につき使用差止めの間接強制を申し立てたが却下され、即時抗告をした、という事案につき、「みその東鮨」の商号は「東鮨」を主要部分としYの営業地名を附加しただけで確定判決による使用禁止に含まれるというXの主張を排し、つぎのように判示して抗告を棄却している。すなわち、「この理は専ら類似商号に該るか否かについての判定基準として論ずべき事柄であって、『みその東鮨』の商号が一般取引上『東鮨』と混同誤認されるおそれがあり類似商号とみられる余地があるとしても、これを使用禁止するためには新たに裁判所の判断を求め、別途その使用禁止の判決を得て、これに基いて執行すべきものと解するを相当とする」。「仮りに、抗告人主張のように『東鮨』の商号自体にこれに類似の商号をも内包するとみるならば、その主文の趣旨は実質的には『東鮨およびこれに類似する商号』を使用してはならないというに等しく、結局、類似性の要件についての判断事項を使用禁止の対象に含めることになり、その主文自体特定性を欠くことになる。のみならず、かような判断をすべて執行機関に委ねることにもなり、その職分の限界につきこれが逸脱を招くものとして許されないといわざるをえない」と。

従って、せっかく差止めの確定判決を得ても、相手方がつぎつぎに別様の類似商号を使用するという態度に出るかぎり、新訴提起を無限に反覆するほかないことになり、強制執行による判決の実効性の確保に欠けるといわざるをえない。

(2)　右と全く同じような問題は、不正競争行為や特許権・商標権・著作権等の侵害に対する差止請求（不正競争一条、特許一〇〇条、商標三六条、著作一一二条）、あるいは、いわゆる環境権に基づく差止請求などの場合にも、つねに存在する。とりわけ特許権侵害の場合に関しては、すでに牧野利秋判事による明確な問題提起がある(48)。判事は、特許権侵害差止請求訴訟に関し、特許発明の技術的内容と直接の関係をもたない実施態様の差異によって訴訟物を別個とみるべきでないとして、一個の特許権に対する侵害につき訴訟物の一本化を説くとともに、これに付随して、強制執行に関しつぎのように提言された。すなわち、物の特許発明について侵害の現状としては物

Aの製造販売だけであったため差止判決の主文において「物Aの製造販売をしてはならない」旨を命じているにすぎない場合においても、その執行力は、その後に債務者が物Aの使用貸渡などの実施態様に出た場合の差止めに及ぶと考えるべきではないか。差止請求の中心的課題は、通常、差止めの対象である物または方法が特許発明の技術的範囲に属するかどうかの点にあり、この点の判断がすでに確定判決において示されている以上、副次的な問題たる実施行為の差異に関し、物Aの製造販売の差止めについての債務名義の効力を物Aの使用貸渡などの行為に及ぼしてよいかどうかの点を、執行機関たる第一審受訴裁判所の判断にゆだねても、裁判機関と執行機関の分離という制度上の要請と相容れないほど異質な判断を執行機関に求めるものともいえまい、とされる。特許法という特殊な領域における所論であるが、その問題提起じたいは、差止判決の執行一般に共通するものとして甚だ注目に値する。

3　このような侵害形式の変更による差止めの強制執行の潜脱に対する手続的処理は、わが国だけの問題ではない。とくに、ドイツにおいては、判例はこれに関し二つの防止策を推進してきたといわれる[49]。ひとつは、いわゆる核心理論（Kerntheorie）であり、他は、侵害行為の範囲を拡大して差し止める、いわゆる一般化[50]（Verallgemeinerung）である。ここでは、前者について簡単に紹介しておこう。

核心理論というのは、不作為を命ずる判決の保護範囲（Schutzumfang）が「侵害行為の核心」（Kern der Verletzungs-handlung）によって決まる、とするもので、一九三〇年前後から主として不正競争に関する差止判決の執行について認められ、一般的な承認を得つつある[51]。これによれば、具体的な侵害行為を限定して不作為を命じた判決の場合でも、その不作為命令は、判決に掲げられたのと同一の行為だけでなしに、侵害行為の核心を動かさないままの他のすべての侵害行為にも及ぶ。この拡張は、既判力の拡張にも連なるが、第一次的に意義を有するのは、強制執行についてであり、具体的な侵害形式の核心を動かさない[52]、変更された行為、新たな侵害形式のすべてが、ドイツ民訴法八九〇条の「違反行為」に該当するものとして秩序罰の対象となる。この保護範囲は、不作為を命ずる判決により、訴訟法に従って与えられるのであり、変更された行為形式がこの保護範囲に含まれるかどうかは、執行機関たる裁判所が債務名義の解釈として最終口頭弁論当時を規準として判定しなければならない、とされる。

代表的な適用例として、連邦大審院一九五二年一月二二日判決 BGHZ 5, 189.（少漁夫マーク事件）を挙げておこう。事案は、次のとおりである。Yは、ゾーリンゲンの著名な刃物製造業者で双生子の商標をもって広汎に知られているが、Xがこれと紛らわしい商標を使用しているので、差止請求の訴えを提起し、一九二九年三月二七日に請求認諾判決があった。このとき、差止の対象となったのは、小さな子供が魚を抱えている図柄で、脚はYの商標の双生子と同じく膝を少し曲げたものであった。右判決確定後、Xは右の図柄の使用をやめていたが、戦後再び使用を始めたので、Yは、さきの認諾判決に基づく強制執行として罰金の決定を申し立てたところ、XからYに対し、執行不許の宣言を求める訴え（請求異議？）を提起した。Xの言い分は、今度使用している小漁夫の図柄では脚の部分が真直ぐ伸びており、前訴における差止対象とは異なる、というにある。連邦最高裁は、つぎのように判示してXの右主張を斥けた。

「脚を伸ばしているか曲げているかは、申立ての範囲につき重要ではありえない。前訴におけるXの認諾は、本訴で問題となっている、脚を伸ばした小漁夫を包含する……認諾判決のこの解釈は、判決の既判力がつねに各個の場合に具体的に非難された侵害形式にのみ及ぶ、という一般原則には反しない。なぜなら、侵害者が侵害形式をどのように変更しても、それによって差止判決から逃れることはできず、侵害形式の核心（Kern der Verletzungsform）を動かさないままであるような変更が既判効によって包含されうることは、判例上認められている（BGZ 147. 27〔31〕）からである。侵害者によって加えられた変更がこの限界内にとどまり、かつ、判決の意味からみて使用禁止をこのような変更にも拡張すべきであるならば、新たな不作為請求の訴えは必要でなく、既判力ある判決の効果は確認の訴えの方法で前訴判決の解釈によって解明されうる（RG MuW 1935, 265）。

以上述べたところに従えば、脚を伸ばした小漁夫の図柄は認諾判決の範囲内に存し、それの法的評価を不作為請求の別訴に保留しなければならないような新たな侵害形式ではない」。

このような核心理論は、主として不正競争事件の判例を通じて形成されたものであり、背後に存する実体法のあり方とも関連するであろうが、一応それと切り離し訴訟理論として構成されているのであり、本稿で取り上げた問題の解決のために示唆するところが大きい。(53)

4　わが法の解釈論としても、かなり疑問の余地はあるが、特定の侵害行為を差し止める債務名義の成立後に債務者が侵害態様を変更した場合につき、一定の範囲において民法四一四条三項、民事執行法一七一条・一七二条を類推し、転換執行により新たな侵害行為を差し止める代替執行なり間接強制が許されると解すべきではなかろうか。

(1)　ここでも、債権者の既得的地位の維持の必要性はきわめて高い。特定の類似商号の使用を差し止める判決の確定後、債務者がこれと些少の差異しかない別の類似商号の使用に出てもなんら判決効が及ばず、あるいは、債務名義上禁ぜられたのとは異なる態様の行為をもって特許権侵害が継続された場合に債権者として為すすべがないというのでは、差止判決は全く形骸化する。しかも、新たな侵害行為の差止めを請求する新訴を更に提起したところで、債務者がまた侵害態様を変更するかぎり、債権者は永久に救済を受けることができない。同じ事態は、仮処分による差止めについても生ずるのである。債権者に差止めの実効性を確保させるために執行債権の転換を認めることは、衡平上、絶対に必要といわなければならない。

(2)　執行力の客観的範囲の同一性および新請求についての有理性については、判断の困難な場合が生ずることを認めなければならない。しかし、そのことは、判断が困難でない場合につき転換執行を認めるのを否定する理由とはならないであろう。

(a)　侵害差止請求の訴訟物を牧野判事の説かれるように各個の侵害態様を超えたグローバルなものとして把握

すべきかどうかに関しては、ここでは立ち入ることができないが、私見のように、執行力の客観的範囲を既判力のそれと切り離して考える場合には、その必要もない。債務名義上予定された侵害行為の排除の執行により実現されるべきであった不作為の給付利益の同一性を動かさないと認められる範囲で転換執行を認める余地があるからである。たしかに、確定判決をもって使用を差し止められた当該類似商号につき債務者がその使用をやめれば、差止請求権の任意の履行があったようにみえるが、これに引続いて別の類似商号を債務者が使用し、客観的にみて債権者の同一商号権の侵害が前後継続していると認められる場合には、あたかも特定物引渡執行の完了直後に目的物が奪還された場合とひとしく、債務名義上予定された執行利益たる、債務者の類似商号使用による侵害なしに債権者がその商号を専用できる利益は未だ債権者に与えられておらず、いわば客観的承継執行としての転換執行を認めることが可能かつ必要である。

(b)　新たな侵害態様に対する差止請求権の存否の終局的な判定を執行機関に委ねることができないのは、前掲札幌高決昭和四九年三月二七日の判示するとおりである。しかし、そのことは、右の終局的な判定を（必要ならば）債務者の側から新態様の侵害差止めの執行に対して提起する請求異議訴訟の判決にまつことを前提として、さしあたり、債務名義における判断を基礎として新たな侵害態様に対する差止請求じたいを理由ありとみるかどうかの有理性判断だけを執行機関——それもここでは第一審の受訴裁判所が執行機関となるのである——に委ねることを全面的に否定する理由とはならない。債務名義たる判決上、債権者の特定の商号権が認められ、債務者の使用するA商号が類似商号として使用を差し止められている場合に、債務者がA商号に代えてB商号を使用する方法で侵害を継続するとき、A商号とB商号の差異が常識上重要でないと認められる程度のものであれば、B商号使用差止請求の有理性を、右差止判決に基づく間接強制の申立てに関して判断することは、執行機関としての職分の逸脱と非難するに当たらないであろう。両商号の主要部分が共通し、旧商号と新商号の差異が商号識別上さして意味をもたぬと一般に考えられる場合においては、旧商号使用差止めの債務名義に基づく強制執行としての間接強制決定において、執行機関たる第一審受訴裁判所が、任意的口頭弁論あるいは債務者の審尋を経て（民訴七三五条）、債務名義成立後に使用されるに至った類似商号の使用差止請求につき有理性の判断をなしうるとした方が、判決の実効性と強制執行の機能を確保する意味ではるかに当を得ているように思われる。[54] 転換執行のための授権決定または間接強制の決定をなすに当たってこのような有理性の判断ができないような侵害態様の変更の場合にのみ、債権者に新訴提起による新債務名義の取得を要求すべきであろう。

(3)　執行債権が転換されることに対する債務者の手続権保障としては、授権決定または間接強制の決定に先立ち債務者の審尋ないし任意的口頭弁論がなされること（民執四条・一七一条三項・一七二条三項）および転換された執行債権（新態様の侵害行為に対する差止請求権）の不存在・消滅等を主張しての請求異議の訴えの可能性で充分である。この限度での起訴責任の転換により、債務者の恣意的な侵害態様の変更により債権者が新訴提起の連続を強いられる不合理を避け、当時者間の衡平を維持することができるものと考える。

(44)　民法四一四条三項では、同一項・二項におけるとは異なり、「裁判所ニ請求スルコトヲ得」とはいわず、たんに「請求スルコトヲ得」といい、立法当時の資料も、民法四一四条三項の構成については、不作為義務違反の結果除去は債権者が「自分カヤツテモ宜シイト云フノテ『除去シ』ト云フヤウニスルノカ便利テアルト思ツテ斯ウシタ」のだという（法典調査会・民法議事速記録一八巻四一頁における穂積陳重博士の説明。なお、同一八巻四六頁以下における梅謙次郎博士の説明も同旨）。梅・民法要義・巻之三・債権編五四頁も、「本条第三項ニハ単ニ『請求スルコトヲ得』ト云ヒ第二項ニ於ケルカ如ク『裁判所ニ請求スルコトヲ得』ト云ハサルヲ以テ必スシモ裁判所ニ訴フルコトヲ要セサルモノト知ルヘシ」という。この点で、違反結果の除去につき、つねに裁判所の授権を要求するフランス民法一一四三条、オーストリー強制執行法三五六条とは異なる。なお、奥田昌道「民法四一四条について」法学論叢一〇二巻三・四号一八頁以下、とくに三五頁以下参照。

(45)　不作為の債務名義成立前に違反行為があった場合には、その行為の当時には不作為義務の存在が確定されていないから、その行為の結果が違法にもたらされたものかどうかを、結果除去等を命ずる債務名義の形成過程において確定すべきで、民執一七一条の適用は許されない。兼子一・増補強制執行法二九五頁、竹下守夫「生活妨害の差止と強制執行」立教法学一三号一八頁参照。

(46) 竹下・前掲立教法学（注45）九頁、同「不作為義務の強制執行」小山ほか編・演習民事訴訟法下四一一頁。

(47) たとえば、「被告会社は原告に対し『株式会社大阪農具商会』と同一若くは類似の商号を使用してはならない」と判示した例（大阪地判昭和二七年五月二九日下民集三巻五号七一九頁）は、明らかに積極説をとるが、「被告に対し『菊屋総本店』という商号を使用することの禁止を求める原告の請求は正当であるが、『菊屋総本店』に類似する商号の使用禁止を求める部分は、その請求が特定しないから失当である」（福島地判昭和三〇年二月二一日下民集六巻二号二九一頁）というように消極説をとる裁判例が少なくない。たとえば、京都地判昭和四〇年一二月二二日下民集一六巻一二号一八〇二頁、東京地判昭和四一年八月二三日古関編・不正競業法判例集八八九頁などいずれも消極説をとっている。この間にあって、大阪高判昭和四一年四月五日高民集一九巻三号二一五頁は、被告がげんに使用中の類似商号の使用を禁止されることによって、当然に商号変更の問題が起ることは明らかであるから、という理由で、「この場合に備えて現商号の要部である『三菱』の二字の使用禁止の必要のあることも多言を要しない」と判示し、「被告はその営業上の施設又は活動に『三菱建設株式会社』その他の『三菱』という文字を含む商号、標章又は別紙図表のマークを使用してはならない」との主文を掲げている。後述の核心理論（二七三頁以下）および一般化（注50参照）と同じ発想に立つといえる。

(48) 牧野利秋「特許権侵害差止請求訴訟の訴訟物」原判事退官記念・工業所有権の基本的課題上五七七頁以下、とくに五八六頁以下。

(49) Vgl. Pastor, Der Wettbewerbsprozeß, 2. Aufl., 1973, S. 627 f.

(50) いわゆる「一般化」については、次のように説明される（vgl. Pastor, a. a. O., S. 629）。すなわち、差し止められる侵害行為は、判決において具体的に表示されなければならないのを原則とするが、事案によっては、そのことが技術的な理由で充分にできない場合も多く、不作為命令の構成においてすでにある程度の一般化を容認しなければならない。しかも、強制執行の段階において「侵害行為の核心」を動かさない違反行為として執行力が及ぶ範囲の行為ならば、すでに判決手続においてそれを判決主文にとり上げてよいはずである。こうした見地から認められる不作為命令の概括的表示が、「一般化」と呼ばれるのであり、これも、実体法に基づくのではなくて、訴訟法上の保護範囲を明確にする趣旨にほかならず、そこに許容根拠も存する。従って、実体法上の妨害予防請求権の存否と関係がない、とされる。

(51) RG MuW（= Markenschutz und Wettbewerb）1936, 337; RG MuW 1927/1928, 253; RGZ 147, 27; BGHZ 5, 189 u. a. Pastor, Die Unterlassungsvollstreckung nach § 890 ZPO, 1969, S. 164 f.; derselbe, Wettbewerbsprozeß, S. 628; Baumbach-Lauterbach, ZPO, 33. Aufl., 1975, § 890 1 B; Stein-Jonas-Münzberg, ZPO, 19. Aufl., 1975, § 890 II 3 d; Blomeyer, A., Zivilprozeßrecht.

Vollstreckungsverfahren, 1975, S. 454.（ただし、最後に挙げたブロマイヤーの概説書は、この理論に対する賛否を明示していない）。なお、この理論に反対するものとして、Schubert, Klageantrag und Streitgegenstand bei Unter-lassungsklagen, ZZP 85. Bd. S. 29 ff. がある。そこでも、判決主文に掲げられた具体的な侵害形式からの些少の離反によって不作為執行を免かれることができてはならないと説く点は、核心理論と同じであるが、同一の事案における差止めの構成でも、その抽象性の度合いは、現実に生じた具体的な侵害行為の態様に密着するものから、法規の要件事実そのままの抽象的表現まで、多様であり、侵害行為の「核心」は、なんらの固定した大きさを有しないとし、結局、判決理由中に「核心」についての記述が含まれているかどうかに従って、判決理由の一部に既判力を認める結果となるか、それとも、執行裁判所が自身で「核心」を決定できるとするか、そのいずれかでしかありえず、著しい法的不安定を生ずるばかりか、不作為執行として刑罰を課するのに前提となる不作為命令における禁止範囲が確定していないのでは違憲の疑いもある、と非難する（S. 34 ff., insbes. S. 38 ff.）。シューベルト自身の意見としては、「核心」によらず、不作為を命ずる判決の主文から出発して、そこに掲げられた禁止を「等価および模倣」（Äquivalente und Nachahmungen）の違反行為に拡大するにとどめることによって、執行裁判所にその本分を守らせ既判力の範囲の画定を確保すべきだ、という（S. 49 f.）。この所説は、核心理論と同じことを考えているようにも思われるが（vgl. Blomeyer, a. a. O., S. 454）、シューベルトは、判決主文において禁止された行為と同じ平面にあるような行為だけが「等価」として把捉されるだけで、それ以上の違反行為には判決効が及ばない点に、核心理論との差異を見出している。（S. 49）。

（52）ドイツ民訴法上の不作為執行は、わが法におけるとは異なり、不作為義務の違反に対し、あらかじめ刑の戒告を行ない、それにもかかわらず違反の作為をする場合には、債権者の申立てにより各個の違反行為につき、債務者を罰金または拘留の刑に処する、という方法によってきたが、一九七五年の改正により、戒告ないし処せられるのは「刑罰」でなく「秩序罰」とされ、各個の違反行為につき、債務者に秩序金を科するとともにその取立てができない場合につきその金額に応じての拘禁を科するか、あるいは、六月以下の拘禁を科することとし、加罰限度を法定している（ド民訴八九〇条）。

（53）このことの例証として、もうひとつの裁判例を紹介しておこう。ハム高裁一九六一年六月二七日判決 Der Betriebs-Berater 1961, 846 がそれで、事案は、被申請人である指物師に対し仮処分命令が発せられたが、その内容は、「新聞広告によって自製の樫材の寝室調度を、手狭のため特別価格で急投せざるをえない旨を示して、売りに出してはならない」というものであった。仮処分命令の送達後に、彼は新聞に次のような広告を出した。「お買得品。箪笥、組合せ箪笥および台所用品、寝室調度若干。そのほか、応接セット、長ソファーおよび肘かけ椅子を割引価格で提供。見切り品」。ハム高裁は、これを仮処分命令による差止めに対する違反とし、その理由を次のように述べている。「仮処分命令の主文の用語からすれば、債務者の出した新聞広告はこれに違反したとはいえない。しかし、債務者は、侵害形式のあらゆる変更によって仮処分命令に含まれた禁止を免かれることはできない。侵害形式の核心を動かさないままの、解釈によって認められるべき仮処分命令の限度内に存するあらゆる変更には、その仮処分命令の効力が及ぶ（BGHZ 5, 189）。仮処分命令の理由からして、裁判所が債務者に対し寝室調度を同意なしで一掃特売する広告を出すのを禁止しようとしたことが明らかである。見切り品であることの附記によって、その広告には、債務者の在庫の一定部分を一掃する目的の売却であることの告知が含まれている。つまり、一掃特売の印象が与えられる。その点で、仮処分命令の侵害形式の核心に対する客観的な違反がある」と。

(54)　具体的な実例を挙げよう。原告の「コロンバン」の商号との類似のゆえに被告の使用する「不二コロンバン株式会社」なる商号の使用を差し止めた判決において、その理由として、「被告の商号のうち『株式会社』の部分は会社の種類を表わすものにすぎず、また、『不二』の部分はこれを冠する名称がわが国において数多く見られ、ありふれたものであるから、他と識別させるほどの特徴をもたないから、被告の商号は『コロンバン』をその主要部分とするものというべく、その主要部分において原告の商号と外観、称呼、観念ともに同一であり、両者は類似していることが明らかである」旨を判示したもの（東京地判昭和四一年八月二三日古関編・不正競業法判例集八八九頁）がある。この判決の規準時以後に被告が「富士コロンバン」「Fuji コロンバン」などの類似商号を使用するに至った場合、それぞれにつき「コロンバン」と類似性の判断を求めるために原告はあらためて差止請求の訴えを提起しなければならないとすれば、商号権者としては、差止請求訴訟とその後の侵害態様の変更につき、永久のいたちごっこを強いられることになって、きわめて不当なことは明らかといえよう。

五　その他の転換執行

以上にみてきたように、承継執行および不作為執行には執行債権の転換を伴う場合（転換執行）が認められる。そして、そのほかにも、従来から執行力の客観的範囲が問題となっている局面で、転換執行の観点から見直すべきものが少なくない。

1　そのひとつは、賃貸借に関する債務名義について、賃貸借更新後の執行力が問題となる場合である。賃貸借の更新（借地四条・六条、借家二条）があれば前賃貸借と同一条件の新賃貸借契約が成立する、というのが実体法学者の間における定説となっている。これに従えば、更新前の賃貸借契約につき作成された公正証書によって更新後の賃料・損害金を取り立てる強制執行をすることは許されず、また、更新前の賃貸借契約に関し和解調書・調停調書をもって宅地や建物の明渡義務がうたわれていても、更新後は、右調書に基づく明渡しの強制執行はできないという結論になる。じじつ、それが現在までの支配的見解であり、同旨の裁判例もある。貸主・借主の一般の意識からすれば、更新という事実が介在しても、同じ対象についての同一賃貸借の延長と考えるのがふつうであろうことは、疑う余地がない。それにもかかわらず、更新前の債務名義の形骸化という重大な効果をこれに結びつけてよいものであろうか。この点について、すでに、近藤完爾氏（当時、東京高裁判事）による明確な問題提起がある。すなわち、右のような不合理な結果を避けるために、「訴訟物理論におけるローゼンベルヒやニキッシュなどと同様に、対象が同一の社会的経済的利益である場合にはたとえ債務名義上の表示が実在の権利関係と法律的性質決定において別個の請求権となさざるを得ないときでも、なお同一の請求を表示しているものと考えるという提案」を示唆されるとともに、立法論として、承継執行における債務名義の「執行力の主観的延長とパラレルに、その客観的延長として、前述のような社会的経済的利益としては同一のものが継続するに拘らず、法律的性質としては別個の権利と見ざるを得ないものに対して、例外的に執行力を拡張するような制度が考えられてよいのではあるまいか」と述べておられる。まさに、転換執行論の提唱であり、解釈論として充分成立すると考えられ、これに賛成したい。

(1)　債権者の既得的地位を確保すべき必要性は、ここでも明瞭である。もともと、賃借権保護の基調に立つ現行法のもとでは、賃貸借の更新は、原則として賃借人の利益のために認められるのであり、賃貸人は必ずしも拒絶の自由を有せず、賃貸人の承諾も要らない（借地四条・六条ないし八条、借家一条ノ二・二条）。それだけに、更新によって賃貸人を更新前よりも不利な法的状態におくのは衡平を欠く。既存の債務名義は、賃貸借成立当時に目的物の引渡しに先立って公正証書として作成されたり、長期の紛争経過のなかで辛うじて得られた機会に和解調書・調停調書として成立したものであろうが、賃貸借の更新にさいして同じような債務名義を新賃貸借に関して取得できる法的チャンスは、賃貸人のために全く確保されていない。従って、賃貸人が賃貸借更新のたびに新たな請求権につき債務名義を取得するために新たに訴えを提起しなければならないというのでは、賃貸人にとって余りにも酷であり、賃借人を執行力の拘束から不当に離脱させる結果になるといわなければならない。

(2)　更新によって同一当事者間で同一の条件による新賃貸借契約が成立する以上、更新前の賃貸借についての債務名義上の記載に更新の事実だけをプラスすれば、更新後の賃貸借契約上の請求権の主張はそれじたいとして理由あるもの（有理性）となる。また、従前からの債務名義上予定されていた執行による給付利益は、更新後の賃貸借契約上の請求権について執行を認める場合に債権者が与えられる給付利益と一致し、執行力の客観的範囲を動かすこともない。債務者が更新により従前の賃貸借契約上の給付義務が終局的に消滅し、更新後の賃貸借に関して同じ内容の義務は存在しないことを主張するのであれば、債務者は請求異議の訴えを利用することができる。前述した債権者の既得的地位の確保の必要と右の諸点を綜合すれば、ここでも起訴責任を転換することが当事者間の衡平を維持するために不可欠と考えられるのである。

(3)　右の(1)(2)に述べた利益状態は、適格承継があった場合に承継執行の許容が要請される事情と全く異ならない。従って、承継執行文の規定（民執二七条二項）をここに類推し、賃貸人としては、賃貸借の更新を証明して、更新後の請求権につき強制執行のため執行正本を付与する旨の転換執行文の付与を受け、強制執行をすることが許されるものと解すべきである。

2　建物収去土地明渡しの債務名義が成立した後に債務者が建物買取請求権（借地四条二項・一〇条）を行使した場合における、右債務名義の執行力についても、同じように考えることができよう。[59]

(1)　この場合に、裁判例は、建物収去土地明渡しの債務名義に基づいて建物退去土地明渡しの強制執行が当然にできるものとし、有力な学者の賛成もある。[60]ただ、その理由づけとしては、ふつう、退去明渡しは収去明渡しに対して質的あるいは量的一部の関係にあり、収去明渡しの債務名義には事実上退去明渡しの債務名義が含まれているとか、収去明渡しを命じた判決で退去明渡しの強制執行ができるのは、一〇〇万円の支払いを命じた判決について、三〇万円の弁済があった後に、残金七〇万円についての強制執行ができるのと同じだ、という説明がなされている。[61] しかし、このような理由づけは、消極説が批判するとおり、[62] 必ずしもわれわれを充分に納得させるものではない。とくに、つぎの二点に留意を要する。(a)実体上の義務内容として建物収去義務が退去義務を含むとしても、そのことは、直ちに、収去を命じた債務名義をもってする退去の強制執行を認める根拠となるものではない。なされるべき強制執行の内容は、執行力ある正本つまり債務名義なり執行文に明示されていることを要し、執行機関としてはそこに指示されたとおりの執行をなす職責を有するにとどまる。建物収去ならば執行裁判所による代替執行（民執一七一条）がなされるべく、建物退去ならば執行官による直接強制（民執一六八条）がなされるのであって、執行機関も執行方法も異ってこざるをえないのである。[63] (b)判決手続上の問題としては、収去明渡請求訴訟における事実審の口頭弁論終結前に建物買取請求権が行使され、弁論においてその事実が主張された場合、裁判所としては、訴えの変更がなくても、請求の一部認容として退去明渡しを命ずる判決をすることができ、申し立てない事項について裁判する（民訴一八六条）ことにはならぬ、というのが伝統的な判例理論であり、[64] これとのパラレルを積極説が考えていることは推測に難くない。しかし、訴訟上の請求として、収去明渡請求が退去明渡請求を包含するとされるのは、収去明渡しを訴求する原告としては、被告の買取請求権の行使が認められる場合においては、全面的に敗訴するよりも退去明渡しを命ずる限度での一部勝訴判決を受けることを当然に求めるであろうと考えるのが合理的であるからであり、要するに、「当事者の意思解釈の問題」として是認される理論なのである。[65] これに反し、執行力の内容としては、当事者の意思を離れた「債務名義の解釈」が問題なのであって、債務名義（ないし執行文）の記載じたいから強制執行の内容が一義的に判定できなければならない。[66] このことは、債務名義作成機関と執行機関との制度的分離に由来する。従って、訴訟中の買取請求権行使の場合との単純なパラレルは成立しないのである。

(2)　むしろ、積極説の結論は、転換執行の観点から理由づけるべきものと思われる。土地と地上建物とを別個の不動産とするわが民法のもとでは、債務者の建物所有を前提とする債権者の収去明渡請求権は、債務者の建物買取請求権の行使により建物所有権が債権者に移転する場合には消滅すると解するのが、論理上当然であり、債権者はその代わりに新しく自己の所有に帰した建物につき所有権に基づく建物（退去ないし）明渡請求権を取得するわけである。ただ、つぎのような利益衡量が働いて、収去明渡請求権を表示した債務名義に基づき建物明渡し（退去）[67]の強制執行をすることが許容されよう。(a)建物買取請求権の行使後は収去明渡しの債務名義に基づく執行ができないとすると、債権者としては、この債務名義を取得するために費やしたあらゆる努力は水泡に帰し、依然として居すわっている債務者から建物の明渡しを受けるためにあらためて訴えを提起しなければならない破目におち入る。この事態は、もともと建物買取請求権の行使が収去明渡しの債務名義の成立する以前から可能であったはずであること、および、それが債務者の一方的意思表示によってなされ、債権者としては買取請求権の行使を制止することも、行使するか否かを事前に催告して確かめることもできないことを併せて考えると、債権者にとって余りにも酷であり[68]、その反面、債務者を不当に収去明渡しの債務名義の執行力の拘束から離脱させる結果ともなるわけで、甚だしく衡平に反するといわなければならない。ここでも、債権者の既得的地位を確保し債務名義の形骸化を防止する必要がある。(b)収去明渡しの債務名義において予定されている執行により債権者に与えられるべき給付利益は、当該土地が更地となった状態で債権者の占有に移されることであり、当然に、地上建物についての債務者の占有喪失を包含する。従って、収去明渡しの債務名義により建物明渡しの強制執行をすることを許しても、予定された給付利益の一部の強制的実現をはかるにすぎず、執行力の客観的範囲の同一性は動かないといえる。(c)収去明渡しの債務名義に記載された事実にその後の買取請求権行使の事実をプラスすれば建物明渡請求がそれじたいとしては理由あるもの（有理性）となる。ここでも、適格承継があった場合に承継執行の許容が要請されるのと同じ利益状態が存するのであり、債務名義成立後に生じた買取請求権行使の事実だけについて債権者に証明の負担を負わせ、建物明渡義務の不存在は、債務者が請求異議の訴えをもって主張しなければならないというかたちで、起訴責任の転換をはかるのを相当とする。

(3)　学説としては、すでに中田淳一博士が、建物収去と建物退去は同じ土地明渡義務の履行態様の差異にすぎぬとの立場からではあるが、収去の債務名義につき承継執行文の規定の類推適用により、債権者は、建物引渡し・土地明渡しの限度で執行を許す旨の執行文の付与を求め、これを建物引渡しについての執行正本として利用できる、と説かれている(69)。この結論は、転換執行の見地から支持できよう。債務者としては、自己の買取請求権行使による執行債権の転換を争う利益はなく、従って、執行文付与の前後をとわず、請求異議の訴えによって、建物代金の支払いと引換えに建物明渡しの限度においてしか執行は許されない旨の宣言を求めるべきものと解する(70)。

3　そのほかにも、転換執行の可能性が考えられる場合は、少なくない。たとえば、(a)債務名義に表示された手形債権につき手形の書替えがあり旧手形が回収された場合、右の債務名義により新手形債務についての強制執行ができると解すべきでないか(71)。(b)植栽してある樹木を撤去して土地を明け渡せとの判決の執行をしようとしたところ、被告は任意に樹木を撤去し、その代わりに建築用木材を同地上に積み上げた場合、転換執行文を得て木材撤去、土地明渡しの強制執行ができるのではないか(72)。(c)土地明渡しの強制執行を完了したが、その直後に債務者が実力をもって土地の占有を始め再び使用するに至った場合、再度の土地明渡しにつき転換執行によることができるのではないか(73)。右の各場合のうち、(a)については、賃貸借更新に関し前述したところ（二八〇頁以下参照）、また、(b)と(c)については不作為執行に関し前述したところに準じて考えうると思うが、ここでは、これ以上立ち入る余裕がなく、今後の検討にまちたい。

(55)　近藤完爾・執行関係訴訟三二三頁、吉川大二郎「執行証書」民事訴訟法講座四巻一〇〇〇頁、広瀬武文・借地借家法五七頁、三宅正男・注釈民法⒂四九八頁、星野英一・借地・借家法七一頁、奥村正策・判例評論一五九号二八頁以下など。ただし、有力

な学者による異説（我妻榮・債権各論中巻一　四四〇頁、鈴木祿彌・借地法上巻四七五頁・五一八頁）がある。ちなみに、民法学者の間には、更新前の借地関係について作成された公正証書が更新後の借地関係について債務名義たりうるかどうかの問題は、論ずる実益が少ないとの意見（星野・前掲七一頁）もある。公正証書は、地代等の支払請求権について債務名義となりうるだけで明渡請求権について債務名義とはならず、地代支払請求権については先取特権（民三一三条、借地一三条）により債務名義なしに一定の物件の競売を申し立てうる、という理由による。しかし、地代等の請求権も高額に達しうるし（後掲（注56）大阪地判昭和四六年二月二六日参照）、動産の競売は実効が薄く、不動産の競売は煩雑であり、債務名義に基づき債権執行をなしうる利益は、実際上、無視できないであろう。あるいはまた、地代等の債務の保証人に対する執行の可能性を公正証書により確保しておく意味は、決して小さいとは思えない（右の大阪地判参照）。

(56)　更新後の賃料等の取立ての強制執行に関し、神戸地決昭和三一年七月三一日下民集七巻七号二〇七八頁、大阪地判昭和四六年二月二六日判例タイムズ二六四号三五六頁。ただし、前者は、「公正証書に賃貸借契約が更新されたときは更新前の賃貸借契約の条項はこれをすべて更新後の賃貸借契約に適用する旨特に定めかつこれについて執行受諾文言を付すればともかく何等その定めがない場合には当該公正証書は当初の賃貸借契約上の債権についてのみ債務名義となるにすぎない」と判示し、特約により債務名義性を維持する余地を認める。また、更新後の明渡執行につき、東京地判昭和三五年一〇月二九日判例タイムズ一一一号一〇五頁（調停調書の例）、広島地判昭和四一年六月六日下民集一七巻五・六号四八四頁（和解調書の例）参照。後者は、賃借人が和解条項に違反したときは契約は解除され建物を明け渡さなければならない旨の記載のある和解調書の成立後に、賃貸借の更新があった場合には、更新後の和解条項違反（無断転貸）により契約が解除されても、それは新賃貸借契約の解除にほかならず、更新前の賃貸借契約についての和解調書に基づいて明渡しの強制執行をすることは許されないとして請求異議を認容している。この事件の第一審は、逆の見解をとっていた。

(57)　近藤・執行関係訴訟三二三頁・三二五頁以下。ただし、結論的には消極的態度がとられ、解釈論によりこの不合理な結果を避けることは「絶望的」であり、立法論としても、実体法理論と無関係に手続法的分野における追加的立法を試みることの当否は疑問であるとし、慎重な検討を要請する。同書三二七頁注二参照。

(58)　同旨、鈴木・借地法上巻四七五頁・五一八頁。

(59)　昭和四一年の借地法改正により賃借権譲渡・転貸についての賃貸人の承諾に代わる許可の裁判の制度（借地九条ノ二ないし九条ノ四）の新設により、買取請求権をめぐる問題は、意義を減じたが、借地人が許可の裁判を申し立てず、あるいは申し立てたが却下ないし棄却された場合の賃借権譲渡・転貸に関し、なお意義を保有する。なお、近藤・執行関係訴訟二七八頁注六参照。

(60) 積極説をとるものとして、浦和地判昭和三三年八月一四日下民集九巻八号一六一二頁、甲府地判昭和三三年一〇月二八日下民集九巻一〇号二一六〇頁、東京高決昭和三八年一一月三〇日下民集一四巻一一号二三五三頁、札幌高判昭和四〇年九月二七日高民集一八巻六号四四一頁、札幌地判昭和四〇年四月二六日下民集一六巻四号七五三頁（右東京高決が執行方法の異議の裁判に対する抗告事件である以外はすべて請求異議事件）、村松俊夫・民訴雑考八五頁以下、近藤・執行関係訴訟二七二頁以下、福永有利＝沢井裕・民商法雑誌五五巻一号一五一頁以下、中田淳一・民商法雑誌五九巻一号一七五頁（同・民事訴訟判例研究三五二頁以下）、高島良一・判例評論九〇号一二〇頁以下など。これに対し、消極説としては、畑郁夫「建物買取請求権の行使と請求異議訴訟」司法研修所創立十五周年記念論文集上巻三四三頁以下、吉永順作・借地・借家の基礎（青林書院・基礎法律学大系）七二頁以下がある。買取請求権行使を原因とする請求異議訴訟についていえば、積極説では、退去明渡しを超える限度では執行を許さない旨の一部認容判決をすべきことになるのに対し、消極説をとると、請求異議の全部認容＝執行不許の判決をすべく、退去明渡しを求める新訴の提起が必要となる。

(61) 前掲札幌高判昭和四〇年九月二七日、村松・民訴雑考九〇頁参照。

(62) とくに、畑・前掲（注60）三五三頁以下参照。

(63) 土地と地上建物とを一箇の不動産とみるドイツ法のもとにおいても、地上建物に債務者が居住している場合、土地明渡しの債務名義に基づいて建物明渡しの強制執行ができるかどうかが争われていることを思い合わせるべきであろう。積極説として、セル高裁一九六二年一月三〇日判決 MDR 1962, 415 およびハム高裁一九六五年八月二四日判決 NJW 1965, 2207 があり、消極説（ただし建物収去の執行は可能とする）として、シュッセルドルフ高裁一九六〇年五月一八日判決 JZ 1961, 293 がある。議論の内容は、かなり、わが法におけるそれと似ている。

(64) 大判昭和九年六月一五日民集一三巻一〇〇〇頁、同昭和一四年八月二四日民集一八巻八七七頁、最判昭和三三年六月六日民集一二巻九号一三八四頁、同昭和三六年二月二八日民集一五巻二号三二四頁など。ただし、この判例理論じたい、全く疑問のないものではないことにつき、田尾桃二「買取請求権が行使された場合の判決主文の表示方法」本井＝賀集編・民事実務ノート三巻七六頁以下参照。

(65) 井口牧郎・最高裁判所判例解説民事篇昭和三三年度一五〇頁（前掲最判昭和三三年六月六日の解説）は、この点を明瞭に指摘する。

(66) 中野貞一郎「債務名義の解釈」判例問題研究強制執行法一頁以下、とくに八頁以下参照。

(67) いわゆる「建物退去」の表現に疑問があり、むしろ「建物明渡し」とする方がベターと解されることにつき、福永＝沢井・

前掲（注60）一五八頁、田尾・前掲（注64）八五頁以下参照。

(68)　吉永・前掲（注60）一三九頁は、消極説をとり、建物を取得した地主は別訴をもって建物明渡しを請求すべきだとし、この後訴では建物の代金額を審査すれば足りるのであるから地主にとってそれほどの負担になるとは考えられず、出訴の不利益を地主に負わせるのが衡平の原則に合する、と説かれる。しかし、代金額の審査をすれば足りるのに新訴提起を要求することじたい、権衡を失しないであろうか。また、債務者の都合による買取請求権の事後的行使の後始末を債権者の出訴負担で処理するのは、どうみても当を得ないように思われる。

(69)　中田・民商法雑誌五九巻一号一八一頁（同・民事訴訟判例研究三五九頁以下）。

(70)　債務者としては、建物代金の支払いは別訴で請求するほかなく、同時履行の抗弁または留置権の主張は請求異議訴訟では提出できないとする見解（畑・前掲（注60）三五七頁注三〇、前掲浦和地判昭和三三年八月一四日など）もあるが、近藤完爾氏（執行関係訴訟二七六頁・二七七頁注五）が鋭く指摘されるとおり、このような引換給付の主張を許さない限り、買取請求権の行使を原因とする請求異議を認める意味がない。建物所有権が債権者に移転したというだけでは退去明渡しの執行を妨げることができないし、債務者の所有でなくなった建物の収去の執行についても債務者はなんの利害関係もなく、請求異議の利益がないことになるであろうからである。

(71)　問題提起として、近藤・執行関係訴訟三二五頁参照。

(72)　やや角度は異なるが、同一物についての物権的返還請求権、妨害排除請求権および予防請求権相互間において、そのうちのひとつを表示する債務名義によって、現実の事態に応じ他の請求権を実現する結果となるような強制執行をすることを認めるかどうかが論議されている。「座談会・実務と新訴訟物理論」判例タイムズ一六八号三七頁以下、とくに四七頁における田辺公二・三ヶ月章・近藤完爾の諸氏の発言、舟橋諄一編・注釈民法（6）八四頁〔好美清光〕参照。

(73)　東京高判昭和二七年六月一二日下民集三巻六号八〇三頁は、執行記録上、土地を債務者から取り上げて債権者に引き渡したとの記載があるが、実際は、債務者が右執行を違法としその後に右土地につき実力をもって占有をはじめ現に自ら使用していると認められる事案につき、債務者が（執行方法の）「異議を主張する関係においては、なお執行が継続するものと同一に解するのを相当とする」という微妙な判示をしたうえ、異議を排斥した原決定を維持している。これは、結局、請求権がいったん消滅したにかかわらず、執行力の客観的範囲の同一性が持続される限度において同一債務名義に基づく再度の強制執行を許す結果になるわけであり、甚だ注目に値する。この判決につき、近藤・執行関係訴訟二一頁・四二九頁参照。

（山木戸教授還暦記念・実体法と手続法の交錯・下巻・一九七八年）

〈著者略歴〉

中野貞一郎（なかの・ていいちろう）

1925年　大阪市に生まれる
1949年　東京大学法学部卒業
1953年　大阪大学法学部助教授
1962年　大阪大学法学部教授
現　在　大阪大学名誉教授，日本学士院会員

〈主要著作〉

訴訟関係と訴訟行為（弘文堂，1961年），強制執行・破産の研究（有斐閣，1971年），判例問題研究　強制執行法（有斐閣，1975年），過去の推認（弘文堂，1978年），民事手続の現在問題（判例タイムズ社，1989年），民事訴訟法の論点Ⅰ・Ⅱ（判例タイムズ社，1994年・2001年），民事執行法［新訂６版］（青林書院，2010年），民事裁判入門［第３版］（有斐閣，2010年），民事執行・保全入門［補訂版］（有斐閣，2010年）

民事訴訟・執行法の世界

2016年（平成28年）７月５日　初版第１刷発行

著　者　中　野　貞　一　郎

発行者　今　井　　　貴
　　　　渡　辺　左　近

発行所　信山社出版株式会社

〒113-0033 東京都文京区本郷 6-2-9-102
Tel 03-3818-1019　Fax 03-3818-0344
henshu@shinzansha.co.jp
出版契約 No.2008.2642-3-01010 Printed in Japan

印刷・製本/亜細亜印刷・日進堂製本

ISBN978-4-7972-2760-4